名校名师通识教育
新形态系列教材

龙卫球 —主审

何静 —主编

生成式人工智能

应用实战 |慕课版|

人民邮电出版社
北 京

图书在版编目（CIP）数据

生成式人工智能应用实战：慕课版 / 何静主编.
北京：人民邮电出版社，2025. -- （名校名师通识教育
新形态系列教材）. -- ISBN 978-7-115-68074-7

Ⅰ. TP18

中国国家版本馆 CIP 数据核字第 20259BK917 号

内 容 提 要

在数字化时代，随着大数据、深度学习、自然语言处理等关键技术的飞速发展，生成式人工智能已经从概念走向现实，深刻地改变着人们的生产生活方式。本书以人工智能生成内容（AIGC）为核心，系统地讲解生成式人工智能在各个领域的具体应用，共分为 10 章，分别是 AI 与 AIGC 概述、AIGC 工具应用基础、AIGC 文案创作、AIGC 图像创作、AIGC 音频创作、AIGC 视频创作、AIGC 信息获取与数据分析、AIGC 高效办公、AIGC 高效学习与智慧生活，以及 AIGC 应用综合实训。

本书内容新颖、案例丰富，既可作为高等学校人工智能通识课程的教材，也适合对 AIGC 应用技能感兴趣的读者阅读学习。

- ◆ 主　　编　何　静
  责任编辑　林明易
  责任印制　陈　犇
- ◆ 人民邮电出版社出版发行　　北京市丰台区成寿寺路 11 号
  邮编　100164　　电子邮件　315@ptpress.com.cn
  网址　https://www.ptpress.com.cn
  天津千鹤文化传播有限公司印刷
- ◆ 开本：787×1092　1/16
  印张：15　　　　　　　　　　2025 年 9 月第 1 版
  字数：425 千字　　　　　　　2025 年 10 月天津第 2 次印刷

定价：59.80 元

读者服务热线：(010)81055256　印装质量热线：(010)81055316
反盗版热线：(010)81055315

此刻翻开这本书的读者，或许会产生这样的疑问：当AIGC工具能够在极短的时间内生成行文完整的文章，能够便捷地创造视觉效果丰富的图像，我们持续投入精力锤炼自身的思维与技艺，是否依然具有意义？我们又应如何有效应用AIGC工具，避免自身在技术浪潮中被边缘化？

作为深耕人工智能行业的研究学者，我和我的团队一直致力于探索和应用AIGC工具。这其中的核心价值在于提升基础工作的效率，为探索更深层、更新颖的表达形式和内容拓展增加可能性。我曾利用大语言模型创作科幻小说《机忆之地》并获奖，也曾利用AIGC工具完成《中国神话》等系列视频的制作。这些实践的核心方法是"人机协同"，即由AI负责流程化、重复性高的基础工作，团队则专注于创意构思、审美调校、伦理审查与价值挖掘等核心环节。这种协作方式带来的乐趣不仅在于工作效率的提升，也在于能够利用新技术解决跨领域的实际问题。

人机协同的浪潮正在重塑着内容生成范式，其本质在于认知升维而非替代。人类独有的"破界思维"与"意义赋予"能力，恰恰是驾驭AI的缰绳。AIGC工具作为认知外部化的载体，将人类从信息处理的劳动中解放出来，转而聚焦于元认知能力的培育。我在参与"AI+文旅"项目时发现，若技术应用缺乏人文叙事和情感内核，即便生成精美的数字场景，也可能沦为空洞奇观。技术理性的发展需要人文理性的参与，以避免可能出现的工具主义倾向。二者形成认知生态位的互补共生，以"人类驾驶座，AI引擎舱"的分工模式重塑内容生成范式。

本书正是从人机协同的视角出发，探讨如何更有效地利用AIGC工具进行自我能力的提升。它系统地介绍了当前主流的AIGC工具及其应用场景，涵盖文本创作、图像生成、音频处理、视频剪辑、办公学习及综合实践等方面，阐述了这些工具如何辅助内容创作，以及如何才能更有效地发挥其潜能。不同于单纯的技术手册，本书着重于"工具应用"与"协作思维"的双重探讨，不仅指导读者掌握各种AIGC工具的使用方法，更着重培养读者的人机协作思维方式。书中采用理论教学与案例实践相结合的编排方式，将AIGC工具应用于人类创意协作的具体方式进行详细讲解，并配有对应的慕课视频，提供具体的AIGC工具操作方法与案例效果展示。这既详细解析了AIGC工具的具体功能，又指导读者对内容创作方法进行深入思考。本书提供的理论与方法，值得相关领域的学者和行业从业人员关注。

本书或将解答篇首提出的疑问，并启发读者在人工智能时代对"知识即权力"这一经典命题作出新的回应：当AI开始"生产"知识，权力的本质正日渐转移至提出问题的能力、甄别真伪的智慧和坚守价值的勇气。

清华大学新闻与传播学院/人工智能学院

双聘教授　沈阳

前　言

在科技飞速发展的当下，人工智能已然成为驱动各行业变革的核心力量。近年来，人工智能技术取得了一系列突破性进展，深度学习算法持续优化，算力大幅提升，海量数据不断涌现，这使得人工智能的应用场景得到前所未有的拓展。从智能语音助手到自动驾驶汽车，从精准医疗诊断到复杂工业流程优化，人工智能的身影无处不在，它正以超乎想象的速度重塑人们的生产生活方式，成为推动经济增长和社会进步的重要引擎。

随着数字经济的蓬勃发展与人们对数字化体验需求的激增，一个全新的内容生产时代——AIGC 时代已经到来。AIGC，作为人工智能在内容创作领域的深度应用，借助先进的机器学习模型与算法，能够自动生成文本、图像、音频、视频等多样化的内容。

2025 年《政府工作报告》中提出，"持续推进'人工智能 +'行动，将数字技术与制造优势、市场优势更好结合起来，支持大模型广泛应用"。在这样的时代浪潮下，掌握 AIGC 应用技能具有毋庸置疑的必要性。对于职场人士而言，AIGC 是提升工作效率、拓展创新边界的有力手段。它能快速生成创意文案、设计精美的宣传图像、制作引人入胜的视频，帮助职场人士高效完成工作任务，从职场竞争中脱颖而出，创造更大的价值。对于学生来说，AIGC 则是辅助学习、激发创新思维的得力助手，能够提供定制化的学习资料、解答疑难问题、助力创意项目落地，为个人成长和未来职业发展奠定坚实的基础。无论是投身新兴行业，还是在传统领域实现数字化转型，AIGC 应用能力已成为数字时代人才必备的核心素养，是适应时代发展、把握未来机遇的关键所在。

党的二十大报告中提出，"坚持创新在我国现代化建设全局中的核心地位"。本书正是紧密围绕这一理念，全方位展示了 AIGC 技术在各个领域的创新应用。

本书特色

本书主要具有以下特色。

● **体系完善，知识新颖：** 本书紧跟时代的发展潮流，精心编排，既有扎实的理论基础，深入解析AIGC的技术原理，又结合真实应用场景，详细拆解AIGC的实操技巧。本书内容新颖，充分考虑课程需求与教学特点，以必需和实用为准则，在简要准确地介绍理论知识的基础上，重点传授AIGC应用技巧，培养读者的AIGC应用能力。

● **模块丰富，延伸学习：** 本书通过"引导案例"模块引入课程内容，并在理论讲解的过程中穿插"案例在线""AI小课堂""素养课堂""拓展阅读"模块。"案例在线"介绍AIGC工具赋能内容创作和营销的案例；"AI小课堂"介绍关于AIGC的相关知识，强化读者的AI认知；"素养课堂"旨在提升读者的素养和思维能力，强化读者的软技能水准；"拓展阅读"介绍与本章理论内容相关的拓展知识，开阔读者的视野。

● **实训练习，学有所用：** 本书以AIGC应用技能为导向，注重培养读者的实战技能。因此在每一章最后都设置了"本章实训"模块，紧扣章节知识要点，让读者完成一章的知识学习后，可以进一步提升自己的综合技能水平，实现学有所用的目标。

本书编者

本书由北京航空航天大学人文与社会科学高等研究院副教授何静担任主编。尽管编者在编写过程中力求准确、完善，但书中难免有疏漏与不足之处，恳请广大读者批评指正。

编 者

2025年8月

本书使用指南

特别说明

本书编者目前任职于北京航空航天大学人文与社会科学高等研究院，从事多模态AIGC技术、大模型科研应用、智能体开发与跨学科研究工作。在此期间，编者研发了"让科研像聊天一样简单"AI科研工具，成功构建"一句话生成百万字"的无限智能体——输入一句话即可生成一份百万字数据报告、教案、网文小说等。该工具目前正公测中，用户已超10万人，覆盖百余所高校。

作为购书福利，各位用书教师可登录人邮教育社区（www.ryjiaoyu.com）搜索本书书名或书号，进入本书主页免费获取"让科研像聊天一样简单"AI科研工具。

学时安排

本书作为教材使用时，建议安排64学时。其中，理论教学建议安排28学时，实训教学建议安排36学时，各章的学时安排如表1所示，用书教师可以根据实际情况进行调整。

表1　各章的学时安排

章序号	章标题	课堂教学/学时	实训教学/学时
1	AI与AIGC概述	2	2
2	AIGC工具应用基础	2	2
3	AIGC文案创作	4	4
4	AIGC图像创作	4	4
5	AIGC音频创作	2	2
6	AIGC视频创作	4	4
7	AIGC信息获取与数据分析	4	4
8	AIGC高效办公	4	4
9	AIGC高效学习与智慧生活	2	2
10	AIGC应用综合实训	—	8
学时总计		28	36

教学资源

为了方便教学，编者为用书教师提供了丰富的教学资源，包括教学大纲、电子教案、课程标准、PPT课件、素材文件、思考与练习答案、AI问答原始素材、期末试卷（含答案）、人工智能（AIGC）通用教学资源库。用书教师如有需要，同样可在人邮教育社区的本书主页中免费获取。

教学资源名称及数量如表2所示。

表2 教学资源名称及数量

序号	教学资源名称	数量
1	教学大纲	1份
2	电子教案	1份
3	课程标准	1份
4	PPT课件	10份
5	素材文件	243个
6	思考与练习答案	1份
7	AI问答原始素材	1份
8	期末试卷（含答案）	2份
9	人工智能（AIGC）通用教学资源库	1份

慕课视频

编者为讲解书中的重难点内容，录制了配套的慕课视频，读者扫描书中的慕课视频二维码即可观看。

慕课视频名称及二维码所在页码如表3所示。

表3 慕课视频名称及二维码所在页码

章节	慕课视频名称	页码	章节	慕课视频名称	页码
第1章引导案例	方太×百度，打造全AI定制营销内容	2	4.2.1	使用稿定AI生成商品主图	79
1.2.2	AIGC＋广电，激发内容创作新活力	9	4.2.2	使用稿定AI生成微信公众号首图	80
1.4.1	和府捞面，用智能体驱动美味升级	17	4.2.3	使用即梦AI生成男装促销海报	81
第2章引导案例	从提示词到场景生成，淘宝用AIGC技术实现"万人万面"参演体验	24	4.2.4	使用即梦AI生成茶叶品牌Logo	82
2.4.1	在文心智能体平台手工搭建智能体	36	4.2.5	使用可灵AI生成创意插画	84
2.4.2	在文心智能体平台使用AI搭建智能体	39	4.2.6	使用可灵AI生成人像摄影图	85
第3章引导案例	王老吉，借AI神曲《考神》开启高考营销新篇	44	4.3.1	使用美图设计室无损放大图像	87
3.1.4	使用扣子智能体平台搭建小红书写作智能体	48	4.3.2	使用稿定设计增强商品图画质	88
第4章引导案例	飞猪，"这个五一玩什么"AIGC广告开启旅游营销新视野	73	4.3.3	使用美图设计室一键精修商品图	89
4.1.4	使用扣子搭建图像生成智能体	77	4.3.4	使用可灵AI生成3D卡通图像	90

续表

目　录

第1章

AI与AIGC概述

学习目标

➤ 了解AI的内涵、发展层级、核心要素和类型。
➤ 了解AIGC技术的功能、应用场景和AIGC时代的人才发展趋势。
➤ 了解大模型的特点、类型和国内主流大模型的功能。
➤ 了解智能体的特性、结构和运作原理。

本章概述

在数字化与智能化浪潮的推动下，AI与AIGC技术不但展现出了改变生产力的核心价值，而且成为驱动社会智能化转型的关键引擎。它们打破了传统计算模式的边界，使机器从被动执行指令转向主动理解、推理与创造，为解决复杂的现实问题提供了全新的技术路径。本章阐述了有关AI、AIGC、大模型、智能体的基础知识，系统地构建了关于AI与AIGC的知识框架，为后续深入学习AIGC应用技能奠定了理论基础。

本章关键词

AI　AIGC　大模型　智能体

方太 × 百度，打造全AI定制营销内容

2023年，人工智能生成内容（Artificial Intelligence Generated Content，AIGC）技术开始在营销领域崭露头角，方太与百度营销合作，打造了家电行业首个全AI定制的营销事件。

慕课视频

方太×百度，
打造全AI定制
营销内容

百度指数AI系统通过大数据分析发现，在2023年5月17日至2023年6月17日期间，消毒柜的搜索量显著上升。分析显示，梅雨季的潮湿环境容易导致细菌滋生，用户开始提前浏览相关产品。基于这一发现，百度营销指导方太在梅雨季期间针对母婴人群，进行有针对性的营销活动。

百度营销旗下的AIGC平台"擎舵"生成广告创意、脚本和分镜。平台根据关键词，如"梅雨""婴幼儿""方太消毒柜"等生成了脚本，并通过多次优化，融入科技感与产品亮点，不断完善广告的创意内容。接着，方太通过AIGC生成广告分镜，不但简单高效，而且画面生动，最终的广告成片可以完全按照分镜来执行。

广告上线后，百度营销旗下的"AI智投"自动圈定了南方省区市的母婴人群作为投放人群，对其进行精准投放。

通过百度营销旗下的AIGC平台"擎舵"的智能化功能，方太精准地挖掘了目标用户的需求，并高效地完成了广告的制作与上线工作，实现营销"提速"与"提效"双收。

案例思考： 在广告营销中，AIGC能完成哪些工作？与传统营销方式相比，AIGC赋能的营销有哪些优势？

1.1　认识AI

人工智能（Artificial Intelligence，AI）早已不是科幻小说里的抽象概念，而是渗透生活多个方面的真实存在。AI不仅是一行行代码，更是人类对"智能"本质的持续探索与自我超越。AI不仅是技术革命，还是对人类生产方式、社会结构乃至存在意义的深刻重塑。

1.1.1　AI的内涵

AI是研究、开发用于模拟、延伸和扩展人的智能的理论、方法、技术及应用系统的一门新的技术。AI试图通过模拟人类的思维方式和行为模式，使计算机具备感知、学习、推理、决策甚至部分创造性行为的能力，从而辅助或替代人类完成特定任务。

AI的技术本质可以从计算基础、认知模拟和进化路径3个层面来理解。

● **计算基础：** AI依托大规模数据处理、算法模型和算力支撑，实现对信息的高效处理。

● **认知模拟：** AI模仿人类的认知过程，包括感知能力、学习能力和推理决策，通过计算机视觉、语音识别等技术，让机器"看""听"懂世界。AI具有学习能力，能通过大量的数据训练不断优化自身的模型和算法，从而更好地完成任务。AI能基于规则或概率模型，对复杂问题进行逻辑推导，并做出合理的决策。

● **进化路径：** 从"弱AI"向"强AI"发展。弱AI仅在特定领域表现出色，如语音助手、图像识别，无通用智能。强AI在理论上具备人类同等的学习、理解和适应能力，但目前仍处于研究阶段。

AI的能力已覆盖多个维度，且在不断拓展。AI的主要能力如表1-1所示。

表1-1　AI的主要能力

能力类型	具体能力	能力描述
感知交互能力	图像识别	图像分类、目标检测（如医学影像识别肿瘤）、视频理解（如监控场景异常检测）
	语音识别	语音转化（如将语音转为文字）、语音合成（如AI主播的配音）、语义理解（如智能客服回答用户问题）
	多模态交互	结合文本、图像、语音等多种信息，如AR试妆工具通过摄像头识别用户面部，实时模拟妆容效果
学习和知识处理能力	构建知识图谱	将海量信息整理成结构化网络（如百科知识图谱梳理人物关系），支持复杂推理
	迁移学习	将在一个任务中学习到的知识应用于其他任务
推理和决策能力	逻辑推理	在专家系统中，AI能模拟专家的决策过程。例如，在医疗诊断专家系统中，AI通过逻辑推理，从已知的事实（患者的症状等）推导出可能的疾病诊断
	智能决策	利用强化学习来做出决策，如智能驾驶系统能根据感知到的信息调整自己的驾驶策略，以实现安全、高效地驾驶
自然语言处理能力	语言理解	聊天机器人可以理解用户的问题并给出合适的回答
	内容生成	根据用户输入的提示词生成连贯的文本内容、图像、音视频等

1.1.2　AI的发展层级

AI的发展可以分为5个层级，每个层级都代表了AI能力的一次飞跃，AI的发展层级如图1-1所示。

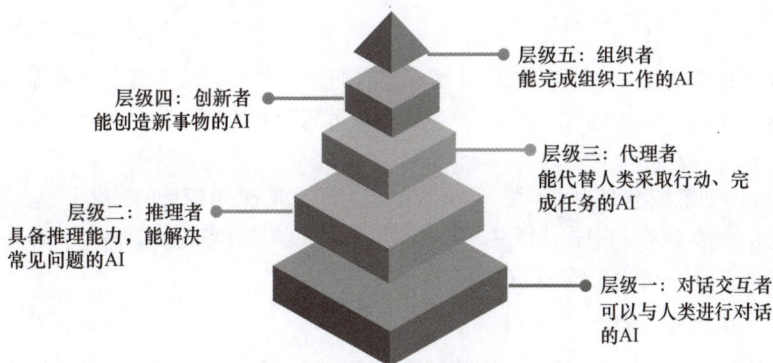

图1-1　AI的发展层级

（图中文字：层级五：组织者　能完成组织工作的AI；层级四：创新者　能创造新事物的AI；层级三：代理者　能代替人类采取行动、完成任务的AI；层级二：推理者　具备推理能力，能解决常见问题的AI；层级一：对话交互者　可以与人类进行对话的AI）

1. 层级一：对话交互者

层级一的AI具备基础的对话能力，能理解和回应简单的文本输入，依赖预设的对话模式和知识库，具有限定的上下文理解和内容生成能力，但无法进行深层次的推理或情境理解。

2. 层级二：推理者

层级二的AI具备基本的逻辑推理能力，能分析复杂信息并进行推断，还能处理更具挑战性的任务，如理解复杂的语义结构、识别逻辑关系并做出合乎逻辑的回应。层级二的AI不仅依赖预设知识，还可结合输入信息进行初步推理分析。

3. 层级三：代理者

层级三的AI具备理解复杂指令的能力，并能在多任务环境中自主决策和灵活应对，能在动态环

3

境中整合不同信息源，自主判断并选择合适的行动方案，像"智能体"一样工作，具备高度的情境感知能力和自主执行力，不再依赖于逐步指令或外部控制。

4．层级四：创新者

层级四的AI不再满足于执行和优化现有任务，而是具备创新和创造的能力，能独立提出新的概念、假设和解决方案，甚至在科学和技术领域取得独立发现，并开展科研活动，如设计实验、验证理论，从而推动新知识的诞生。

5．层级五：组织者

层级五的AI具备协调和管理庞大系统、资源和团队的能力，能在多层次、多维度的环境中有效组织资源，管理复杂任务，实现高效的团队协作，成为真正的"智能决策者"。

1.1.3 AI的核心要素

数据、算力和算法是AI的三大核心要素，它们相辅相成，共同推动了AI技术的发展和应用。

1．数据

数据是AI模型的"燃料"。数据可以是文本、图像、音频、视频等多种形式。例如，在图像识别任务中，数据集可能包含大量标注了类别（如猫、狗、汽车等）的图片。数据是AI模型学习和理解世界的基础。只有通过大量的数据，AI模型才能学习到数据中的模式和规律，从而根据新的数据做出准确的预测。

高质量的数据对训练出高性能的AI模型至关重要。数据要准确、完整且具有代表性。例如，在医学影像诊断中，高质量的医学影像数据能帮助AI模型更准确地识别病变。

2．算力

算力是指计算机系统处理数据和执行计算任务的能力。在AI领域，算力通常由高性能的图形处理器（Graphics Processing Unit，GPU）、张量处理器（Tensor Processing Unit，TPU）等硬件提供。

算力是AI模型训练和推理的"引擎"。强大的算力可以加速AI模型的训练过程，使AI模型能在更短的时间内学习到数据中的模式。同时，在推理阶段（即AI模型对新数据进行预测时），强大的算力可以确保AI模型能快速响应任务需求。

3．算法

算法是AI模型的核心逻辑，用于处理数据和解决问题。在机器学习和深度学习中，算法包括各种模型架构和学习方法。例如，线性回归算法用于预测连续值，卷积神经网络（CNN）用于图像识别，循环神经网络（RNN）用于处理序列数据。

算法是AI模型的"大脑"，决定了AI模型如何从数据中学习并做出决策。不同的算法适用于不同的任务和数据类型。例如，在自然语言处理任务中，Transformer架构的算法因其强大的并行处理能力和对长距离依赖关系的建模能力，成为当前的主流算法。

1.1.4 AI的类型

我们可以从不同的维度对AI的类型进行划分，这也充分反映了AI本身的复杂性和多样性。

1．按照能力层级划分

按照能力层级，AI可以被分为弱AI、强AI和超AI（见表1-2）。

表1-2　弱AI、强AI和超AI

类型	释义	特点
弱AI	也称"窄AI"，指专门针对特定任务或领域设计的AI。这类AI在特定任务上表现出色，但不具备通用智能，无法像人类一样灵活地处理各种不同的任务。例如，语音助手只能理解特定指令并执行预设动作	• 任务特定：只能在特定的任务或领域内工作； • 依赖数据和算法：需要大量的数据进行训练，并且依赖特定的算法来实现功能； • 性能优化：在特定任务上可以达到甚至超过人类水平，但无法泛化到其他任务上
强AI	具有广泛认知能力的AI，它们能像人类一样在多个领域和任务中表现出智能行为。这种AI具有自主学习、推理、规划和创造的能力	• 多领域适应性：能在多种不同的任务和领域中表现出智能行为，而不仅仅是特定的任务和领域； • 自主学习和推理：具有自主学习和推理的能力，能从经验中学习并适应新的情况； • 情感和意识：理论上，强AI还可能具备情感和意识，能理解人类的情感和价值观
超AI	超AI不但具备强AI的所有能力，而且在智力、创造力、学习能力等方面远远超过人类	• 超越人类智能：在几乎所有领域都具有超越人类的智能水平，能快速学习和掌握新知识； • 自我改进能力：具有自我改进和优化的能力，能不断升级自己的算法和技术架构

当下的AI多属于弱AI，强AI仍处于研究和探索阶段，尚未实现。许多科学家和研究机构正在努力朝着这个方向发展，但面临许多技术和社会伦理等方面的挑战。超AI目前还属于理论探讨的范畴，目前无实际技术支撑，更多用于讨论AI的未来发展。

2. 按照功能目标划分

按照功能目标，AI可以被分为决策式AI和生成式AI。

（1）决策式AI

决策式AI是指通过分析数据和应用逻辑规则来做出最优决策的AI系统。这些AI系统通常用于优化决策过程，提供基于数据的建议或直接做出决策。例如，在医疗领域，专家系统能根据患者的症状和病史，提供诊断建议；智能交通系统能根据交通流量和路况，优化交通信号灯的控制；推荐系统根据用户的历史行为和偏好，推荐商品或服务。

（2）生成式AI

生成式AI是指通过学习数据分布规律，能自主生成全新且符合人类认知的内容的AI系统。例如，生成新闻稿、小说、广告文案或设计海报、插画，生成虚拟环境和角色，生成影视特效素材，以及制作AI虚拟主播等。

（3）对比

决策式AI和生成式AI的对比如表1-3所示。

表1-3　决策式AI与生成式AI的对比

项目	决策式AI	生成式AI
目标	基于数据和规则做出决策，找到最优解	生成新的内容
输出类型	决策指令、行动方案	文本、图像、音频、视频等内容
结果特性	确定性（或可预测概率）	随机性、多样性
人类角色	设定目标函数，验证决策合理性	提供创意方向，评估内容质量

决策式AI适用于需要基于数据做出明确决策的场景，如金融风险评估、医疗诊断等。生成式AI适用于需要生成新的内容的场景，如广告创作、艺术创作等。在实际应用中，两者并非对立关系，而是互补关系。决策式AI解决"怎么做最优"的问题，生成式AI解决"生成什么内容"的问题。例如，在广告投放中，生成式AI先创作多版文案，决策式AI根据用户画像选择投放策略。

1.2　认识AIGC

人工智能生成内容（Artificial Intelligence Generated Content，AIGC）标志着AI进入全新

的发展时期，它重塑了内容产业的格局，正推动内容产业从"人类创作"向"人机协同创作"转型，成为数字经济时代重要的内容生成工具。

1.2.1 AIGC技术的功能与应用场景

AIGC是指利用AI技术自动或辅助生成文本、图像、音频、视频、代码等内容的技术。它颠覆了内容生成方式，其核心技术包括生成对抗网络、大规模预训练模型、多模态技术等。

AIGC的核心思想在于通过算法和大数据训练，使计算机能模仿人类的创作逻辑，根据输入的数据或指令生成具有一定创造性和实用性的内容。例如，通过训练模型和学习大量数据，AIGC工具能根据输入的提示词或示例生成文本、图像或视频等内容。

AIGC技术实现了从数据到内容的自动化生成，其核心价值在于提高创作效率、降低技术门槛，并拓展人类创意边界，推动内容生成向智能化、个性化方向演进。

AIGC技术的主要功能与典型应用场景如表1-4所示。

表1-4　AIGC技术的主要功能与典型应用场景

功能类别	具体功能	功能描述	典型应用场景
文本创作	文章/文案生成	根据关键词或主题生成连贯的文本内容，如新闻、广告文案、故事等	文案撰写、文学创作等
	对话系统	模拟人类对话，提供问题回复、建议或情感交互	智能客服
	文本优化	智能纠错，扩写、续写、改写、润色内容等，如将口语化的文本转为学术风格的文本等	文章纠错、文案优化等
	文本翻译	将文本翻译成不同语言	跨语言交流、文档翻译等
图像创作	图像生成	通过文本描述或草图生成高质量图像	电商商品图制作、广告设计等
	图像编辑	图像风格迁移，将图像转换为不同艺术风格，如油画、水彩画、素描等效果	图像后期编辑
	图像优化	去除图像中的瑕疵、划痕、水印等，修复模糊、缺损图像或提升分辨率	老照片修复、医学影像增强
	3D模型生成	生成3D模型、虚拟场景	影视特效制作、虚拟现实内容开发、建筑设计等
音频创作	语音合成	将文本转换为自然流畅的语音	制作有声读物、语音播报等
	语音克隆	复刻特定人的声音	影视配音、语音导航等
	音乐生成	创作旋律、编曲或生成背景音乐	影视配乐、个性化铃声等
	音频编辑	降噪、混音等	音频后期处理
视频创作	视频生成	根据脚本生成视频	短视频创作、广告视频生成等
	视频剪辑	根据脚本快速拼接素材，添加特效	短视频后期编辑
	视频修复	修复老视频、增强画质	影视剧修复
多模态生成	跨模态内容转换	将图像转化为文本、表格等	扫描图片转为文档
	跨模态内容生成	生成融合文本、图像、音频的交互式内容	动态绘本、有声漫画
代码编辑	代码生成	根据需求描述生成代码	软件开发
	代码优化	补全代码、优化代码、纠正代码错误等	编程辅助
数据分析	Excel处理	拆分、合并Excel表格，数据清洗、查找等	处理Excel表格
	数据运算	对数据进行求和、求平均值、求极值、逻辑计算等	数据计算
	数据分析	对数据进行对比分析、交叉分析、关联分析等	数据解读
	图表生成	生成可视化图表，如柱状图、饼图、折线图等	数据可视化

续表

功能类别	具体功能	功能描述	典型应用场景
	个性化推荐	基于用户的行为数据生成定制化内容，如新闻推荐、商品推荐文案等	电商平台个性化商品推荐、社交媒体个性化内容推荐等
	情感分析	分析文本内容、图片内容、视频内容的情感和情绪	用户评论分析
虚拟场景生成		构建虚拟空间，如虚拟展厅、数字孪生城等	虚拟现实社交、数字直播间
		生成元宇宙中的虚拟角色与环境，如虚拟社交场景中的建筑、人物形象等	元宇宙平台开发、电商直播数字人主播
		基于地理信息数据生成3D场景模型	城市规划模拟

1.2.2　AIGC技术在不同领域的落地应用

在数字化时代，AIGC技术正以颠覆式创新重构各领域的发展范式，AIGC已不再局限于技术概念的范畴，而是通过与不同领域场景的深度耦合，催生出无数务实且极具价值的应用场景。

1. AIGC技术在教育领域的落地应用

AIGC技术正在深刻地改变教育领域的各个方面，从教学方法到学习体验，从个性化学习到智能辅导，为教育的持续创新提供了无穷的可能性。

（1）个性化学习支持

AIGC技术根据学生的学习进度、知识掌握情况、兴趣爱好等因素，为学生提供个性化的学习内容和学习路径，满足不同学生的学习需求，提高学习效率。例如，北京理工大学构建了以知识图谱为核心的智慧教学系统，通过智能问答和推荐系统，为学生提供定制化的资源和路径。这种个性化学习路径有助于提高学生的学习效率和兴趣。

（2）教学行为分析与评估

AIGC技术通过分析课堂视频、语音等数据，评估教师的教学效果和学生的学习表现，为教师提供教学改进的参考，促进教学质量的提升。例如，北京师范大学的AI课堂教学智能评测系统，能实时监测和分析教师的教学行为和学生的学习行为，如教师的语言表达、教学方法的运用、学生的参与度、注意力集中程度等，从而为教师提供详细的教学反馈，帮助教师优化教学方法和策略。

（3）学业预警与帮扶

AIGC技术通过分析学生的学业成绩和行为数据，预测学生可能遇到的学业困难，并提供及时的预警和帮扶，帮助学生克服学习障碍，避免学业失败。例如，华中科技大学开发的智能学业预警系统，通过对学生的课程成绩、考勤情况、作业完成情况等多维度数据进行分析，提前发现可能存在学业风险的学生，并及时向学生和教师发送预警信息，同时提供相应的帮扶措施，如个性化的学习建议、辅导资源推荐等。

（4）教育资源生成与优化

AIGC技术可自动生成教学内容，如教案、课件、练习题、测试题等，还可对现有的教育资源进行优化和整合，提高教育资源的质量和利用效率。一些学校利用AIGC技术生成个性化的教学图片、视频等资源，为教学提供丰富的素材。例如，教师可以通过AIGC技术快速生成与教学内容相关的图片、动画或视频，使教学更加生动形象，吸引学生的注意力。

2. AIGC技术在医疗领域的落地应用

AIGC技术在医疗领域的应用正在逐步深化，涵盖了医学影像诊断、定制个性化医疗方案、临床辅助诊疗、健康管理、药物研发等多个方面。

（1）医学影像诊断

AIGC技术在医学影像诊断中的应用最为广泛，通过对大量医学影像数据的学习和分析，AIGC技术能快速、准确地识别影像中的异常特征，辅助医生进行诊断。AIGC技术可以对医学影像进行增强处理，如提升图像质量、消除噪声、优化对比度、增强细节等。此外，AIGC技术还能自动检测病灶，提取特征，进行分类诊断，并追踪疾病进展。AIGC技术还可将二维医学影像重建为三维模型，帮助医生更直观地了解病变部位。例如，蚂蚁集团发布的支付宝医疗大模型，具备原生多模态能力，可以识别、解读药品，解读上百种复杂的医学报告，分析医学影像并辅助医生诊断。

（2）定制个性化治疗方案

AIGC技术能整合患者的临床症状、检查结果、基因组数据等，通过数据分析和模拟，为患者量身定制适合的治疗方案。以癌症治疗为例，AIGC技术可以根据患者的肿瘤类型、分期、基因变异情况及过往治疗史，在海量的医学文献和临床案例中搜索相似的病例，并结合最新的研究成果，生成一套个性化的综合治疗建议。例如，数百家医院接入DeepSeek大模型，用于支持临床诊疗、医院管理、科研支持和患者服务等场景的日常工作，有效提高了医疗质量和效率。

（3）临床辅助诊疗

AIGC技术能帮助医生快速获取医学知识和研究成果，生成患者病例，将患者的病史、症状、检查结果等进行整合，为医生提供全面的诊断建议和治疗方案参考，还可通过实时数据生成趋势图，让医生直观地了解患者的病情变化趋势。例如，浙江大学医学院附属第二医院的嵌入AI大模型的电子病历系统，其知识检索功能可帮助医生获取患者信息，自动生成病例。

（4）健康管理

AIGC技术能为人们构建全生命周期数字健康档案，并为人们提供数据驱动的个性化服务、智能化的健康管理平台、数字孪生人健康管理、智能辅助诊断等功能，帮助人们更好地管理自己的健康，预防疾病的发生。例如，美年健康、华为云与润达医疗三方合作研发的国内首款健康管理AI机器人"健康小美"，具备多种健康管理功能，能为人们构建全生命周期数字健康档案。

（5）药物研发

AIGC技术能通过对大量药物分子结构和生物活性数据的学习，预测药物的活性、毒性和副作用，加速药物研发进程，降低研发成本，还能辅助设计新的药物分子。此外，AIGC技术还能设计临床试验方案，进行风险分析，提升试验的科学性和安全性。

3. AIGC技术在金融领域的落地应用

金融行业作为数据密集型和知识密集型行业，对高效处理信息和精准决策有着极高的需求。AIGC技术凭借其强大的自然语言处理和内容生成能力，能有效提高金融服务的效率和质量，优化客户体验，并为金融机构的业务创新和风险管理提供有力的支持。

（1）智能客户服务

AIGC技术在金融服务中的应用之一是智能客服系统。智能客服能实时解答客户疑问，为客户提供个性化服务，极大地提升了客户的满意度和忠诚度。例如，江苏银行自主研发的大语言模型服务平台"智慧小苏"能准确理解客户问题并提供专业解答，有效提高了客服效率和服务质量。

（2）金融风险管理

AIGC技术通过深度学习和分析海量数据，能构建出更准确、更全面的风险模型，帮助金融机构评估和管理市场风险、信用风险、操作风险、诈骗风险等，提供精确的风险预测和决策支持。例如，中信银行的"哨兵"智能反欺诈系统，能够精准识别被诈交易，及时阻止客户的转账行为，保障客户的资金安全。

（3）个性化投资建议

AIGC技术能根据客户的风险偏好、财务状况和投资目标，生成个性化的投资建议和组合配置，辅助客户做出更加明智的决策。例如，蚂蚁集团推出的智能理财助理"支付宝2.0"，能为客户提供专业的投资理财建议，与客户进行互动交流。

（4）智能金融营销

AIGC技术能分析客户数据，向不同群体推送个性化的金融产品信息，提高营销转化率。此外，数字人直播可以为客户提供更生动的金融知识讲解，更直观地展示金融产品，提升客户参与度和满意度。例如，广发银行运用AIGC大模型，通过在客服场景中总结来电客户的会话内容，有效提高了员工的工作效率。与此同时，该AIGC大模型还可生成个性化的营销推广文案，帮助银行有效节约了人力成本。

4. AIGC技术在交通领域的落地应用

随着城市化进程的加速和交通拥堵问题的日益突出，交通领域的智能化管理成为提高城市运行效率和居民生活质量的关键。AIGC技术在交通领域也得到广泛应用，为交通行业带来深刻的变革。

（1）智能交通管理

AIGC技术在智能交通管理中的应用主要体现在交通流量预测、交通信号控制、交通事件监测与预警等方面。

例如，贵阳市公安交通管理局联合百度智能云在一些重要交通节点设置智能信控，通过互联网和贵阳本地交警数据，智能管理路口交通情况，实现5分钟内交通流量分布的精准预测。智能信控系统还可对每个路口的红绿灯时长进行动态调控，有效提高了红绿灯的利用率。同时，智能信控系统同步百度地图App的信息，为人们实时推送红绿灯读秒、道路施工、交通事故等信息，显著提升了人们的出行体验。

（2）智能驾驶辅助

AIGC技术可以对车辆周围环境的图像数据进行分析，识别和预测交通标志、行人、车辆等，并为驾驶员提供警示和辅助功能，提升驾驶安全性，减少交通事故的发生。

一些汽车厂商利用AIGC技术开发智能驾驶辅助系统，通过摄像头、雷达等传感器收集车辆周围的环境数据，利用算法进行分析和处理，实现自动紧急制动、自适应巡航、车道保持等功能，提升驾驶的安全性和舒适性。

（3）智能导航与路径规划

AIGC技术能根据实时路况，为人们提供最优路径规划，减少人们的出行时间；根据实时交通状况动态调整推荐路线，避免拥堵路段；支持多种出行方式，如步行、骑行、公共交通等，提供多模式路径规划。例如，百度地图通过AIGC技术实时分析数据，帮助人们避开拥堵路段，缩短行程时间。深圳公交等企业也通过此类技术优化城市交通管理，减少公交车辆绕行和能源消耗。

案例在线

AIGC+广电，激发内容创作新活力

在当今数字化时代，广播电视行业作为内容传播的重要载体，正积极利用AIGC技术这一新质生产力为观众带来一幕幕视听奇观。

《千秋诗颂》是由中央广播电视总台央视综合频道（CCTV-1）与人民教育出版社合作制作的诗词动画故事系列片，该故事系列片依托中央广播电视总台的"央视听媒体大模型"，运用AIGC技术，将国家统编语文教材中的200多首诗词转化为了唯美的国风动画。

上海广播电视台积极探索AIGC技术与中华优秀传统文化的结合，推出了《因AI向善》系列公益广告片。《因AI向善》第一季广告片包括"绿色出行""节约用水""光盘行

慕课视频

AIGC+
广电，激发
内容创作
新活力

动""垃圾分类""礼貌用语""公共场所"六大公益主题，其生成利用了上海广播电视台的AIGC应用集成工具Scube，并综合运用了可控图像生成、人物动态生成、文生视频等技术。该系列广告片的美术、分镜、视频、配乐全部由AIGC完成，配音则选用了上海广播电视台旗下数字主播申芊雅的声音。它不仅展示了AIGC技术在公益领域的应用潜力，还传递了"科技向善"的理念，为公益广告的创作和传播提供了新的思路和方法。

《生肖今晚要换班》是北京广播电视台2025年春晚播出的一部AIGC短片。这部短片以首都博物馆的两件文物——金代铜坐龙和唐代石刻十二辰蛇像为原型，通过AIGC技术让这两件文物"开口说话"，采用数字拟人化叙事手法，讲述生肖文化的历史脉络，使观众在感受中华优秀传统文化魅力的同时，也能体验到现代科技带来的新奇与趣味。这种创新体现了中华优秀传统文化与现代科技的融合，开创了AIGC技术赋能中华优秀传统文化传播的新样式。

1.2.3　AIGC时代的人才发展趋势

在AIGC时代，人类社会正经历着从"工具革命"到"能力重构"的深层变革，人才发展的本质不是与AI争夺单一技能的水平高低，而是在技术赋能与人性价值的交会处，锻造不可替代的复合能力。

1. AIGC技术对职业发展带来的机遇

AIGC技术的发展为从业者的职业发展带来了诸多机遇，主要表现在以下4个方面。

（1）提高工作效率

AIGC技术能快速生成高质量的内容，帮助从业者从重复性、低价值的工作中解放出来，从而让他们有更多的时间和精力投入更具创造性和高价值的工作中。例如，在广告设计领域，AIGC技术可以快速生成创意草图，随后设计师可以对创意草图进行优化调整，大大提高了设计效率。

（2）催生新兴职业

AIGC技术的发展为从业者带来了许多新的职业机会，如AI训练师、数据标注员、AI插画师、AIGC设计师等。这些新兴职业不仅为从业者提供了新的就业方向，还带来了较高的薪资待遇和发展空间。

（3）降低入门门槛

AIGC技术降低了从业者进入某些领域的难度，使跨界工作成为可能。例如，一些非专业出身的人员可以通过学习AIGC技术，快速掌握基本的设计或写作技能，并进入相关行业。

（4）促进职业转型

AIGC技术推动了传统职业的转型升级，从业者可以借助AIGC技术提升自身能力，拓展职业边界。例如，编辑、设计师等可以通过学习AIGC技术实现职业转型和升级，更好地适应技术变革。

2. AIGC技术对职业发展带来的挑战

在带来机遇的同时，AIGC技术也为从业者的职业发展带来不少挑战，主要体现在以下几个方面。

（1）职业替代风险

AIGC技术能替代部分重复性、规律性强的工作，如基础文案撰写、数据录入、图像处理等。一些传统职业，如插画师、UI设计师、文案撰写员等，受到的冲击较大。

（2）技能更新压力

AIGC技术的快速发展导致旧有技能迅速贬值，从业者需要不断学习和适应新技术，以保持竞争力。例如，设计师需要掌握AIGC工具的使用方法，才能更好地与AIGC工具协作完成设计任务。

3. AIGC时代从业者的素养要求

在AIGC时代，技术迭代速度加快，人机协作成为常态，从业者需要具备并培养以下素养。

（1）技术素养

从业者要具备一系列技术素养，这些素养不仅涵盖了基础的技术能力，还包括对前沿技术的掌握和应用能力。

● **熟悉AIGC原理：** 掌握AIGC技术的基本逻辑，了解其功能和典型应用场景，清楚地知道AIGC技术在不同行业的落地应用场景。

● **工具应用能力：** 能熟练运用各类AIGC工具进行内容创作。

● **问题解决能力：** 在应用AIGC技术解读问题时，能灵活运用所学知识和技能，提出创新的解决方案，并不断优化工作流程和方法。

（2）思维素养

从业者要具备一系列思维素养，这些素养不仅有助于技术应用和创新，还能帮助他们在复杂的社会环境中做出合理决策。

● **批判性思维：** 能独立思考，评估AIGC工具生成内容的质量和可靠性，识别生成内容中的错误、偏见或不合理之处。例如，在使用AIGC工具生成新闻报道时，从业者要能判断内容的真实性和客观性。对新的AIGC技术和工具进行评估，了解其优缺点和适用场景，避免盲目跟风使用。例如，在选择AIGC工具时，从业者要综合考虑其性能、易用性和社区支持等因素。

● **创新性思维：** 从业者能利用AIGC工具创作出新颖、独特的内容，突破传统内容创作的局限。例如，从业者通过AIGC工具生成的剧本、音乐、绘画等，为文化娱乐产业带来新的创意。从业者应积极探索AIGC工具在新的应用场景中的可能性，如将AIGC工具生成的虚拟形象应用于虚拟客服、虚拟主播等领域。在项目开发过程中，AIGC工具能快速定位和解决技术问题，如模型训练中的收敛问题、数据处理中的异常值问题等。AIGC工具能从客户的角度出发，解决业务问题。例如，当客户对AIGC工具生成的内容不满意时，AIGC工具能分析原因并提出改进方案。

● **适应性思维：** AIGC技术更新迅速，从业者要具备快速学习的能力，能持续关注技术发展动态，通过阅读论文、参加技术会议、在线课程等方式不断更新知识体系。从业者要能快速适应新的技术工具和平台，灵活运用新技术解决实际问题。例如，从业者应积极学习和应用新的AIGC工具，提高工作效率。

（3）人文素养

在AIGC时代，技术的高效性与标准化可能会让内容趋于同质化，而人文素养恰恰是从业者保持独特价值、传递情感温度与社会价值的核心竞争力。

● **情感洞察与共情能力：** AIGC工具可以通过数据分析用户行为，但难以理解隐性情感需求，如孤独感、怀旧情绪。在内容创作中，从业者要结合人文场景赋予技术温度，保留人类独有的情感链接能力。例如，广告从业者需通过共情，洞察消费者的"情感痛点"，再用AIGC工具辅助创意表达，避免内容沦为冰冷的信息堆砌。

● **文化语境敏感度：** 理解不同文化中的情感表达差异，避免AIGC工具生成的内容因文化隔阂引发误解。

● **群体情感共鸣构建：** 在公共内容（如新闻、公益宣传）中，从业者可通过人文视角挖掘群体共同记忆（如地域文化、时代印记），让AIGC工具生成的内容更具感染力。

● **抵制流量至上主义：** 在娱乐、自媒体等领域，拒绝为迎合算法推荐而生成低俗、焦虑类内容，而应通过人文视角挖掘正向价值（如弱势群体关怀、中华优秀传统文化传承），引导AIGC工具辅助传播积极内容。

● **引入人文议题：** 利用AIGC工具解决社会问题，如利用AIGC工具生成方言保护内容、为视障人群制作语音版文学作品，将技术工具与人文关怀结合。

● **审美判断力与创新：** AIGC工具擅长模仿流行风格，但从业者需通过人文审美培养独特品位。例如，设计师可以从传统艺术（如敦煌壁画、苗族刺绣）中汲取灵感，用AIGC工具实现现代转译，避免"千篇一律"的视觉输出。

（4）伦理与道德素养

● **内容伦理审查：** 对AIGC工具生成的内容进行伦理审核，抵制虚假信息、偏见内容或误导性宣传，尤其是在新闻、医疗、金融等对信息准确性要求较高的领域。

● **明确责任归属：** 明确人机协作中的责任边界，如AIGC工具生成的设计方案若存在侵权问题，从业者需承担审核责任，而非完全归咎于技术。

● **尊重知识产权：** 在使用AIGC工具时，从业者要尊重他人的知识产权，避免侵权行为。例如，使用开源数据和AIGC工具时，从业者要遵守相应的许可协议。

● **坚持公平与公正：** 确保AIGC工具生成的内容对所有人公平公正，避免因性别、民族、宗教等因素产生偏见。例如，在招聘系统中应用AIGC工具时，从业者要确保算法不会对某些群体产生歧视。

1.3 认识大模型

大模型是近年来AI领域的重要突破，它不仅能学习海量的数据，还能像人类一样进行逻辑推理、情感理解，甚至在某些领域展现出超越人类的精准判断力。它不仅推动着AI技术的革新，还深刻地影响着人们的生活方式、思维方式和社会结构。

1.3.1 大模型的特点

大模型是指基于深度学习技术，具有海量参数、强大的学习能力和泛化能力，能实现对自然语言、图像、音频等信息进行理解、生成与推理的人工智能模型。

大模型具有以下特点。

1. 依赖大量数据

大模型需要大量的数据来训练，以充分学习数据中的规律。这些数据通常包括文本、图像、音频等多种类型。例如，训练一个用于自然语言处理的大模型，需要海量的书籍、新闻文章、网页文本等数据。通过对这些数据进行无监督学习或监督学习，大模型能不断优化自身的参数，从而提升自身性能。

2. 学习能力强

由于具有海量的参数，大模型能学习到数据中极其复杂的内容。以自然语言处理为例，在语言翻译任务中，大模型可以捕捉到不同语言之间的细微语义差异、语法结构变化等复杂关系。例如，它能理解一种语言中的隐喻、双关语等表达方式，并将其准确地翻译到另一种语言中，而这些复杂的语言现象对于小规模模型来说是很难掌握的。

此外，随着新的数据不断出现，大模型可以通过持续学习的方式进行更新。例如，一些在线学习系统会不断收集用户的反馈数据，并利用这些数据对自身模型进行微调，使其能适应新的语言表达、新的知识领域等。这种自学习能力使得大模型能不断进化，保持其性能的先进性。

3. 可迁移性高

大模型在经过大量数据训练后，可以生成通用的特征表示，适用于多种任务和领域。例如，一个在海量文本数据上预训练的大语言模型，经过微调后可以用于文本生成、情感分析、问答系统等多种自然语言处理任务。在计算机视觉领域，预训练的大模型也可通过迁移学习应用于图像分类、目标检测等多种任务。

4. 较好的泛化能力

大模型在经过大规模数据训练后，通常具有较好的泛化能力。这意味着它能对未见过的新数据做出相对准确的预测。例如，一个在多种语言文本上训练的大语言模型，即使遇到一种它没有专门训练过的小语种文本，也有可能通过其学到的语言通用规律（如语法结构、语义关联等）来生成合理的翻译或回答。这种泛化能力使大模型在面对多样化的任务和数据时具有一定的适应性。

5. 对计算资源有较高的需求

训练大模型需要强大的计算能力。由于大模型参数众多，每一次的参数更新都需要进行大量的矩阵运算。例如，训练一个参数量为数十亿的大模型，可能需要使用多个高性能的GPU集群，训练时间可能持续数周甚至数月。而且，随着大模型规模的进一步增大，对计算资源的需求也呈指数级增长。

在大模型推理时，也需要较高的计算资源。虽然推理阶段的计算量相对训练阶段较小，但对于一些实时性要求较高的应用场景（如在线翻译、实时语音识别等），仍然需要高效的计算设备来保证大模型能快速响应。例如，一些基于大模型的智能语音助手需要在短时间内处理用户的语音指令并给出回答，这就对推理设备的计算能力提出了较高的要求。

1.3.2　大模型的类型

随着技术的不断发展，大模型已从单一技术走向多元化发展，其能力边界随着数据、算法与算力的进步持续拓展，大模型的类型划分如表1-5所示。

表1-5　大模型的类型划分

分类标准	类型	释义	特点
按照任务类型划分	语言大模型	基于大量文本数据训练的模型，主要用于理解和生成自然语言	能理解上下文信息，从而更准确地回答问题或生成文本；能生成连贯、自然的文本，如新闻文章、故事、代码等
	视觉大模型	基于大量图像数据训练的模型，主要用于图像识别、分析和生成	能自动学习图像中的特征，如物体的形状、颜色、纹理等；可以用于多种视觉任务，如图像分类、目标检测、图像分割等；一些视觉大模型也可生成图像，如根据文本描述生成图像
	多模态大模型	结合多种模态（如语言、图像、语音等）数据的模型，能处理跨模态的任务	能理解不同模态之间的关系，如理解图像中的文字内容、根据语音生成图像等；可以完成复杂的多模态任务，如图文问答、语音驱动的图像生成等；通过融合多种模态的数据，提高模型的性能和泛化能力
按照应用领域划分	通用大模型	不针对特定领域，可以在多个领域和任务上通用的大模型	具有广泛的应用能力，能处理多种类型的自然语言处理任务，如文本生成、文本分类、问答、翻译等。它们通过预训练大量的通用文本数据，学习到语言的通用规则和模式，因此可以适应多种场景
	垂直领域大模型	针对特定领域或特定任务/场景的大模型	在特定领域或特定任务/场景的数据上进行训练或微调，能更好地理解和处理特定领域或任务/场景的语言特点和专业术语

分类标准	类型	释义	特点
按照能力划分	推理大模型	用于逻辑推理和复杂问题解决的大模型。它通过模拟人类的逻辑思维过程，能处理复杂的因果关系、逻辑推理、数学计算和多步推理任务	能处理复杂的因果关系和逻辑链条；能进行多步推理，逐步解决问题；强调对因果关系、逻辑规则、数理规则的建模，如通过"逐步推导"生成中间推理步骤，而非直接输出答案；擅长处理逻辑密度高的任务，如数学推导、逻辑分析、代码生成、复杂问题拆解等
	非推理大模型	侧重于语言生成、上下文理解和自然语言处理，而不强调深度推理能力的大模型	通过预训练大量通用文本数据，学习语言的通用规律和模式，能处理各种类型的自然语言处理任务，如文本生成、问答、翻译、分类等，但缺乏像推理模型那样复杂的推理和决策能力；可根据不同的任务需求进行微调，快速适应各种应用场景；擅长处理多样性高的任务，如文本生成、创意写作、多轮对话、开放性问答等

1.3.3　国内主流大模型的功能

近年来，国内众多科技企业和科研机构纷纷投入大量资源，研发具有自主知识产权的大模型。这些大模型各具特色，既体现了国内 AI 技术的高水平，也展示了我国在这一领域的创新能力和应用潜力。

1. DeepSeek

DeepSeek 是杭州深度求索人工智能基础技术研究有限公司开发的大模型，其主要功能如下。

- **文本生成与处理：** 自动生成文章、故事、广告文案等内容；支持文本翻译、情感分析、信息抽取等自然语言处理任务。
- **智能对话与问答：** 具备聊天功能，能理解上下文并生成连贯的回答。结合搜索功能，能提供最新的知识问答。
- **代码生成与辅助：** 支持代码补全、生成、优化和错误检测，覆盖多种编程语言。
- **文档处理：** 支持 PDF 等格式的文档解析，提取和处理文本及图像内容。
- **智能搜索与推荐：** 支持实时联网搜索，提供最新的信息和内容推荐。
- **多语言支持：** 支持中英文等多种语言的交互。

DeepSeek 有 DeepSeekV3 通用模型和 DeepSeekR1 推理模型。DeepSeek-V3 通用模型既高效又便捷，适用于处理规范性任务；DeepSeek-R1 推理模型擅长处理需要进行复杂推理和深度分析的任务，更适用于开放性任务。

2. 通义

通义是由阿里云推出的大模型，具备强大的语言处理和多模态融合能力，其主要功能如下。

- **文本生成与处理：** 撰写故事、公文、邮件、剧本、诗歌等；具备文本润色、摘要提取等功能。
- **多模态融合：** 支持文本、图像、语音、视频等多种模态的输入与输出，可根据首尾帧画面生成视频。
- **多语言翻译：** 支持多种语言的翻译服务。
- **对话与问答：** 提供自然、流畅的对话体验，支持多轮对话。
- **编程辅助：** 编写和优化代码。
- **数据可视化：** 支持图表制作和数据呈现。

3. 豆包

豆包是抖音有限公司推出的一款大模型，其主要功能如下。

- **文本生成与处理：** 支持问答、总结、创作、分类等多种文本任务，能撰写文章、生成创意文案；具备文本润色、摘要提取等功能。
- **多模态交互：** 支持图像、视频、语音等多种模态的输入与输出，能对图像、视频内容进行深度理解，支持视觉推理、图像识别；具备语音合成能力，能识别多种情绪的语音表达，语音识别准确率高，延迟低；能通过精准语义理解，生成高质量视频，支持文本和图片生成模式；支持文生图与图生图，支持多种风格变换。
- **代码生成与优化：** 支持多种编程语言，能生成高质量代码。
- **数学与逻辑推理：** 在数学、编程、科学推理等专业领域表现突出。

4. 文心一言

文心一言是百度推出的大模型，其主要功能如下。

- **语言处理：** 能进行文学创作、商业文案创作，生成各种体裁的文本，还可处理数理逻辑推算、代码生成等任务，在知识问答、语言理解与生成方面表现出色，支持多轮对话，能准确理解上下文。
- **多模态：** 具备原生多模态能力，可处理图片、视频等，如根据文本生成图片，支持图片重绘、局部编辑，能对图片内容进行理解分析，还可分析视频内容，如解读电影片段情节等。
- **信息处理与分析：** 可对文本进行分类、情感倾向性分析及相似度比较。借助插件实现实时信息搜索，处理长文档，生成摘要，能汇总文本数据并以表格形式呈现，方便信息整理和分析。
- **多样化服务：** 支持语音输入，方便用户交流和探索。此外，文心一言还具有数字分身、智能体等功能，能为用户提供多样化服务。

5. 讯飞星火

讯飞星火是由科大讯飞推出的认知智能大模型，其主要功能如下。

- **多模态交互：** 可理解图片内容并准确描述，围绕图片回答用户问题，还能根据用户描述生成音频和视频，以及整合AI虚拟人资料生成匹配视频。
- **文件处理：** 支持上传文档、音频、视频、图片等多类型文件，可智能管理、总结分析文件内容，还能基于文件生成报告、演讲稿等不同风格内容，支持文件一键生成PPT，以及对文件进行翻译和修改、润色等二次创作。
- **文本处理：** 能生成多风格、多任务的长文本，如写作发言稿、邮件等；具备多层次、跨语种的语言理解能力，可进行语法检查、翻译等；还能回答泛领域开放式知识问题。
- **逻辑推理：** 具有情景式思维链逻辑推理能力，可进行科学、常识等推理。
- **数学解答能力：** 能解答多种数学题型，具备数学思维并给出解题步骤。
- **代码处理：** 支持代码理解、修改和编写。
- **个性化定制：** 提供丰富参数设置，可实现个性化模型体验，针对企业级定制化需求提供专属解决方案。
- **插件拓展：** 通过插件拓展应用场景，如生成简历、生成PPT、文档问答等。

6. 混元

混元是由腾讯公司全链路自研的大模型，其主要功能如下。

- **多轮对话：** 具备上下文理解和长文记忆能力，能流畅地完成各专业领域的多轮知识问答。
- **内容创作：** 支持文学创作、文本摘要、角色扮演等，能生成流畅、规范的文本。
- **逻辑推理：** 能准确理解用户意图，并基于输入数据或信息进行推理和分析。
- **知识增强：** 能有效解决事实性和时效性问题，提升内容生成效果。
- **多模态生成：** 支持文生图像、文生视频、图生视频等多种生成能力。

混元大模型被广泛应用于腾讯的多款应用（如腾讯文档、腾讯会议、微信输入法等）和业务流程中，以AI助手的形式提高用户的工作效率。

> **AI 小课堂**
>
> 本地部署大模型是指将大模型的模型文件、计算资源和相关服务部署在本地服务器或本地数据中心，而不是依赖远程的云服务提供商来运行大模型。这种模式下，大模型所有的数据处理、计算和存储都在本地环境中完成，用户对大模型拥有完全的控制权。
>
> 本地部署大模型的优势主要体现在以下5个方面。
>
> ● 企业可基于本地数据对大模型进行私有化微调，使其更贴合本企业的业务场景。
>
> ● 确保数据在本地环境中处理，减少数据外传风险，更好地保护敏感信息。
>
> ● 大模型能在无网络或弱网络环境中独立运行，确保服务不中断。
>
> ● 摆脱对第三方云端服务的依赖，掌握数据与模型的控制权，规避服务中断或技术壁垒风险。
>
> ● 本地计算省去网络传输延迟，大模型的响应速度更快。

1.4 认识智能体

智能体是计算机科学、人工智能乃至诸多交叉学科领域中的核心概念之一，从智能家居中自动调节环境的控制系统，到金融市场中执行策略的交易程序，再到城市交通中的智能交通系统，智能体的身影无处不在，它们以独特的智能特性与自主行为能力，成为推动科技进步与社会发展的重要力量。

1.4.1 智能体的特性

智能体是指能感知环境并根据感知信息自主做出决策和行动的应用或实体。智能体可以是软件程序、机器人，甚至是一个系统，其目标是通过与环境的交互来实现特定的任务或目标。

智能体主要具有以下特性。

1. 自主性

智能体能在一定程度上独立于外部的直接控制，自主地进行感知、推理和行动。它有自己的内部状态和决策机制，可以根据自身的知识和经验来做出决策，而不需要外部的实时指令。例如，一个驾驶汽车智能体，它可以根据道路状况、交通信号等环境信息自主地决定加速、减速、转弯等操作。

2. 社会能力

智能体能与其他智能体进行交互和合作。它们可以通过通信机制交换信息，协调行动，共同完成复杂的任务。例如，在一个智能物流系统中，多个智能体可以相互协作，有的负责货物的搬运，有的负责货物的分拣，通过相互配合来提升整个物流系统的效率。

3. 反应性

智能体能及时地感知环境的变化，并做出相应的反应。它能根据环境的即时状态快速地调整自己的行为，以适应环境的变化。例如，一个智能安防系统中的监控智能体，当检测到异常情况（如入侵者）时，能迅速发出警报并启动相应的防护措施。

4. 主动性

智能体不仅能被动地响应环境的变化，还能主动地采取行动以实现自己的目标。它可以根据自己的目标和对环境的理解，主动地规划和执行行动，而不是仅仅等待外部事件的触发。例如，一个个人助理智能体，它可以根据用户的日程安排主动地提醒用户即将进行的会议或活动，还可以主动地为用户搜索相关信息或预订相关的服务，以帮助用户更好地完成工作。

案例在线

和府捞面，用智能体驱动美味升级

和府捞面是一家以面食为特色的餐饮连锁品牌，在创建智能体之前，和府捞面通过自研的"品牌数字化监测系统"采集用户在不同平台的评论，再由人工阅读、分类，识别情感倾向和关键词，以此调整经营策略，但这种方式效率较低。

慕课视频

和府捞面，
用智能体驱动
美味升级

进入AI时代，和府捞面意识到需要借助AI技术来提高经营效率和用户体验。于是，和府捞面通过扣子智能体平台搭建了"和府点评"智能体，并顺利地将"和府点评"智能体与和府捞面的各个业务系统打通。

"和府点评"智能体能基于顾客的点评进行细颗粒化的数据分析，自动识别顾客点评中的情感倾向（正面、负面、中性）以及评价关键词（环境、服务、菜品评价等），并对其进行具体分类，最终以JSON格式输出结果，方便将分析结果直接集成到企业系统中，为菜品、服务等方面的策略优化提供有力的支持。

通过"和府点评"智能体的应用，和府捞面实现了用户评论分析的自动化和智能化，不仅减少了人力成本，还大幅提高了工作效率和决策的科学性，为企业在激烈的市场竞争中赢得了优势，也为餐饮行业的数字化转型提供了有益的借鉴。

1.4.2　智能体的结构

智能体通常包括传感器、执行器、决策系统、知识库、学习模块、通信接口和用户界面等部分，这些组成部分相互协作，使智能体能感知环境、做出决策、执行动作，并与用户和其他系统进行交互。

1. 传感器

传感器是智能体感知外部环境信息的"感官器官"。它们能将环境中的各种信号转换为智能体可以处理的数据格式。物理感知器如摄像头、话筒、温度传感器等，常见于机器人或物联网设备中；软件传感器如数据接口、应用程序编程接口（Application Programming Interface，API）、网络爬虫等，常用于数字环境中的信息采集。

传感器能为智能体提供实时或历史环境状态，是智能体决策的基础。例如，在一个智能机器人中，摄像头可以捕捉周围物体的图像信息；话筒可以接收声音信号；等等。

2. 执行器

执行器是智能体用来对外部环境产生影响的部件。它根据智能体的决策系统发出的指令，执行具体的动作。例如，在一个智能音箱中，执行器是扬声器，用于播放语音回答。

执行器是智能体实现目标的关键环节。它将智能体的决策转化为实际的物理动作或输出。没有执行器，智能体就无法对环境产生任何影响，也就无法完成任务。

3．决策系统

决策系统是智能体的"大脑"，它根据感知器收集到的信息，通过一系列的算法和逻辑来做出决策。这个系统通常包括知识表示、推理、学习等模块。

决策系统是智能体的核心，它决定了智能体的行为和反应方式。它需要综合考虑环境信息、目标、约束条件等因素，来选择最优的行动方案。例如，在一个智能交通管理系统中，决策系统需要根据交通流量、道路状况等信息，决定信号灯的时长和顺序，以优化交通流量。

4．知识库

知识库是智能体存储和管理知识的结构。它包含了智能体在决策过程中需要的各种信息，如事实、规则、经验等。这些知识可以是预先定义好的，也可以是智能体通过学习获得的。例如，在一个智能客服系统中，知识库可能包含了各种产品信息、常见问题解答等内容。

知识库为决策系统提供了决策依据。它使得智能体能基于已有的知识来理解和解释感知到的信息，从而做出合理的决策。例如，智能客服系统可以根据其知识库中的商品信息、常见问题解答等内容，为用户推荐合适的商品。

5．学习模块

学习模块是智能体能不断改进自身性能的关键部分。它通过从经验中学习，更新知识库和决策系统的参数。学习方式可以是监督学习、无监督学习、强化学习等。例如，一个智能推荐系统通过分析用户的点击行为（学习过程），不断调整推荐算法，以更好地满足用户的需求。

学习模块使得智能体能适应环境的变化和新的任务。它可以使智能体从错误中学习，不断优化自己的行为策略。

6．通信接口

通信接口是智能体与其他智能体或外部系统进行信息交流的部分。它可以是网络接口、语音接口等。例如，在智能家居系统中，智能设备（智能体）之间通过通信接口进行数据共享和协同工作。

通信接口使得智能体能与其他智能体合作，或者与外部系统（如用户、服务器等）进行交互。它扩展了智能体的功能和应用场景。

7．用户界面

用户界面是智能体与人类用户交互的接口，包括图形用户界面，如应用程序的窗口和按钮；语音用户界面，如语音助手的语音交互；文本用户界面，如命令行界面。

用户界面使用户能方便地与智能体进行交互，向智能体下达指令，并通过智能体获取信息等。图1-2所示为智能体"沈阳文旅"的用户界面。

素养课堂　　掌握核心技术、推动自主创新是实现国家科技自立自强的关键。我们在学习与工作中，要积极关注国家科技战略需求，将个人的职业发展与国家的科技进步紧密结合。我们要培养爱国情怀和民族自豪感，树立远大的理想和抱负，努力学习专业知识，为我国人工智能行业的发展贡献自己的力量，增强国家在国际科技竞争中的地位。

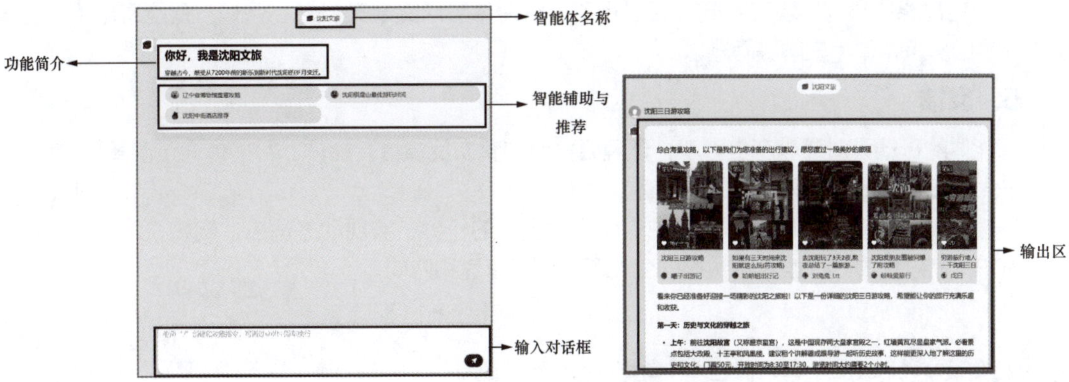

图1-2 智能体"沈阳文旅"的用户界面

1.4.3 智能体的运作原理

智能体的运作是感知、理解、决策、行动和反馈的循环过程,通过这个过程,智能体能自主地与环境交互,从而实现特定的目标。

1. 感知

智能体通过传感器来感知外部环境的状态。这些传感器可以是物理设备,如摄像头、话筒、温度传感器等,也可以是软件接口,如从数据库读取数据、接收用户输入等。

感知是智能体获取信息的入口,只有准确地感知环境,智能体才能做出合理的决策。例如,驾驶汽车智能体通过摄像头感知道路情况,通过雷达感知周围车辆的距离和速度。

2. 理解

智能体对感知到的信息进行处理和理解,通常涉及数据预处理、特征提取、语义分析等步骤。对于自然语言处理智能体来说,这一步可能包括分词、词性标注、句法分析等。

理解是将原始感知数据转化为有意义的信息,以便智能体能进一步处理。例如,语音助手需要将用户的语音信号转换为文本,并理解文本的语义,才能准确回答用户的问题。

3. 决策

智能体根据理解后的信息,结合自身的知识库和目标,选择一个或多个行动方案。决策方式有基于规则、基于模型、基于学习等。

● **基于规则:** 智能体按照预设的规则进行决策。例如,一个简单的垃圾邮件过滤器可以根据邮件中是否包含某些关键词来判断是否将其标记为垃圾邮件。

● **基于模型:** 智能体构建一个环境模型,通过模拟环境来预测不同行动的结果,从而选择最优行动。例如,机器人在规划路径时会构建地图模型,通过搜索算法找到最短路径。

● **基于学习:** 智能体通过机器学习算法从数据中学习决策策略。例如,一个文案写作智能体能通过大量的文案数据学习文案写作策略。

决策是智能体的核心功能,决定了智能体如何行动以实现其目标。不同的决策方式适用于不同的应用场景和复杂度。

4. 行动

智能体根据决策结果,通过执行器执行相应的行动。执行器可以是物理设备,如机械臂、电机等,也可以是软件接口,如发送指令、显示结果等。

行动是智能体影响环境的方式，通过行动，智能体可以实现其目标。例如，智能客服系统通过发送文字回复来帮助用户解决问题。

5. 反馈

智能体的行动会对环境产生影响，环境会将新的状态反馈给智能体。智能体通过感知新的状态，再次进入感知、理解、决策、行动的循环。

反馈机制使得智能体能根据环境的变化调整自己的行为，实现动态适应。例如，驾驶汽车智能体在汽车行驶过程中，根据道路状况的变化不断调整车速和方向。

拓展阅读：具身智能

2025年《政府工作报告》中指出："建立未来产业投入增长机制，培育生物制造、量子科技、具身智能、6G等未来产业。"具身智能是指智能体通过物理或虚拟身体与环境交互，通过感知、行动和反馈来学习和执行任务的能力。其核心在于"通过身体与环境互动来获取智能"，而非单纯依赖离线数据或符号逻辑。

具身智能最大的特质是能以自主视角感知物理世界，用拟人化思维路径学习并做出行为反馈，而不是被动等待数据投喂，其核心理念如下。

1. 身体是认知的基础

智能体的形态（如机械臂结构、传感器分布等）直接影响其感知和行动能力。例如，人类的手掌结构决定了抓握物体的方式，仿生机器人需模仿生物的身体特性（如章鱼触手的柔韧性）来实现灵活操作。

2. 环境是智能体的导师

通过与环境的持续互动，如碰撞、受力反馈等，智能体逐步建立对物理规律的理解。例如，婴儿通过摔倒学会平衡，机器人通过反复抓取调整力度。

3. 感知与行动不可分割

智能体的感知数据不是静态输入，而是通过转动摄像头、移动身体等主动行动动态地获取。例如，扫地机器人通过移动探测房间布局，而非依赖预存地图。

在工业领域，具身智能可使机械臂升级为"智能工人"，完成设备检修、柔性生产等非标准化任务。在家庭服务领域，具备具身智能的人形机器人可完成家庭清洁、陪伴老人等任务。此外，具身智能还可应用于抢险救灾、智能安防、海洋作业、教育、仓储物流等多个领域。

本章实训

实训1：探讨AI时代的人机共生关系

1. 实训背景

随着AI技术的飞速发展，人机共生关系成为当今时代不可忽视的重要议题。在AI时代，人类与机器不再是简单的人对工具的使用关系，而是在多个层面相互协作、相互影响。理解并探讨这种人机共生关系，对于个人适应未来社会发展、企业在AI领域的战略布局，以及社会整体的科技进步与人文关怀都具有重要意义。

2. 实训要求

掌握人机共生关系中存在的伦理、法律和社会问题，如数据隐私、算法偏见、AI的道德责任等。树立正确的价值观，认识到人机共生关系中人类的主导地位和责任，培养对AI的理性态度，既不盲目崇拜，也不过度恐惧。

3. 实训思路

（1）导入与引导

教师通过播放一段关于AI时代人机共生的视频，如AI在医疗、交通、教育等领域的应用案例，引起学生的兴趣和关注。

教师提出一些引人深思的问题，如"在这些场景中，AI与人类是如何协作的？""这种协作方式对人类社会产生了哪些影响？""你认为未来人机共生关系会朝着什么方向发展？"等，引导学生深入思考。

（2）小组讨论

学生分成若干小组，每组5～6人，每组选择一个人机共生关系中的具体主题进行深入讨论。主题可以包括但不限于以下内容：

- AI在工作场所的协作与竞争；
- AI对人类创造力的影响；
- AI与人类情感的交互；
- AI在教育领域的应用与挑战；
- AI在医疗健康中的伦理问题。

每个小组在讨论过程中需要明确以下问题：

- 该主题下人机共生的现状是什么？
- 存在哪些优势和问题？
- 对个人、社会和未来发展有何影响？
- 可能的解决方案或发展方向是什么？

（3）全班交流与探讨

各小组推选一名代表，向全班汇报本小组的讨论结果。汇报内容应包括小组讨论的主题、主要观点、发现的问题及提出的建议等。其他小组成员可以对汇报内容进行提问、补充或发表不同意见，形成全班范围内的交流与探讨氛围。

教师在全班交流与探讨过程中，引导学生从不同角度思考问题。同时，教师可以适时引入一些相关的理论知识、案例分析或专家观点，帮助学生拓宽视野，深化对人机共生关系的理解。

实训2：体验国内主流大模型的功能

1. 实训背景

国内主流大模型如DeepSeek、文心一言、豆包、通义、星火大模型等在自然语言处理、多模态交互等领域展现出了强大的能力，这些大模型不仅在语言理解、文本生成等基础任务上表现出色，还能处理图像识别、语音交互等多模态任务，并在教育、金融、医疗、政务等行业领域有着广泛的应用前景，对社会的发展和人们的生活产生着深远的影响。

2. 实训要求

学生要了解国内主流大模型的发展现状、特点，以及各自的优势和应用场景，逐一使用国内主流大模型的各项功能，进行充分的实践操作，记录操作过程中的参数设置、输入输出内容、运行时间等关键信息。在体验过程中，学生可以尝试不同的输入方式和内容，探索大模型的性能边界和潜在能力，如对同一问题用不同表述方式提问，观察大模型的回答差异；或者使用相同的问题向不同的大模型提问，观察不同大模型的回答结果。

3. 实训思路

（1）理论讲解

教师介绍国内主流大模型的基本概念、技术原理、发展历程及应用场景。

（2）平台体验

学生分组登录指定的大模型平台，如DeepSeek、豆包、文心一言等，按照教师提供的任务清单，逐一体验大模型的功能。任务清单可包括以下内容。

- **文本生成：** 输入关键词，生成一段描述性文本或故事。
- **问答系统：** 提出不同类型问题（如事实性问题、观点性问题等），观察大模型的回答质量。
- **图像识别：** 上传图片，观察大模型的识别结果和描述能力。

（3）成果展示与交流

学生展示自己的体验成果，根据体验成果分享自己的感受。例如，大模型在功能上的优势和局限性，以及在实际应用中遇到的问题，其他学生可以提问与补充。

教师可以引导学生思考大模型对个人学习、职业发展及社会的影响，鼓励学生提出自己的见解和想法。

思考与练习

1. AI的核心要素是什么？
2. 如何有效应对AIGC技术发展对人们就业造成的影响？
3. 智能体由哪些部分组成，其运作原理是什么？
4. 使用DeepSeek、豆包、文心一言等大模型回答下列问题，评估回答的准确性、流畅性和相关性。

（1）二十四节气的划分依据是什么？

（2）什么是干茶摇香、回旋高冲？

5. 在PC端登录豆包，在页面左侧选择"AI智能体"选项，进入"发现AI智能体"页面（见图1-3），从中选择几款智能体，体验智能体的功能。

图1-3　豆包"发现AI智能体"页面

第2章

AIGC工具应用基础

学习目标

- ➤ 掌握选择 AIGC 工具的原则。
- ➤ 了解 AIGC 工具的应用风险与伦理问题。
- ➤ 了解提示词的内涵、本质特征、基本元素类型和常见类型。
- ➤ 掌握提示词的设计原则、不同模型的提示词和不同任务需求下的提示词设计侧重点。
- ➤ 了解常见的提示词框架、设计提示词的误区和应对方法。
- ➤ 掌握搭建智能体的方法。

本章概述

在 AIGC 浪潮席卷各领域的今天，熟练驾驭 AIGC 工具已成为人们在数字时代中的必备技能。本章从 AIGC 工具应用基础策略进行切入，认识提示词这一交互"密码"，探索设计提示词的实用技巧，并通过搭建智能体实现从理论到实践的跨越。

本章关键词

AIGC工具　提示词　智能体

引导案例

从提示词到场景生成，淘宝用AIGC技术实现"万人万面"参演体验

在2025年央视春晚的舞台上，淘宝以"春晚云参演证"这一创新玩法为观众带来了前所未有的互动体验。该玩法基于AIGC技术，打破了传统春晚观看模式的壁垒，让普通观众也能深度参与其中。

为了实现这一创举，淘宝技术团队精心构建了支持春晚项目的AIGC模板，涵盖主持人、歌手、舞蹈、相声、小品、杂技、魔术、武术以及新春艺术照共九种模式，全面覆盖春晚常见节目类型。在设计过程中，淘宝技术团队通过调整提示词，优化模型输出效果。例如，以"主持人"为提示词核心，补充"身着华丽中国风礼服，面带微笑，手持话筒，站在春晚主舞台中央"等详细描述，让模型生成的主持人形象不仅贴合职业特点，服饰更具中国风元素，符合观众对春晚主持人形象的期待。对于"歌手"模式，提示词则强调"穿着具有民族特色的演出服，激情高歌，舞台灯光绚烂"，引导模型生成自然真实且富有感染力的歌手形象，以满足观众对春晚舞台的审美需求。

为确保生成的图片符合春晚场景需求与观众审美，淘宝技术团队在幕后进行了大量优化工作，面对AI生图在细节、构图、高清度等方面的问题，开发了一系列针对性修复技术。例如，淘宝技术团队利用inpaint技术、LoRA微调技术和ControlNet技术，专门开发用于春晚的手部修复模型，解决了手部绘制难题，提高成图率。通过文字检测、擦除模块，自动化处理图像中易出现的文字问题，保证画面整洁。淘宝技术团队运用淘宝擦除重绘模型，提升图片局部细节合理性，优化图版率。与此同时，淘宝技术团队通过开发适合春晚的图像延展模型及策略，解决构图不合理问题，并借助专门的人像图像高清模型，将图片的宽高放大4倍，显著提升模板图的细节合理性与质感。

观众参与方式十分便捷，只需在手机淘宝上搜索"一起上春晚"，进入许愿页面许下心愿，解锁"参演春晚"通道，上传个人照片，即可通过AI换脸技术融入相应节目场景，生成专属的春晚定妆照。这一创新玩法在社交平台引发现象级传播，共生成数亿张个性化参演图像，超8成观众将其导出并分享，小红书相关帖子近万篇，抖音、视频号等平台也涌现出大量观众自主创作内容，成功实现AIGC文化IP破圈，让"全民参演上春晚"从口号变为现实，为观众带来了难忘的新年体验。

案例思考：在淘宝"春晚云参演证"的AIGC模板中，为何针对"主持人"和"歌手"模式需要设计不同的提示词？提示词的核心差异点主要体现在哪些方面？

2.1　AIGC工具应用基础策略

当前AI技术迅速发展，AIGC工具正深度融入内容创作、营销、设计等领域。然而，用户要想充分发挥AIGC工具的价值，就需先掌握科学的应用策略：既要依据功能性、可靠性、易用性等原则精准选择工具，确保工具适配场景需求，又要警惕内容安全、数据隐私等应用风险，妥善应对知识产权争议、责任界定等伦理挑战。用户唯有在工具选择与风险防控之间建立平衡，才能让AIGC真正成为提高效率、驱动创新的可靠助力，而非盲目跟风的技术负担。

2.1.1　选择AIGC工具的原则

用户在选择AIGC工具时，需要遵循以下原则。

1．功能性原则

功能性原则需满足功能完整性和灵活性。一方面，AIGC工具要能生成多种类型的内容，如文案、图像、视频等，以适应不同场景需求。例如，文案生成工具应能根据不同营销场景，如广告文案、产品介绍文案等，生成风格各异、内容丰富的文案；图像生成工具则要能根据用户输入的文本描述生成符合要求的图像。

另一方面，AIGC工具要具备定制化和可扩展性。AIGC工具应允许用户根据自身需求进行定制，如企业用户可将自身的品牌标志、特定设计风格融入生成内容中，保持品牌形象的一致性。同时，AIGC工具应能方便地添加新的功能模块或与外部系统集成，以满足业务发展和变化的需要。

2．可靠性原则

数据安全和生成内容的稳定性至关重要。在数据安全方面，AIGC工具要确保数据存储和传输的安全性。例如，数据应加密存储在符合安全标准的数据中心，采用加密的传输协议（如HTTPS等），防止数据在传输过程中被窃取或篡改，这对于涉及敏感信息如企业商业机密、个人隐私数据的内容生成场景尤为重要。

在生成内容的稳定性方面，一是内容质量一致性，AIGC工具生成的内容质量应相对稳定，如文本生成工具生成的文本要符合语法、逻辑，图像生成工具生成的图像质量（如分辨率、清晰度、色彩准确性等）要保持稳定；二是抗干扰能力，面对不同的输入条件或复杂的使用场景，AIGC工具能稳定运行并生成合理的内容，即使用户输入的提示信息存在模糊或不准确之处，AIGC工具也能通过自身算法进行纠正。

3．易用性原则

关于易用性原则，操作简单性和低学习成本是关键。操作简单性体现在界面友好和交互自然。对于非技术背景的用户，用户界面应直观易懂，减少复杂的操作，如一些简单的文案生成工具，只需输入关键词或主题，点击生成按钮即可获得结果。交互过程则要自然流畅，如语音交互工具，能理解用户自然语言指令，并以自然语言进行回复。

在低学习成本方面，AIGC工具应提供详细的操作文档和教程，帮助用户快速了解AIGC工具的功能和使用方法。同时，活跃的线上社区也至关重要，用户在使用过程中遇到问题时可方便地在线上社区中寻求解决方案或使用技巧，降低学习成本。

4．性能原则

关于性能原则，AIGC工具的生成效率和资源消耗要平衡。在生成效率方面，AIGC工具的响应时间应在用户可接受的范围内，对于实时性要求高的场景（如在线客服聊天机器人），响应时间要控制在几秒内；对于非实时性要求的场景（如批量生成文章），响应时间也要合理。此外，并发处理能力也不容忽视，AIGC工具应能同时处理多个任务（如企业用户可能需要同时生成多个不同主题的文案或设计多个不同广告图像），提高工作效率。

在资源消耗方面，用户要关注计算资源和存储资源的占用。复杂的AIGC工具（如高精度图像生成工具）可能对计算资源要求高，用户需考虑自身设备计算能力和是否提供云服务等解决方案。同时，AIGC工具生成的内容及临时文件等会占用存储资源，用户要确保有足够的存储空间。

5．成本效益原则

AIGC工具的定价要清晰明了，费用结构（如按次收费或订阅制等）要明示，用户可依使用频率和需求，选择性价比高的套餐。另外，AIGC工具应具备持续更新能力，应随着AI技术的发展，不断更新算法、优化功能，适应市场变化。AIGC工具应能为业务带来增值（如提高内容生成效率、节省人力成本、提升品牌形象等），为企业带来切实的收益。

2.1.2 AIGC工具的应用风险与伦理问题

AIGC工具的应用风险聚焦于技术落地的实际危害（如虚假信息、数据泄露），而AIGC工具的伦理问题更关注价值观冲突与社会秩序挑战（如版权争议、身份信任）。两者需通过技术优化、法律规制及伦理框架构建协同应对，确保技术创新与人类福祉的平衡。

1. AIGC工具的应用风险

AIGC工具的应用风险主要体现在以下几个方面。

（1）内容安全风险

AIGC工具可快速生成逼真的图文、音视频内容，可能被用于制造谣言、商业欺诈或社会恐慌，如伪造新闻发布会现场影像误导公众。如果未经授权使用他人知识产权（如抄袭文学作品、复制艺术风格，或者生成侵犯肖像权的虚拟人物形象等），可能会引发法律纠纷。

（2）技术依赖与失控风险

如果过度依赖AIGC工具完成文案、设计等工作，人类的独立思考与创新能力可能会被削弱，导致内容同质化，如营销行业大量使用模板化生成文案。部分黑箱模型（如大语言模型）的决策逻辑难以解释，可能输出违背伦理的内容（如鼓励暴力、歧视言论），且用户难以完全预判所有风险场景。

（3）数据歧视与隐私风险

如果训练数据包含偏见（如性别、种族歧视内容），模型可能将其放大并输出歧视性结果，如某招聘AIGC工具因训练数据偏差导致女性候选人评分偏低。

云端部署的AIGC工具可能因系统漏洞或遭到恶意攻击，导致用户输入的敏感信息（如医疗记录、商业机密）被窃取或滥用。

（4）经济与就业冲击

基础内容生产岗位（如新闻稿撰写、简单设计）可能被AIGC工具大量替代，加剧结构性失业。例如，美国多家媒体已采用AIGC工具生成体育赛事简讯。掌握先进AIGC技术的企业或机构可能垄断内容生产，挤压中小内容创作者的生存空间，形成"技术鸿沟"。

2. AIGC工具的伦理问题

AIGC工具的伦理问题主要体现在以下几个方面。

（1）知识产权归属争议

AIGC工具生成的文本、图像等内容，其版权应归属于开发者、用户还是AIGC工具本身？例如，有些诗人控诉AIGC工具模仿其风格创作诗歌并获利。部分AIGC工具未经授权使用公开网络数据（如书籍、画作）进行训练，引发"未经许可的学习是否构成侵权"的讨论，如Stable Diffusion因其训练数据涉嫌侵犯版权而被诉讼。

素养课堂

在AIGC时代，我们需要坚守诚信底线，构建良好的数字创作生态。一方面，我们要拒绝利用AIGC工具编造虚假信息，以免扰乱信息秩序，损害公众信任；另一方面，我们必须尊重知识产权，未经授权不得使用AIGC工具抄袭他人作品、盗用艺术风格或侵犯肖像权，避免陷入版权纠纷。我们应树立正确的价值观，不利用AIGC工具生成低俗、暴力等有害内容，注重内容的正向引导作用。唯有秉持诚信原则，在创作中恪守法律与道德规范，我们才能让AIGC技术更好地服务于创意表达，实现技术创新与人文价值的和谐统一。

（2）身份与信任危机

AIGC工具可能会引发虚拟身份滥用的情况，如AIGC工具生成的虚拟人或声音冒充真实人物（如伪造名人语音带货），会破坏公众对真实人物的信任，甚至引发金融诈骗。另外，AIGC工具生成的内容可能混淆现实与虚拟（如生成历史事件"照片"），导致公众对客观事实的认知产生偏差，破坏信息真实性原则。

（3）社会价值观扭曲

AIGC工具可能生成宣扬暴力、色情、极端思想的内容，尤其会对未成年人会产生负面影响，不利于未成年人社会价值观的塑造；隐含偏见的AIGC工具可能强化社会刻板印象，阻碍社会公平进步。

（4）责任主体缺位

当AIGC工具输出违法或有害内容时，责任应归咎于开发者、用户还是AIGC工具自身？例如，某AIGC工具生成的虚假医疗指南导致患者误用药物，难以界定赔偿主体。黑箱模型的决策过程不透明，用户无法知晓内容生成的逻辑依据，导致伦理审查和风险防控难以落地。

AI 小课堂

AIGC工具的应用风险可以从以下三个方面进行防范。

（1）主动核验，即对AIGC工具生成的内容，尤其是新闻、数据等关键信息，应通过权威渠道交叉验证。

（2）隐私保护，即输入个人信息时，避免使用不可信的AIGC工具，防止数据泄露。

（3）创意留痕，即使用AIGC工具辅助创作时，保留原始思路与修改记录，规避版权纠纷。

2.2　初识提示词

在AIGC时代，提示词作为连接人类意图与机器能力的"桥梁"，正成为释放AI生产力的核心要素。它不仅是向AIGC工具传递需求的指令集合，还需将抽象想法转化为可解析的结构化输入。从明确主题、风格、格式等基本元素，到运用目标导向、约束条件、参数调节等多元类型，提示词的设计应兼顾需求精准性与模型适配性。

2.2.1　提示词的内涵和本质特征

提示词是用户与AIGC工具之间的"沟通语言"，是通过自然语言、代码或结构化指令向模型传递需求的输入文本，其核心内涵是将人类抽象意图转化为AIGC工具可理解的具象指令，引导AIGC工具生成符合预期的内容。例如，用户输入"生成一张夕阳下海边散步的插画，风格清新治愈"，即通过提示词明确主题、场景和风格要求，驱动AIGC工具输出特定结果。

提示词的本质特征包括以下几点。

1. 需求明确性

提示词的核心作用是将人类模糊的需求（如"写一篇吸引人的营销文案"）拆解为模型可解析的结构化要素（如目标受众、产品卖点、情感基调、格式要求等），使需求更明确，从而生成符合要求的内容。

例如，"写一篇产品推文"是一个模糊需求，结构化的提示词则可以是："为25 ~ 35岁女性设计一款保湿面霜的推文，需突出天然成分和72小时持久保湿的功能，风格活泼亲切，结尾添加购买链接。"

2. 结果导向性

提示词要直接指向具体输出形态（如图像尺寸、文本字数、视频时长）或应用场景（如广告、学术论文、社交媒体），避免模糊或歧义，要能让AIGC工具准确理解并执行。例如，"生成分辨率为1920像素×1080像素的科技感办公室场景，要求有智能会议桌、绿植和冷色调灯光。"

3. 语境敏感性

提示词的输出依赖AIGC工具特性，不同AIGC工具对提示词的敏感度和解析逻辑不同，需适配其训练数据和擅长领域。

语言模型更关注语义逻辑和上下文连贯，图像模型侧重视觉细节和风格关键词。另外，提示词需考虑地域文化、专业术语的精准性。

4. 动态调试性

生成结果与预期不符时，用户需通过调整提示词参数（如增加"更鲜艳的色彩""更幽默的语气"）进行多轮调试。

部分AIGC工具支持参数控制，提示词需结合技术参数实现精细化引导。

2.2.2　提示词的基本元素类型

一个标准的提示词要具备多个基本元素，这样才能生成符合需求的内容。一般来说，提示词的基本元素有以下几种类型。

1. 主题元素

主题包括中心主题和细化主题。提示词要明确指向生成内容的中心主题，如"人工智能""生态保护"等，这是提示词的核心部分，决定了生成内容的大方向。细化主题可以使其更具针对性和明确性。例如，在"人工智能"主题下，可细化为"人工智能在医疗领域的应用""人工智能对未来教育的影响"等，帮助AIGC工具更精准地生成内容。

2. 类型元素

类型元素主要包括内容类型和风格类型。内容类型要直接说明需要生成的内容形式，如"文章""故事""诗歌""图像""视频"等，让AIGC工具明确所要生成的内容类型。风格类型对生成内容的风格进行要求，如"科幻风格""浪漫风格""简洁明快""幽默风趣"等，使生成内容在语言风格或视觉风格上符合预期。

3. 格式元素

格式元素主要包括结构格式和呈现格式。结构格式对生成内容的结构进行规定，如"分为三个主要部分""采用总分总结构"等，让生成内容在结构上更加有条理。呈现格式涉及生成内容的呈现方式，如"以对话形式呈现""以列表形式展示"等，使生成内容在形式上更符合特定需求。

4. 语境元素

语境元素主要包括背景语境和情感语境。背景语境提供生成内容的背景信息，如时间背景"2050年"、空间背景"未来城市"等，为生成内容提供特定的语境基础。情感语境表达生成内容应具有的情感色彩，如"积极向上""悲伤忧郁"等，使生成内容在情感上更具感染力。

5. 受众元素

提示词要明确说明生成内容的受众群体，如"青少年""专业人士""普通大众"等，帮助AIGC工具生成适合特定受众的内容。在此基础上，可进一步细化为受众的具体需求或期望，如"适合初学者入门的教程""满足专业人士深度阅读的文章"等。

6. 约束元素

约束元素是确保AIGC工具生成内容契合实际需求的核心，通过设定内容规则，有效过滤不符合要求的输出内容。该要素主要包含两类核心约束，分别是时长限制和禁忌内容。

时长限制可以明确内容的时间边界，使生成结果适配传播场景。例如，在短视频广告创作中，"生成时长不超过15秒的短视频广告文案"这一指令可精准控制内容节奏，匹配平台短、平、快的传播特性。

禁忌内容可以划定创作红线，规避敏感或违规信息。例如，输入提示词"内容需严格避免暴力、低俗、虚假宣传等违规元素"，可确保生成内容符合平台审核标准与社会公序良俗，减少创作风险。

2.2.3　常见提示词的类型

常见的提示词可根据功能和应用场景划分为不同类型，通过明确目标、约束条件、参考案例等要素，引导AIGC工具生成更精准的内容。

用户在使用AIGC工具时，可以单独使用或组合搭配不同类型的提示词，如"目标导向型＋约束条件型＋参考案例型"的组合，能更精准地引导AIGC工具生成符合预期的内容，在实际应用中需根据AIGC工具特性、创作需求灵活调整，逐步优化指令的清晰度和有效性。

1. 目标导向型提示词

这类提示词的核心作用是明确内容创作的具体目标和用途，其关键元素包括受众定位、应用场景、核心诉求、风格调性等。例如，"撰写一篇针对25～35岁女性的美妆产品'种草'文案，要求突出保湿功效，风格活泼亲切。""设计一张科技感十足的App启动页界面，主色调采用蓝色和银色，需包含标志和数据图表元素。"

2. 约束条件型提示词

这类提示词的核心作用是限定内容范围、格式或禁忌，确保输出的内容符合实际需求。例如，"用分镜表格形式制作一则电商广告分镜，每个镜头不超过5秒，禁止出现竞品标志。"

3. 参考案例型提示词

这类提示词的核心作用是通过提供案例或模板，引导AIGC工具模仿特定风格或结构。例如，"参考《纽约客》的讽刺幽默风格，撰写一篇关于社交媒体现象的评论文章。"

4. 细节补充型提示词

这类提示词的核心作用是补充关键细节，提升内容的真实感和专业性。例如，"在科幻小说中加入量子物理概念'量子纠缠'，并解释其在剧情中的作用。"

5. 逻辑引导型提示词

这类提示词的核心作用是明确内容的逻辑框架或叙事顺序。例如，"按照'问题提出—原因分析—解决方案'的结构撰写企业管理报告。""以时间线为线索，梳理AI技术的发展历程，重点突出近五年的突破。"

6. 情感与氛围型提示词

这一类提示词的核心作用是传递情感基调或氛围要求，适用于创意内容生成。例如，"创作一首充满孤独感的现代诗，使用'雨夜、旧物、影子'等意象。""生成一段悬疑电影预告片文案，要求营造紧张压抑的氛围，结尾设置反转悬念。"

7. 参数调节型提示词

这类提示词的核心作用是结合AIGC工具的技术参数（如"温度值""采样率"）控制生成随机性或确定性。例如，"将文本生成中的'温度值'设置为0.3，输出逻辑严谨、用词规范的学术论文摘要。""在图像生成中启用'高清渲染'参数，分辨率设置为4K，增强画面细节。"

2.3 设计提示词的实用技巧

精准的提示词能让AIGC工具生成符合预期的内容，而低效的提示词则可能导致结果偏差。设计提示词需遵循清晰具体、连贯准确等原则，针对不同模型和任务需求调整侧重点，善用ICIO等模型，规避语义模糊等误区，通过优化迭代提升效果，才能释放AIGC工具的最大生产力。

2.3.1 提示词的设计原则

提示词的设计要遵循以下原则，以确保生成内容的质量和效果。

1. 清晰具体原则

提示词要明确主题和目标，清楚地指出要生成的内容主题和具体要求，如"生成一份关于人工智能在医疗领域应用的报告，重点介绍其在疾病诊断和药物研发方面的成果及面临的挑战。"

除了主题，提示词还要提供足够的细节，包括对象特征、场景元素等，如"描绘一个穿着蓝色连衣裙、站在开满鲜花的花园中的小女孩，阳光洒在她金色的头发上，微风轻轻吹动裙摆。"

2. 连贯准确原则

提示词内部的各个元素之间要逻辑连贯，避免出现语义冲突或不相关的内容。此外，提示词要准确表达需求，确保能够准确反映用户的实际需求，避免产生歧义，如"生成一个古风风格的插画"比"画一个古代的东西"更能准确地表达用户的需求。

3. 全面细致原则

提示词应全面、细致，从不同角度（包括主题、风格、格式、语境、受众等）对生成内容进行描述和要求，如"为青少年设计一份关于历史文化的科普手册，采用图文并茂的形式，语言生动有趣，内容涵盖中国古代四大发明的起源、发展及对世界的影响。"

用户可以根据生成内容的复杂程度和要求，合理确定提示词的细化程度，对于复杂的任务需要更详细的提示词，如生成一个详细的项目计划，需要明确项目目标、任务分解、时间安排、资源分配等多个方面的细节。

4. 创意启发原则

提示词要引导AIGC工具生成创新、独特的内容，如"创作一个融合了科幻和武侠元素的故事情节，设定在一个未来世界，人们拥有超能力，同时又遵循着古老的武侠规矩。"允许并鼓励AIGC工具在生成内容时融入个性化的风格和创意，避免内容过于千篇一律，如"用一种幽默诙谐的方式讲述一个关于职场小白成长的故事。"

5. 优化调整原则

用户要根据AIGC工具生成的初步结果及时调整提示词，以优化生成内容的质量和效果，如发现生成的文章结构不够清晰，可在提示词中增加对结构的要求。

　　对于同一内容需求，用户可尝试使用不同的提示词表述方式，以获取更符合预期的生成结果。例如，"生成一张关于夏天的海报"和"设计一张充满活力的夏日主题宣传图"可能会得到不同的效果。

2.3.2　不同模型的提示词设计侧重点

　　AIGC工具使用的模型可以分为语言模型、图像模型、音频模型和视频模型，不同模型的提示词在设计时要有所侧重。

1. 语言模型

　　语言模型的提示词设计侧重于以下几个方面。

　　● **明确任务目标：**清晰地表述希望语言模型完成的任务，如"撰写一篇新闻报道""翻译这段文字"等，让语言模型明确工作方向。

　　● **提供上下文：**给出相关背景信息、主题细节等，帮助语言模型更好地理解任务语境，使生成的内容更贴合需求，如提供事件背景、相关人物信息等。

　　● **引导推理步骤：**对于需要逻辑推理的任务，使用结构化提示词引导语言模型逐步推导，如"首先分析问题，然后提出解决方案"。

　　● **控制输出格式：**指定输出的格式，如"以列表形式呈现结果""用Markdown格式[①]回答"，方便用户对结果进行整理和阅读。

2. 图像模型

　　图像模型的提示词设计侧重于以下几个方面。

　　● **精准描述视觉元素：**详细描述图像的主体、场景、颜色、构图等元素，如"画面中心是一朵盛开的红色玫瑰，背景是绿色的草地"，让图像模型明确生成的图像内容。

　　● **明确风格特征：**指出图像的风格，如"油画风格""卡通风格""写实风格"等，使图像模型生成的图像在视觉风格上更符合预期。

　　● **关注细节和比例：**对于关键细节和元素的比例关系，用户要尽可能准确地描述，如"人物的身高与画面宽度的比例为1:3"，以保证生成图像的质量和准确性。

3. 音频模型

　　音频模型的提示词设计侧重于以下几个方面。

　　● **声学特征与参数控制：**明确声源类型（如"模拟女高音""吉他音色"）和音质效果（如"高保真""Lo-Fi低保真"），调节音量、频率、混响等物理属性（如"音量65分贝，添加1.5秒混响"）。

　　● **场景适配与情感表达：**限定使用场景（如"游戏BGM""新闻播报语音""电影环境音"），传递主题情感（如"欢快的节日音乐""紧张悬疑的音效""舒缓的白噪声"）。

　　● **结构设计与格式要求：**分段规划音频结构（如"前奏10秒＋主歌30秒"）或元素组合（如"雨声70%＋鸟鸣30%"）；指定输出格式（如"MP3，采样率44.1kHz"）和版权要求（如"无版权素材"）。

4. 视频模型

　　视频模型的提示词设计侧重于以下几个方面。

　　● **把握主题与风格：**明确视频的主题和风格，如"科技主题，风格酷炫时尚""旅游主题，风格轻松愉悦"，让视频模型围绕主题生成具有相应风格的视频内容。

---

　　① Markdown 是一种轻量级的标记语言，能够用简单的符号快速实现文本的格式排版。

- **规划内容结构：**可以简单描述视频的内容结构，如"开头展示产品外观，中间介绍功能，结尾进行总结"，使视频具有清晰的逻辑和流畅的叙事。
- **考虑情感与氛围：**营造视频所需的情感氛围，如"营造紧张刺激的氛围""展现温馨感人的情感"，增强视频的感染力和吸引力。

2.3.3　不同任务需求下的提示词设计侧重点

设计提示词就像是给AIGC绘制一张精准的寻宝图，不同的任务需求决定了这张图不同的绘制重点。下面介绍不同任务需求下的提示词设计侧重点。

1. 信息获取类任务

信息获取类任务主要包括问答、检索、解释等，其核心目标是获取准确、简洁、相关的信息。表2-1所示为信息获取类任务的提示词设计侧重点。

表2-1　信息获取类任务的提示词设计侧重点

侧重点	说明
精准明确	清晰定义问题核心，明确需要什么，避免歧义，如定义、步骤、原因、比较等
限定范围	指定时间、地点、领域、信息源类型，如"近3年""生物学领域""来自权威期刊"
结构化要求	要求以分点、列表、表格或摘要形式输出
深度控制	指定详细程度，如"简要说明""深入分析""列出关键点"

2. 内容创作类任务

内容创作类任务主要包括写作、生成、改写等，其核心目标是生成符合特定风格、主题、格式和创意要求的原创内容。表2-2所示为内容创作类任务的提示词设计侧重点。

表2-2　内容创作类任务的提示词设计侧重点

侧重点	说明
定义核心元素	主题/主旨：清晰说明要写什么（故事、邮件、广告文案、诗）； 目标受众：写给谁看（儿童、专业人士、普通消费者）； 风格/语气：正式、幽默、严肃、温馨、专业、口语化； 格式/结构：文章、大纲、剧本、对话体；有无特定段落要求
提供关键信息/约束条件	背景设定、人物特征、产品卖点、核心论点；字数限制、包含的关键词；避免提及的内容
激发创意	提供灵感来源（如"模仿海明威的简洁风格""融入科幻元素"）； 指定视角（第一人称、第三人称视角）； 要求特定情感基调（悬疑、励志、讽刺）

3. 工具型任务

工具型任务主要包括翻译、总结、代码生成、格式转换等，其核心目标是准确、高效地完成特定操作。表2-3所示为工具型任务的提示词设计侧重点。

表2-3　工具型任务的提示词设计侧重点

侧重点	说明
明确指令	清晰告知要执行的具体操作，如"翻译成法语""总结以下文本""将这段JSON转换为YAML""修复以下Python代码中的语法错误"
提供完整输入	确保提供需要处理的完整文本、代码或数据，不要遗漏关键信息
指定细节要求	翻译：目标语言、专业领域、风格要求； 总结：目标长度、关注重点、摘要类型； 代码：编程语言、功能要求、输入输出格式、需要使用的库/框架、代码风格偏好； 格式转换：源格式和目标格式
提供上下文	对于翻译或总结，背景信息有助于提高准确性

4. 分析决策类任务

分析决策类任务主要包括推理、比较、建议、评估等，其核心目标是引导AIGC进行逻辑思考、权衡利弊、得出结论或给出建议。表2-4所示为分析决策任务的提示词设计侧重点。

表2-4　分析决策类任务的提示词设计侧重点

侧重点	说明
清晰界定问题	明确需要分析/比较/评估/决策的具体问题是什么
提供充分的背景信息	给出所有必要的相关信息和数据点，信息不足会导致分析空洞
明确分析框架/角度	要求从不同方面进行比较（成本、效率、风险、用户体验等）；要求使用特定模型或框架分析（如SWOT分析、成本效益分析）；要求考虑关键因素或假设
指定输出要求	需要最终结论还是利弊分析？需要建议方案还是风险评估？要求列出支持结论的理由或证据
鼓励深度思考	使用"为什么""如何""如果……会怎样"等引导词

2.3.4　常见的提示词框架

在AIGC领域，提示词框架是指导用户设计提示词以优化输出内容的重要助手。不同的提示词框架适用于不同的场景和需求，用户可根据具体任务选择合适的框架。

常见的提示词框架主要有以下几种。

1. ICIO

ICIO是一种简洁明了的提示词框架，适合需要快速明确任务和输出内容的场景。通过明确任务、背景、输入数据和输出指示器，用户可以更精准地控制AIGC工具的输出内容。表2-5所示为ICIO的具体内容。

表2-5　ICIO的具体内容

具体内容	说明
任务（Instruction）	明确需要完成的任务，如"写一篇文章""翻译一段话"等
背景（Context）	提供任务相关的背景信息，帮助模型理解上下文，如"这是一篇科技博客的开头""用于产品宣传"等
输入数据（Input Data）	提供具体的输入内容，如需要翻译的文本、需要续写的故事开头等
输出指示器（Output Indicator）	指定输出的格式或风格，如"用Markdown格式输出""语言风格要幽默"等

2. CRISPE

CRISPE通过角色设定和风格指定，能更好地引导AIGC工具生成符合特定场景的内容。表2-6所示为CRISPE的具体内容。

表2-6　CRISPE的具体内容

具体内容	说明
能力和角色（Capacity and Role）	指定AIGC工具所具备的能力以及它所扮演的角色，如"你是一名博学的历史学家""你是一位经验丰富的产品经理"等
洞察（Insight）	提供与任务相关的背景信息，帮助AIGC工具更好地洞察需求，以便更贴合实际地进行后续输出
任务（Statement）	明确任务的具体要求，如"分析以下数据并给出具有深度的结论""根据前面的情节续写故事，保证情节连贯合理"等
个性（Personality）	指定输出的风格或语气，如"语言要正式且严谨""风格要幽默诙谐"等
实验（Experiment）	如果需要，可以要求AIGC工具提供多个示例或进行实验性输出，以探索不同的可能性或满足多样化的需求

3. BROKE

BROKE通过背景、角色和目标，能引导AIGC工具生成符合用户需求的内容。关键结果和改进部分可以帮助用户更具体地控制AIGC工具的输出质量。表2-7所示为BROKE的具体内容。

表2-7　BROKE的具体内容

具体内容	说明
背景（Background）	提供任务相关的背景信息，帮助AIGC工具理解上下文
角色（Role）	指定AIGC工具扮演的角色，如"你是一名律师""你是一位诗人"等
目标（Objectives）	明确任务的具体目标，如"撰写一份合同""创作一首诗"等
关键结果（Key Result）	指定输出的关键要求，如"内容要包含三个要点""语言要简洁"等
改进（Evolve）	如果需要，可以要求AIGC工具对输出内容进行改进或优化

4. RASCEF

RASCEF通过角色、行动、步骤以及背景，能引导AIGC工具生成结构化的内容。示例和格式部分可以帮助用户更具体地控制AIGC工具的输出质量。表2-8所示为RASCEF的具体内容。

表2-8　RASCEF的具体内容

具体内容	说明
角色（Role）	指定AIGC工具扮演的角色，如"你是一名数据分析师""你是一位作家"等
行动（Action）	明确AIGC工具需要执行的具体任务，如"分析数据""撰写文章"等
步骤（Steps）	如果需要，可以指定AIGC工具完成任务的具体步骤
背景（Context）	提供任务相关的背景信息，帮助AIGC工具理解上下文
示例（Example）	提供示例或参考，帮助AIGC工具更好地理解需求
格式（Format）	指定输出的格式或风格，如"用表格形式输出""语言要正式"等

2.3.5　设计提示词的误区和应对方法

在设计提示词时，常见的误区会影响AIGC工具输出内容的准确性、相关性和质量。下面介绍常见的提示词设计误区，并给出应对方法。

1. 语义模糊或歧义

语义模糊的表现是使用笼统、抽象的词汇，没有具体需求，如"生成一篇关于科技的文章"，这个提示词没有说明具体的科技领域或体裁，如新闻、科普、评论等，也没有说明目标读者。

语义歧义的表现是一词多义，容易导致模型误解，如"设计一个苹果的图标"，模型可能会理解为苹果公司的标志，或者以苹果为形象标识的图标。

以上问题的解决方案是：细化关键词，补充限定条件（如领域、风格、格式、尺寸等）。例如，"生成一篇500字左右的科技新闻稿，聚焦AI在医疗影像领域的应用，面向普通读者，语言通俗。"为了避免语义歧义，还可以在后面进行一定的补充说明。

2. 信息过载或冗余

信息过载的表现是堆砌过多无关细节，干扰AIGC工具抓取核心需求，如"请创作一首关于春天的诗，要求押韵，四句七言，描写樱花和郁金香，提到小鸟和溪流，适合儿童阅读，同时加入环保主题……"上述提示词的需求过于复杂，模型难以平衡，应分层次组织需求，优先列出核心要素，如主题、体裁、关键元素等，次要的要求可选择性补充，如"创作一首四句七言的春天主题儿童诗，需包含樱花和小鸟元素，语言活泼，可适当提及自然美景。"

有的提示词则重复强调同一要求，浪费AIGC工具的Tokens（译为令牌，是大模型处理文本的最小单位）资源，且可能引发混乱。例如，"请用中文写一篇关于AI的短文，要求字数在800字左右，用中文写，字数在800字左右，主题是AI。"这个提示词中"用中文写"和"字数在800字左右"都重复了两次，正确的提示词应该是"请用中文写一篇800字左右关于AI的短文。"

3. 忽略模型能力边界

有的提示词要求AIGC工具生成超出训练范围的内容，如实时数据、未公开信息，如"分析2030年5月的全球股市走势"，但AIGC工具无法预测未来或获取实时数据，应避免询问时效性过强的内容。

有的提示词挑战伦理或安全红线，如生成虚假信息、侵权内容、有害指令等。用户要遵守AIGC工具的使用规则，不触及敏感话题，如需创意改编（如二次创作），需注明版权归属要求。

4. 缺乏语境或参考示例

有的提示词是纯指令式提问，未提供上下文或风格参考，也不提供示例，让AIGC工具自行猜测用户偏好，容易导致AIGC工具的输出偏离预期。例如，"设计一个网站首页。"该提示词未说明行业（电商/教育/科技）、风格（极简/复古/科技感）、功能模块等。

要解决以上问题，用户就要在提示词中提供语境锚点，用示例引导输出格式。例如，"请设计一个电商网站首页，风格要富有科技感，应包含商品分类、推荐商品、购物车入口、搜索功能等模块，可以参考如下链接：www.×××.com。"

5. 过度依赖默认设置

有的用户使用AIGC工具，输入提示词时不调整模型参数（如温度、输出长度），直接使用默认值。例如，生成创意文案时，默认"温度"（随机性）较低，可能导致内容保守、缺乏新意。有的用户则忽略不同模型的特性，如文本模型与图像模型的提示词有差异。

用户要想解决以上问题，首先要了解参数的含义，温度（0.1～1.0）的数值越高，输出越随机、创意性越强；反之，则更精准、更保守。其次，最大Tokens限制输出长度，避免内容冗长。最后，对于特定的任务，用户要选择合适的模型，如生成图像需用DALL-E、Stable Diffusion等专用模型，并明确光影、构图、分辨率等细节。

6. 忽视反馈与迭代

AIGC工具在生成内容后，用户觉得不满意，有的会直接放弃而非优化提示词。例如，"生成的海报不够大气"，但并未具体指出"大气"的定义，如配色、字体、构图元素等。有的用户也不总结成功或失败案例，导致AIGC工具生成重复的同类错误。

用户应拆解不满意的点，有针对性地调整提示词，如"上次生成的文章，案例不够具体，请补充3个真实企业的应用案例，并注明数据来源年份。"建立提示词库，记录有效的参数组合，如"科技感＋深蓝主色调＋金属质感＋未来城市背景"。

7. 混淆"指令"与"闲聊"

有的用户在专业任务中加入过多闲聊内容，稀释核心需求。例如，"你好，今天天气不错！能不能帮我写一份简历？我之前做过销售，但想转行做运营……"前半段与需求无关，可能干扰AIGC工具聚焦用户的核心需求。

用户应当直接切入主题，用清晰的指令开头。例如，"请根据以下信息撰写一份转行运营的简历。工作经历：2022—2024某公司销售岗，负责客户拓展……"

2.4　搭建智能体

智能体是能感知环境、自主决策并执行任务，以实现特定目标的AIGC程序。在AIGC领域，智能体通常指基于大模型构建的、具备特定角色和能力的虚拟助手或自动化工具。为了应对复杂任务，实现自主决策与执行，适应动态环境并持续优化，同时提高效率和用户体验，开发者有必要搭建相应的智能体。

开发者在搭建智能体时，需要遵循以下原则。

1. 明确目标与任务

在搭建智能体前，开发者要清晰界定其目标和任务。例如，若构建一个游戏智能体，开发者需明确它是用于游戏攻略指导、角色养成辅助，还是制订竞技对战策略等。目标决定着智能体后续的设计方向与功能配置。

2. 以用户为中心进行设计

开发者要考虑智能体的最终用户需求和使用场景，如面向老年群体的智能体，在交互设计上应简洁易懂，字体、语音提示等要清晰；而面向专业人士的智能体，则需提供全面、准确的专业知识解答。

3. 持续优化与迭代

智能体搭建并非一蹴而就，要通过收集用户反馈、分析使用数据等方式不断优化智能体的性能。若发现智能体在某些问题上回答不准确，可针对性地调整知识库或优化交互逻辑；若用户频繁询问某类未覆盖的问题，开发者就要及时补充相关知识内容，提升智能体的实用性与用户满意度。

4. 合理利用资源

根据智能体的功能需求合理选择平台提供的资源，如插件、模型基座等，避免过度配置导致资源浪费、性能下降，也不能因资源不足影响智能体功能的完整性。例如，简单的文本问答智能体无须复杂的视觉、语音插件，而多媒体交互智能体则需要搭配相应的音视频处理插件。

> **AI 小课堂**
>
> 当前，智能体领域正迎来技术革新，多智能体强化学习技术通过模拟群体协作，已在电力调度、自动驾驶编队中实现资源高效分配。认知智能体突破传统规则响应模式，借助因果推理技术，可深入分析复杂场景并预判风险，如在金融风控中识别潜在欺诈模式。随着边缘计算普及，轻量化智能体将部署于终端设备，实现实时交互与隐私数据本地处理，推动智能体从云端服务向端侧渗透，重塑人机协同新范式。

2.4.1 手工搭建智能体

手工搭建智能体是指开发者利用平台提供的可视化工具，显式配置智能体的各项功能、行为逻辑和知识来源的过程。这种方式赋予开发者高度的控制权和定制化能力，适用于需要精细设计和复杂功能集成的场景。

案例在线

在文心智能体平台手工搭建智能体

下面以百度的文心智能体平台为例，介绍如何手工搭建智能体。

在百度搜索框中输入"文心智能体平台"，找到带有官网标志的链接，单击该链接进入文心智能体平台首页，如图2-1所示。

单击"创建智能体"按钮，选择"跳过"快速创建智能体，进入手工搭建智能体页面。首先进行编排配置，选择"基础模式"和"文心大模型3.5"，如图2-2所示。

慕课视频

在文心智能体
平台手工搭建
智能体

图2-1 文心智能体平台首页

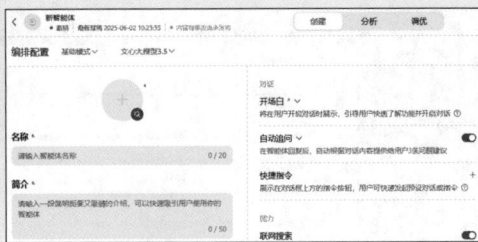

图2-2 进行编排配置

智能体的名称应贴合其功能与应用场景，且应简洁明了，一般控制在20字以内。在此设置文心智能体的名称为"商业文案小秘书"，旨在帮助用户生成商业文案。简介是指在首页及名片页展示的简单介绍，要用第三人称简洁说明智能体的用途，在此输入"生成各种类型的文案，助力引流和广告宣传。"如图2-3所示。

头像有本地上传图片和AI生图两种方式。若选择AI生图，可单击 按钮，进入图片生成页面。开发者需提供详细的图片描述，如"一位职业经理形象，戴眼镜，头发简短干练，手里拿着文件，人物形象周围有一些广告语之类的文字浮在空中，风格为漫画风格"，单击"AI生成"按钮，可以生成契合的头像，如图2-4所示。单击"确认"按钮，即可应用该头像。

图2-3 设置智能体名称和简介

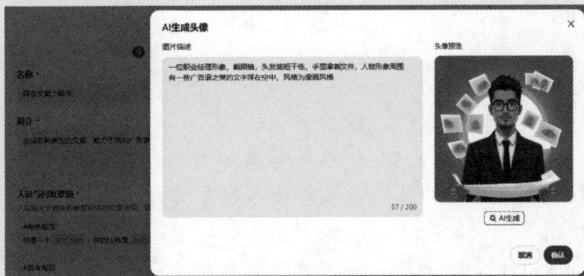

图2-4 AI生成头像

智能体的人设与回复逻辑主要是在定义智能体的思考路径，而人设指令则定义智能体的角色、目标、回复风格和基本行为约束，会直接影响智能体的回答效果，所以要仔细填写。文心智能体平台给出了人设与回复逻辑的指令模板，包含角色规范、思考规范与回复规范，开发者可手动输入具体的指令，也可单击"AI优化"按钮，AI会根据智能体的名称和简介自动生成人设与回复逻辑，如图2-5所示。单击"使用"按钮，即可应用该指令。

开场白在用户开启对话时展示，引导用户快速了解功能并开启对话，是智能体的自我介绍。文心智能体平台中的"开场文案"要填写的就是智能体的自我介绍文字，而"开场白问题"则为首次使用的用户提供提问引导，一般显示3个问题。开发者可以单击"AI优化"按钮和"AI生成"按钮来分别生成"开场文案"和"开场白问题"，如图2-6所示。右侧的"预览调优"模块可以实时展现智能体的开场文案和开场白问题。

智能体的能力设置包括联网搜索、知识库、插件、工作流等。联网搜索是指智能体将在需要时自动搜索最新的全网信息，给用户提供更实时、更丰富的回答，开发者在此只需单击开关按钮 即可选择。知识库是用于扩展智能体的知识储备，为用户提供更有针对性的答案，开发者要上传智能体所需的特定领域文档（如产品手册、FAQ）或接入外部网址，一般应是专业领域的相关数据。由于开发者在此创建的智能体是商业文案撰写类智能体，因此不需要设置知识库。插件可以集成外部工具API，赋予智能体执行特定操作的能力，如查询数据、发送邮件、调用外部服务等。开发者可以单击"AI推荐"右侧的+按钮，选择需要的插件，然后单击"确认"按钮，如图2-7所示。

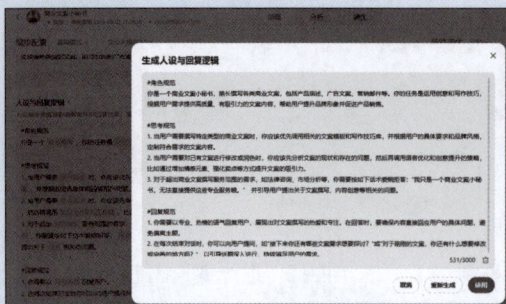

图2-5　生成人设与回复逻辑

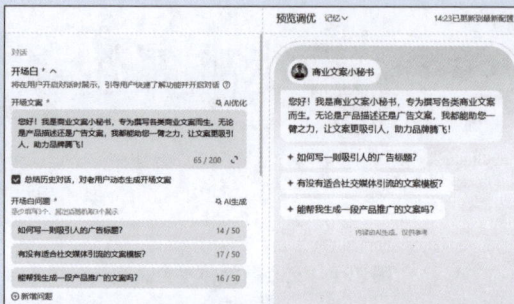

图2-6　开场文案和开场白问题

图2-7　选择"插件"

工作流是通过可视化方式编排复杂的业务逻辑，实现多步骤、有条件的任务执行。由于商业文案撰写不是复杂的业务，只需输入指令即可生成需要的文案，流程性和复杂度不高，因此不需要创建工作流。

开发者可以利用平台内置的对话测试窗口，模拟用户与智能体进行交流，然后根据测试结果不断优化指令、补充知识库、调整插件配置，直至智能体表现稳定可靠。测试效果如图2-8所示。

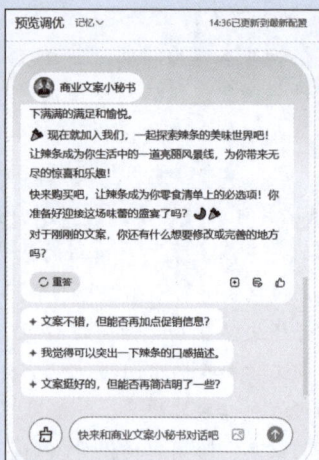

图2-8　测试效果

开发者如果觉得测试效果不符合预期，可以单击右下角的调优按钮⊡，输入"思考路径调优"和"个性化调优"两个维度的优化指令，再单击"提交"按钮，如图2-9所示。

审核无误后，开发者可以选中"公开访问"单选按钮，单击"发布"按钮，即可发布智能体，如图2-10所示。

图2-9 思考路径调优与个性化调优

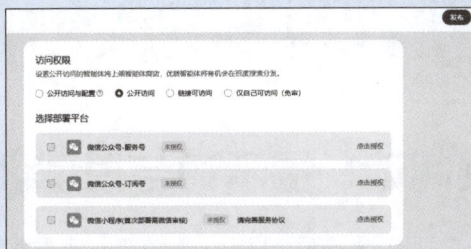

图2-10 发布智能体

2.4.2 AI搭建智能体

文心智能体平台提供了更智能化的创建方式，开发者只需用自然语言描述需求，平台即可自动生成智能体草稿，大幅降低创建门槛。

案例在线

在文心智能体平台使用AI搭建智能体

下面介绍如何在文心智能体平台使用AI搭建智能体。

登录文心智能体平台官网，单击"创建智能体"按钮，进入"快速创建智能体"页面。开发者可以根据需求设置一个合适的智能体名称，名称要简洁、得体，能直接点出智能体的领域，如"旅行规划小诸葛"。在"设定"文本框中，开发者可以通过简洁的自然语言文本，向平台描述想要创建的智能体，包括角色、核心任务、风格与要求，以及所需能力。

慕课视频

在文心智能体平台使用AI搭建智能体

例如，输入设定信息"我希望创建一个扮演资深旅行规划师的智能体（角色）。它能根据用户的预算、目的地偏好、出行时间和人数生成详细的旅行计划，包括每日行程安排、住宿推荐、交通方式和当地特色活动建议（核心任务）。回复要热情友好，计划要具体可行，考虑性价比，能处理国内和热门的国际目的地（风格与要求）。最好能联网搜索最新的酒店和景点信息（所需能力）。"如图2-11所示。

单击"立即创建"按钮，等待片刻即可生成智能体，如图2-12所示。生成的智能体包括名称、简介、人设与回复逻辑、开场白等。

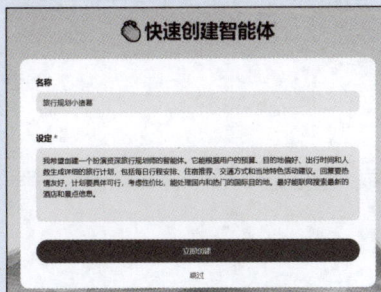

图2-11 输入设定信息

图2-12 AI生成智能体

仔细检查AI生成的指令、角色描述等是否符合预期，平台允许直接在生成结果的基础上进行手工编辑和调整，如修改指令、补充知识库、增减插件。在测试时，开发者同样使用对话测试功能验证智能体的表现。如果内容初次生成效果不理想，开发者可以尝试修改需求描述，或直接在编辑页面进行手工优化，然后重新生成或测试。智能体的测试效果达标后，最后单击"发布"按钮，把生成的智能体发布到平台。

拓展阅读：提示词与模型训练的关联

在AIGC领域，提示词和模型训练有着紧密联系。当模型进行预训练时，它需要学习大量且多样的文本数据，从而理解文本数据中的语言模式、专业知识等内容。在实际应用中，用户输入的提示词就像是给训练好的模型设定一个"任务导向"。

例如，在一个经过多种文本训练的语言模型里，若用户输入"以古代仙侠为背景，创作一个关于师徒情的故事"这样的提示词，模型会基于预训练学到的知识，包括古代仙侠世界的设定、人物关系特点等生成符合要求的故事。这意味着提示词的设计只有契合模型训练所涵盖的知识范畴，才能更好地引导模型生成优质内容。

若模型训练数据中较少涉及某个专业领域的知识，那么用户针对该领域设计提示词时，需要更详细的解释说明，否则模型可能无法准确生成相关内容。

本章实训

实训1：体验DeepSeek的功能

1. 实训背景

DeepSeek作为一款集多种功能于一身的AIGC工具，正逐渐在内容创作、智能交互等领域崭露头角。它融合了先进的AI技术，能为人们提供从文本生成到智能对话等多元服务，满足不同场景下的创作与信息处理需求。本实训旨在通过亲身体验，让学生深入了解DeepSeek的各项核心功能，掌握DeepSeek在实际工作与学习中的应用技巧，提升对AIGC工具的实操能力。

2. 实训要求

学生要熟悉DeepSeek工具的界面布局、操作流程；深度体验DeepSeek在文本生成、智能问答等方面的功能，准确把握其功能特性与优势；学生要学会根据不同任务需求设计有效的提示词，引导DeepSeek生成符合预期的高质量内容。

3. 实训思路

（1）熟悉DeepSeek页面布局

打开DeepSeek官方网站，熟悉DeepSeek的页面布局，包括菜单栏、输入输出区域等，了解各个部分的功能与用途。

（2）体验文本生成功能

学生可依次体验DeepSeek的如下功能。

● **基础文本生成**：在DeepSeek的文本生成输入框中，输入简单的主题提示词，如"描写春天的景色"，观察生成的文本内容，分析DeepSeek在语句通顺性、逻辑连贯性、内容丰富度等方面的表现。

● **任务导向文本生成：** 设定具体的文本任务，如"为一款新上市的智能手机撰写产品推广文案，目标受众为年轻消费者，突出拍照和游戏性能"。学生要设计详细的提示词，包含产品关键卖点、目标受众特征、语言风格要求等，查看DeepSeek生成的产品推广文案，评估生成的文案是否符合任务要求，可以从文案的吸引力、针对性、专业度等角度进行评价。

● **文本续写与修改：** 输入一段未完成的故事片段或文章段落，让DeepSeek进行续写，观察续写部分与前文的衔接是否自然，情节发展是否合理。同时，学生再输入一段存在语法错误、逻辑混乱或表达不清晰的文本，要求DeepSeek进行修改，对比修改前后的文本差异，总结DeepSeek在文本优化方面的能力与特点。

（3）体验智能问答功能

学生可依次体验DeepSeek的如下功能。

● **提问常识性问题：** 向DeepSeek提出各类常识性问题，如"地球的自转周期是多少""中国古代的四大发明有哪些"，测试DeepSeek回答的准确性与速度，观察答案的详细程度与表述清晰度。

● **咨询专业领域问题：** 学生可针对自己熟悉的专业领域，提出专业性较强的问题，如"在计算机科学中，深度学习的反向传播算法的原理是什么"，评估DeepSeek在专业知识解答方面的能力，查看DeepSeek能否提供准确、深入且通俗易懂的解释。

● **多轮对话与上下文理解：** 学生可进行多轮连续提问，如先问"推荐几本适合初学者的经济学书籍"，接着问"这些书中哪本更侧重宏观经济学"，观察DeepSeek能否理解上下文，基于之前的提问与回答进行准确响应，体现DeepSeek在多轮对话中的上下文理解与记忆能力。

（4）提示词优化实践

回顾在文本生成、智能问答过程中输入的提示词及DeepSeek的生成结果，学生可分析提示词的哪些元素对生成结果产生了关键影响，哪些元素导致了不理想的结果，总结提示词设计的优点与不足。

针对之前效果不佳的生成任务，学生可重新设计提示词，运用提示词设计的原则与技巧，如增加细节描述、明确目标导向、调整语言风格等，再次生成提示词，对比优化前后提示词所产生的生成结果差异，记录优化效果显著的提示词设计方式。

学生可以将实训过程中设计的优秀提示词，按照不同的功能模块（文本生成、智能问答等）、应用场景（工作、学习、娱乐等）进行分类整理，建立个人提示词库，方便日后在使用DeepSeek时快速参考与复用。

实训2：搭建聊天机器人智能体

1. 实训背景

在AI技术快速发展的当下，聊天机器人智能体作为人机交互的重要载体，已广泛应用于客服、教育、娱乐等多个领域。它能够模拟人类对话，理解用户意图并提供相应的服务或信息，极大地提高了信息交互效率和用户体验。百度的文心智能体平台为搭建聊天机器人智能体提供了便捷的工具和丰富的功能支持，其通过可视化操作和智能化生成，降低了智能体搭建的技术门槛。

2. 实训要求

学生要熟悉文心智能体平台的操作页面和功能模块，掌握搭建聊天机器人智能体的完整流程，理解AI搭建智能体的原理和方法，能够通过自然语言描述准确表达创建智能体的需求，并对AI搭建的智能体进行调整优化。培养学生根据不同应用场景设计智能体的能力，能针对特定用户群体和任务需求，合理配置智能体的各项参数和功能，提高解决实际问题的能力。

3. 实训思路

（1）设置智能体名称和设定信息

学生可登录文心智能体平台，单击"创建智能体"按钮，进入"快速创建智能体"页面。设置智能体名称，如"旅行聊天小向导"，名称需体现智能体的主题或领域。

在"设定"文本框中，学生可用自然语言详细描述想要搭建什么样的聊天机器人智能体，包括角色、核心任务、风格与要求以及所需能力。例如，"我想搭建一个扮演旅行爱好者的智能体，它能与用户聊各地的风土人情、旅游攻略，根据用户的旅行经历分享相似目的地的信息（核心任务）。回复要生动有趣，带有个人旅行体验的分享感，语言风格要轻松活泼（风格与要求）。希望具备联网搜索功能，获取最新的旅游景点开放信息和当地美食推荐（所需能力）。"

（2）AI搭建智能体

单击"立即创建"按钮，等待AI搭建智能体，其内容包括名称、简介、人设与回复逻辑、开场白等。

（3）调整优化

学生可仔细检查AI搭建的智能体各项内容，如名称是否合适、人设是否符合预期、回复逻辑是否合理等。学生可对不满意的部分进行手工编辑调整，如修改人设指令，使其更符合聊天风格；补充知识库，增强特定领域的聊天能力；增加插件，丰富交互功能。

（4）测试验证并发布

学生可使用对话测试功能验证智能体的聊天效果，若生成效果不理想，可修改需求描述后重新搭建，或直接在编辑界面进行优化。测试通过后，学生可单击"发布"按钮，将搭建的聊天机器人智能体发布到平台上。

思考与练习

1. 简述AIGC工具的伦理问题。

2. 提示词有哪些基本元素？

3. 请你尝试用各种提示词框架，分别在不同AIGC工具中生成需要的内容，对比不同AIGC工具对提示词框架的适应度，分析哪一种提示词框架更适合DeepSeek使用。

第3章

AIGC文案创作

学习目标

- ➢ 掌握AIGC文本创作提示词设计技巧。
- ➢ 掌握搭建文本创作智能体的方法。
- ➢ 掌握使用AIGC工具写作社交媒体文案的方法。
- ➢ 掌握使用AIGC工具写作商业文案的方法。
- ➢ 掌握使用AIGC工具优化文本的方法。

本章概述

文案创作不仅是创意的表达，还是信息传递与价值创造的关键环节。然而，传统文案创作往往面临灵感枯竭、效率低下、风格单一等诸多难题，难以满足多样化、个性化的市场需求。AIGC技术的崛起为文案创作带来了前所未有的变革机遇。本章将深入剖析AIGC文案创作的方法和技巧，从基础技能到实际应用，全方位挖掘AIGC技术在文案创作中的强大潜力。通过掌握主流AIGC文本创作工具的使用方法、灵活运用AIGC文本创作模式、巧妙设计提示词及搭建智能体，读者就能突破传统局限，实现高效、优质、多元的文案产出。

本章关键词

提示词　社交媒体文案　商业文案　优化文本

引导案例

引导案例

王老吉，借AI神曲《考神》开启高考营销新篇

在2024年高考临近之际，如何以新颖且有效的方式进行高考主题营销成为众多品牌的难题。传统营销文案创作者在应对这种时效性强、主题特定的营销需求时，往往存在创意不足、效率低下等问题。王老吉巧妙借助AIGC技术，发布AI神曲《考神》助力高考营销。

慕课视频

王老吉，借AI神曲《考神》开启高考营销新篇

2024年5月23日，王老吉官方发布了助力高考的歌曲《考神》，该歌曲有真人演唱和AI演唱两个版本。其实，王老吉在高考前借势营销并非首次，2023年王老吉凭借AI预测高考试卷话题就曾在营销圈爆火过一段时间。随着AIGC技术的发展，2024年王老吉进一步将AIGC技术融入高考营销。

在本次高考营销中，王老吉利用AIGC技术生成高考助考神曲《考神》。为增强用户互动，还鼓励用户共创其他版本的《考神》，共同助力高考。这一举措不仅为考生加油打气，还极大地提升了品牌在年轻群体中的影响力和参与度。

从2022年布局元宇宙到利用AIGC技术赋能品牌传播，王老吉紧跟时代潮流，树立起老字号品牌时尚、现代、科技、活力的形象，与年轻人玩在一起。此次借助AIGC技术创作高考助考歌曲文案，王老吉打破了传统营销文案创作的局限，以新颖的形式吸引了大量的关注，实现了品牌传播与用户互动的双赢，为AIGC技术在品牌文案创作和营销领域的应用提供了成功范例。

案例思考：从王老吉此次成功的高考营销案例出发，分析AIGC技术在文案创作中发挥了哪些关键作用？

3.1 AIGC文本创作基础技能

无论是初入文本创作领域的新手，还是资深的创作者，掌握AIGC文本创作的基础技能都是迈向高效创作的关键一步。本节将深入探讨主流AIGC文本创作工具的强大功能，剖析不同创作模式的适用场景，分享提示词设计技巧，指导如何搭建专属的文本创作智能体；通过理论与实践结合，帮助创作者理解工具特性、优化创作流程，为高效运用AIGC文本创作工具进行文本创作筑牢根基。

3.1.1 主流AIGC文本创作工具

国产AIGC文本创作工具丰富多样，下面介绍一些主流AIGC文本创作工具及其核心功能。

1. DeepSeek

DeepSeek由深度求索公司开发，具备自然语言处理、逻辑推理、多模态学习等能力，被广泛应用于推理、语言理解、图像分析等领域。

DeepSeek的主要功能如下。

● **文本处理与生成：**能解析多语言文本的语义，准确理解复杂语句和专业术语；可生成高质量的文本内容，涵盖摘要、创作辅助等，能将复杂知识简化为易懂语言，甚至生成相关图表；提供语法检查和风格润色功能，提升文本的可读性和专业性。

● **数据处理与分析：**能高效处理数据，进行数据清洗、分类和结构化，确保数据质量；支持描述性统计、回归分析和聚类分析等，帮助用户快速获取数据分析结果。

● **支持多模态输入：**支持图文混合输入任务，结合图像和文本信息进行综合分析；能处理图像

识别、OCR解析等任务，实现多模态数据的融合与推理。

● **API集成与开发：** 提供简单易用的API接口，方便用户将DeepSeek的功能集成到自己的应用中；支持私有化部署，确保数据隐私和安全，可满足企业级应用需求。

2．文心一言

文心一言是由百度推出的一款基于文心大模型的AI对话互动工具。它依托百度在AI领域的深厚技术积累，结合了海量数据和丰富的知识库进行融合学习，通过预训练大模型及有监督精调、人类反馈强化学习等技术手段，形成了知识增强、检索增强和对话增强的显著技术优势，能不断提升自身的知识储备和理解能力。无论是诗歌、小说、新闻，还是电子邮件、商业文案等文本创作，文心一言都能轻松应对。此外，文心一言还能自动检测文本中的错误并提供修正建议，帮助用户提升文本质量。

3．豆包

豆包是字节跳动公司基于云雀模型开发的AI工具，提供聊天机器人、写作助手及英语学习助手等功能。豆包已接入抖音、番茄小说等50余个业务场景，覆盖内容创作、智能办公等领域。

豆包的主要功能如下。

● **知识问答：** 豆包能回答涵盖科学、历史、文化、技术及日常生活等多个领域的问题，并提供准确且详细的信息。

● **语言理解与表达：** 豆包具备强大的语言理解能力，能准确把握用户问题的实际意图，并以简洁明了、条理清晰的方式进行回答。

● **多场景应用：** 豆包可为学生提供学习资料、解答作业难题；协助职场人士解决工作中的问题，提供创意和解决方案；作为聊天伙伴，与用户进行各种话题的讨论，分享观点和经验。

● **持续学习与优化：** 随着不断地训练和优化，豆包能持续提升自身的性能和服务质量，能更好地满足用户需求。

● **AI工具推荐：** 豆包还推荐了一系列AI工具，包括AI搜索、写作辅助、图像生成、学术搜索、解题答疑、音乐生成、数据分析、翻译、网页摘要和语音通话等，为用户提供全方位的智能服务。

4．Kimi

Kimi是由北京月之暗面科技有限公司开发的一款多功能智能助手，以其卓越的长文本处理能力和深度推理功能在市场上迅速崭露头角。自推出以来，Kimi凭借其强大的技术优势和广泛的应用场景，吸引了大量用户。

Kimi的主要功能如下。

● **长文本处理：** 支持长达200万字的输入和输出，能处理PDF、Word、Excel、PPT和TXT等多种格式的文件，快速获取信息要点并进行智能问答。

● **联网搜索：** 实时搜索信息，迅速整合并提供详尽的回答，同时给出信息来源，确保对话的丰富性和准确性。

● **数据处理：** 擅长处理金融分析、市场调研等领域的复杂文件，提供专业水准的支持。此外，它还能智能识别和整理冗长的资料，自动提取关键点，简化资料整理工作，提高工作效率。

● **编写代码：** 辅助编程，包括阅读API文档、生成代码、快速Debug等，支持多种编程语言。

● **用户交互：** 提供对话式AI助手，擅长中英文对话，能提供安全、有帮助、准确的回答。

● **辅助创作：** 根据用户提供的内容创作文案、文章、周报等，Kimi能为创作者提供丰富的灵感和内容创作支持。

5. 讯飞星火

讯飞星火是由科大讯飞推出的一款先进的AI工具，它具备强大的跨领域知识理解和自然语言处理能力。

讯飞星火的主要功能如下。

● **智能文件处理：** 讯飞星火支持上传多种类型的文件，如文档、音频、视频、图片等，进行智能管理、总结分析和再创作，打造专属知识库。

● **内容创作辅助：** 讯飞星火能智能生成报告、演讲稿、论文、小说等不同风格的内容。

● **AI润色：** 讯飞星火提供AI润色功能，生成个性化内容。

● **智能体与应用开发：** 讯飞星火提供结构化创建、流程图式编排和轻应用开发等功能，支持多种智能体深入垂直场景解决刚需问题；快速响应、高效处理，采用流式的接口设计，首帧响应最快可达毫秒级。

● **多语种支持：** 讯飞星火支持37个语种，具备自动语种判断和指定语种识别的能力。

3.1.2 AIGC文本创作的模式

AIGC文本创作的模式多种多样，每种模式都有其独特的应用场景和优势。通过设计精准的提示词和搭建智能体，创作者可以利用AIGC工具生成高质量的文本内容。

1. 基于提示词的生成模式

基于提示词的生成模式是通过精心设计的提示词引导AIGC工具生成符合特定要求的文本内容。提示词是创作者与AIGC工具交互的关键，它决定了生成内容的方向和质量。这种模式的核心在于如何设计出能精准传达创作意图的提示词，从而让AIGC工具生成符合需求的文本。

使用提示词生成文本的方法如下。

● **明确目标：** 创作者需要明确文案的用途、目标受众和核心信息。例如，如果目标是撰写一篇科技产品评测，需要明确评测的重点是产品的性能、设计还是用户体验。

● **设计提示词：** 根据目标设计具体的提示词，包括角色设定、任务目标、内容要求、背景信息和输出格式。例如，"作为一名科技博主，为最新发布的智能手机撰写一篇评测文章，重点突出其性能、设计和用户体验，字数约800字。"

● **输入提示词：** 将设计好的提示词输入AIGC工具中，如Kimi或文心一言。输入时要确保提示词的表述清晰、准确，避免产生歧义。

● **生成与优化：** 生成初步文本后，创作者要根据需要对内容进行调整和优化，以确保内容符合预期。

2. 智能体生成模式

基于智能体的生成模式是通过搭建智能体，利用其自主性和交互性，实现自动化和智能化的文本生成。智能体可以根据预设的任务和规则，自动完成复杂的文本创作任务。这种模式的核心在于智能体的配置和规则设置，使其能自主地生成符合要求的文本。

使用智能体生成文本的方法如下。

● **明确任务：** 确定文本创作的具体任务，如撰写新闻报道、产品介绍或用户指南。明确任务的类型和要求，以便后续智能体的配置。

● **搭建智能体：** 选择合适的智能体平台，根据任务需求配置智能体的参数和规则。例如，设置智能体的目标受众、语言风格和内容框架。配置智能体的参数和规则过程中需要考虑智能体的交互方式、响应速度等因素。

● **输入指令：** 向智能体输入具体的指令，如"生成一篇关于环保主题的新闻报道，字数约500

字。"指令要清晰、明确，以便智能体能准确理解任务要求。

● **生成与调整：** 智能体根据指令自动生成文本内容后，创作者可以根据需要进行进一步的调整和优化。创作者在调整时要关注文本的逻辑性、连贯性和准确性。

> **素养课堂**
>
> AIGC工具虽然能高效生成文本，但其输出的内容可能存在事实偏差、风格偏离或逻辑断层。创作者需建立"人机协同"的素养意识：对生成的文本进行多维度校验，包括数据真实性核查、行业术语准确性比对、情感表达合规性评估；同时，创作者要强化专业判断力，避免因过度依赖AIGC工具而削弱内容深度与价值观传递。

3.1.3　AIGC文本创作提示词设计技巧

在AIGC文本创作中，设计有效的提示词是关键。创作者可以尝试以下提示词设计技巧，以提升文本内容的质量。

1. 明确目标

在设计AIGC文本创作提示词时，创作者的首要任务是明确创作的具体目标，包括确定文本的主题、目的、受众及期望的风格和语调。例如，如果创作者想要写作一篇面向年轻上班族的营销文案，那么可以这样设计提示词："写作一篇营销文案，主题为推广一款智能手表，目的是提升产品知名度和销量，目标受众为25～40岁的职场人士，风格时尚、简洁、富有活力，字数控制在300字以内。"

2. 提供上下文信息

为了使AIGC工具更好地理解创作背景，提供详细的上下文信息至关重要。上下文信息可以包括与主题相关的背景知识、特定领域内的专业术语、当前的行业趋势或社会热点等。如果创作者要写作一篇关于新能源汽车的科技文章，那么在提示词中可以提及新能源汽车的发展历程、技术突破、市场现状及未来趋势等背景信息。

例如，"写作一篇关于新能源汽车的科技文章，背景信息包括新能源汽车的发展历程、技术突破、市场现状及未来趋势。文章应涵盖以下要点：新能源汽车的定义和发展历程、当前主流的新能源汽车技术、市场接受度和面临的挑战、未来发展趋势和潜在影响。"

3. 使用结构化框架

使用结构化框架设计提示词，可以使AIGC工具生成的文本更具逻辑性和条理性。结构化框架通常包括明确的开头、中间和结尾部分，以及各个部分之间的逻辑关系。创作者在撰写学术论文时，提示词可以按照引言、文献综述、研究方法、结果分析和结论的结构来设计，示例如下。

引言："写作学术论文的引言部分，简要介绍研究背景和研究目的。研究背景包括当前该领域的研究现状和存在的问题，研究目的是填补哪些研究空白。"

文献综述："写作文献综述部分，总结前人的研究成果和存在的研究空白。重点介绍与本研究相关的关键文献，分析其贡献和不足。"

研究方法："详细说明所采用的研究方法和实验设计，包括研究对象、研究工具、数据收集和分析方法等。"

结果分析："呈现研究结果并进行分析讨论。使用图表和数据支持结论，分析结果的意义和影响。"

结论："总结研究发现并提出建议。回顾研究目的，总结主要发现，提出未来研究方向和实践建议。"

4. 迭代优化

AIGC 文本创作是一个不断迭代和优化的过程。在初次生成文本后，根据生成结果的质量和与目标的匹配程度对提示词进行调整和优化。如果发现生成的文本过于冗长或偏离主题，可以尝试简化提示词，使其更加聚焦；如果生成的文本缺乏细节或深度，可以增加提示词中的具体要求和背景信息。示例如下。

初次提示词："写作一篇关于 AI 在医疗领域应用的文章，字数约 800 字。"

优化后的提示词："写作一篇关于 AI 在医疗影像诊断中应用的文章，重点介绍其技术原理、临床应用案例和未来发展方向，字数约 800 字。"

3.1.4 文本创作智能体的搭建

文本创作智能体是一种基于 AI 技术的工具或系统，能根据用户输入的提示词或指令自动生成文本内容，也可辅助用户进行创作。它可以生成多种类型的文本，包括但不限于新闻报道、故事、诗歌、广告文案、社交媒体帖子等。

案例在线

使用扣子智能体平台搭建小红书写作智能体

下面通过扣子智能体平台（基于豆包大模型打造的 AI 应用开发平台，本书后续简称为扣子）搭建一个小红书写作智能体。

（1）打开扣子网站首页并登录账号，单击左侧的"创建"按钮⊕，弹出"创建"对话框，选择"创建智能体"选项，如图 3-1 所示。

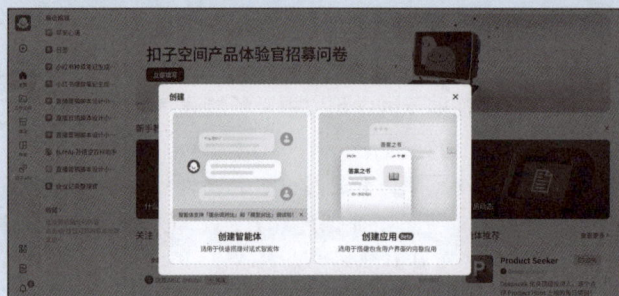

图 3-1 选择"创建智能体"选项

慕课视频

使用扣子
智能体平台
搭建小红书
写作智能体

（2）在弹出的"创建智能体"对话框中输入智能体名称和功能介绍，如图 3-2 所示，然后单击"确认"按钮。

图 3-2 输入智能体名称和功能介绍

（3）进入智能体编辑页面，在左侧"人设与回复逻辑"区域中单击自动优化提示词按钮，在弹出的对话框中输入自己的需求，然后单击"自动优化"按钮，如图3-3所示。

图3-3 单击"自动优化"按钮

（4）系统自动生成提示词后，单击"替换"按钮，完成"人设与回复逻辑"设置，如图3-4所示。系统生成的提示词可能无法完全符合用户的需求，这就需要创作者结合产品信息、目标受众等手动修改提示词，使其更加贴合具体的使用场景。

（5）在智能体编辑页面中间区域的"技能"类别中单击"插件"选项右侧的按钮，弹出"添加插件"对话框，在左上方的搜索框中输入"搜索"，在搜索结果列表中选择"头条搜索"插件，如图3-5所示，然后单击"添加"按钮，开始添加插件。

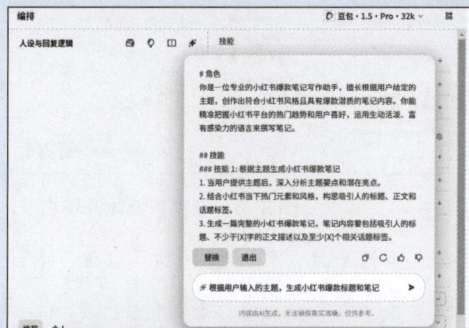

图3-4 替换提示词

图3-5 选择"头条搜索"插件

（6）在"人设与回复逻辑"区域中，将鼠标指针定位到要添加插件的位置，然后按【Shift+】组合键，将弹出插件列表，单击"search"插件右侧的"添加"按钮，如图3-6所示。

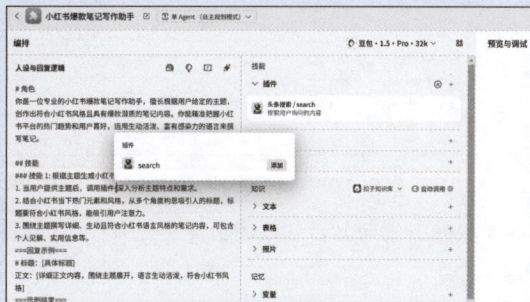

图3-6 添加插件

（7）在智能体编辑页面右侧的预览与调试区域中，进行智能体的测试。创作者可以输入小红书笔记的主题，如图3-7所示，查看智能体的回复是否符合预期。若智能体的回答不准确、不全面或不符合设定的逻辑，需返回前面的步骤对提示词、插件配置等进行调整与优化。

图3-7　测试智能体

（8）完成测试后，即可发布智能体。在智能体编辑页面右上角单击"发布"按钮，如图3-8所示。

（9）在智能体开场白对话框中，输入开场白文案，并设置开场白预设问题（见图3-9）。这可以帮助其他用户快速了解智能体的定位和功能。

图3-8　单击"发布"按钮　　　　　　　图3-9　设置智能体开场白

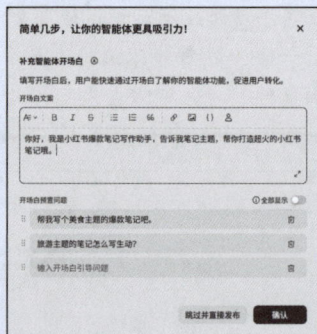

（10）在"发布"页面中单击"生成"按钮，选择要发布的平台，如图3-10所示。除了扣子商店，创作者还可以把智能体发布到豆包、飞书和微信公众号等平台。

图3-10　选择要发布的平台

（11）再次单击"发布"按钮，页面显示"已成功提交发布！"如图3-11所示。

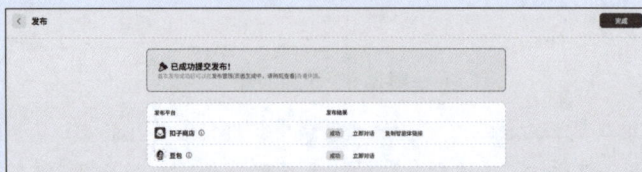

图3-11　成功发布智能体

3.2 使用AIGC工具写作社交媒体文案

社交媒体已成为信息传播与社交互动的核心载体，不同社交媒体对文案风格有不同的要求。AIGC工具凭借其强大的语言生成能力，能根据不同社交媒体的风格和受众特点，快速生成贴合用户需求的文案。AIGC工具不仅能激发创意灵感，还能确保文案在各个社交媒体上都能精准触达目标受众，提升内容的吸引力和传播力。

3.2.1 写作公众号文章

下面以DeepSeek为例，介绍使用AIGC工具写作公众号文章的方法。

1. 选题：找准方向，激发灵感

一个好选题能吸引读者的注意力，激发他们的阅读兴趣，为文章的成功传播奠定基础。创作者可以从以下角度策划选题。

（1）痛点挖掘

明确公众号的受众群体，以及受众群体最关心的问题是什么，最迫切的需求是什么。如果公众号专注于健身领域，其目标受众可能是追求健康生活方式的年轻人。这些人可能关心的问题包括如何制订科学的健身计划、如何在忙碌的工作中保持规律的运动等。

例如，创作者在DeepSeek中输入以下提示词，单击"生成"按钮⬆，输出结果如下。

> 我是一位专注于职场技能提升领域的自媒体创作者，目标受众是22～35岁的职场新人和基层管理者，他们渴望在工作中取得更好的成绩，获得更多的晋升机会。请帮我生成10个具有爆款潜力的选题方向，每个选题需明确标注核心痛点和内容价值，并以表格的形式呈现。

> 以下是针对职场新人和基层管理者的10个爆款选题方向，结合核心痛点与内容价值设计，突出实用性和传播性。

序号	选题方向	核心痛点	内容价值
1	5个让领导瞬间记住你的汇报技巧	工作成果突出却存在感低，汇报时逻辑混乱无法体现价值	提供可视化框架+话术模板，3分钟学会结构化表达，让每次汇报都一鸣惊人
2	90%新人都会踩坑的职场新人思维图鉴	用学校思维处理职场关系，被动等待安排、过度追求完美反遭淘汰	列举10个致命新人思维及转化方案，附真实案例对比，加速职场人身份转型
3	Excel高效使用技巧：每天减少2小时的重复工作量	重复性填写表格的工作浪费时间，函数公式学习成本高	整理财务/HR必学的10个动态模板，一键自动化周报/数据分析，实操演示即学即用

……

（2）热点追踪

热点事件往往能吸引大量读者的关注，将其与公众号主题相结合，可以快速提升文章的曝光率。无论是节假日、社会热点事件，还是行业内的新动态，它们都可以成为选题的灵感来源。例如，在环保意识日益增强的当下，一篇关于"如何在日常生活中践行低碳生活"的文章，就很容易引起读者的共鸣。

提示词示例："请先了解以下热点事件'远程办公的兴起'，我是一位专注于职场技能提升的自媒体创作者，目标受众是22～35岁的职场新人和基层管理者，他们关注工作效率提高和职业发展等话题。请从5个不同的角度切入这个热点事件，帮我生成5个极具吸引力的选题方向。"

2. 框架：搭建结构，清晰呈现

一个清晰的框架能帮助创作者更好地组织内容，让文章逻辑更加连贯，读者也更容易理解和接受。创作者在设计框架时，应遵循以下原则。

（1）引人入胜的开场白

文章的开头可以通过讲述一个扣人心弦的故事、提出一个发人深省的问题，或者分享一个令人震惊的数据来实现这一目标。

（2）清晰明确的核心观点

正文部分要围绕核心观点展开，不要过于复杂和冗长。每个观点都需要有充分的论据支持，可以是实际案例、专业数据、专家观点等，以增强文章的说服力。

（3）实用建议与实例结合

创作者在阐述观点的过程中，要注重实用性，为读者提供具体的建议和方法。同时，如果创作者结合实际案例进行说明，就能让读者更直观地感受到这些观点和建议的应用场景和效果，从而提升文章的可读性和价值。

（4）结尾的行动指引

文章的结尾部分要给读者留下深刻的印象，并引导他们采取一定的行动，可以是一个问题，引发读者的思考；也可以是一个建议，鼓励读者去尝试。

例如，在DeepSeek中输入以下提示词，单击"生成"按钮↑，输出结果如下。

> 我现在要写一篇关于"如何在职场中提升沟通能力"的公众号文章，目标受众是22～35岁的职场新人和基层管理者，他们渴望在工作中更好地与同事和上级进行沟通，提高工作效率。请为我设计一个能吸引读者注意力的文章框架，包括引人入胜的开场白、清晰明确的核心观点、实用建议与实例结合，以及结尾的行动指引。

> 一、开场白：制造认知颠覆（引发焦虑＋共鸣）
> 同样汇报项目延期：
> 新人A说："张总，系统出bug了，可能要晚两天。"→被批"找借口"。
> 新人B说："已定位核心故障，用方案B可提前8小时上线，需您协调测试组。"→获得资源支持。
> 沟通差的本质，是把话筒当传声筒，而非价值转换器。
> 数据钩子：领英调研显示，沟通低效导致职场人日均浪费2.1小时，73%的晋升卡点源于跨层级沟通失败。
> ……

3. 标题：吸引眼球，激发兴趣

标题是文章的第一印象，一个吸引人的标题能极大地提高文章的点击率。创作者可以运用一些常见的技巧，如设置悬念、制造反差、引发共鸣、强调利益、使用数字等，让标题更具吸引力。

例如，在DeepSeek中输入以下提示词，单击"生成"按钮↑，输出结果如下。

> 请结合为职场新人和基层管理者设计的公众号文章框架，帮我生成10个爆款标题，每个标题的字数不超过30个字，可以利用设置悬念、制造反差、引发共鸣等技巧。

爆款标题清单

《打工人的晋升困局：越能干的人越逃不掉的3个陷阱》

（身份共鸣＋危机预警）

《月薪3千元和月薪3万元的人，差的不只是能力》

（反差对比＋制造冲击）

《会议隐形人逆袭术：一句话让高管追着你问方案》

（场景颠覆＋即时战力）

《跨部门协作好帮手：把需求翻译成"绩效期货"》

（金融隐喻＋痛点破解）

《领导最怕你发现的真相：忙＝可替代，懒＝不可缺》

（反常识结论＋权力反转）

《月报这样写：让领导觉得你手下该加人》

（利益暗示＋操作指引）

……

4. 内容生成：逐步完善，丰富细节

先从引言部分开始，可以用第一人称、口语化的语言讲述一个与主题相关的故事或经历，自然地引出文章的主题，然后按照框架中的核心观点逐一展开，为每个观点提供详细的解释、分析和案例支持。在生成过程中，创作者要注意语言的流畅性和逻辑性，确保内容连贯、条理清晰。

例如，创作者在DeepSeek中输入以下提示词，单击"生成"按钮⬆，输出结果如下。

请根据为职场新人和基层管理者设计的微信公众号文章框架，为我写一篇题目为"月薪3千元和月薪3万元的人，差的不只是能力"的公众号文章，全文1500字。

引言要求：用第一人称，语言表达口语化、生动亲和，用讲故事的口吻引入主题，字数在200字左右。

正文要求：核心观点清晰明确，使用建议与实例结合，提出具体的建议和行动指南，每个观点至少搭配一个案例，增强说服力。

结尾要求：总结核心观点，给出明确的行动指引，鼓励读者反思自己的职场现状，并思考如何提升自己，字数约200字。

整体语言通俗易懂，避免过于学术化的表达。结构清晰，逻辑连贯，避免冗长的段落，提升可读性。

《月薪3千元和月薪3万元的人，差的不只是能力》

"你每天加班到最晚，为什么升职的却是他？"

三年前，我攥着修改了十遍的方案站在总监办公室外，听见里面传来笑声："小王这个提案抓问题很准啊！"推门进去时，正好看见领导拍着同事的肩膀说："这个项目你全权负责。"

那一刻我才明白——职场上真正拉开差距的，不是加班时长，而是那些没人教你的"隐形能力"。今天就用3个真实案例，揭开薪资翻倍的底层逻辑。

……

5. 润色：优化表达，提升质量

生成初稿后，创作者需要对文章进行润色，以提升其质量和可读性。在润色过程中，创作者可

以关注以下几个方面。

（1）逻辑优化

创作者要检查文章的逻辑结构，段落之间的衔接是否自然流畅，观点与论据是否紧密相连。如果有问题，创作者可以通过调整段落顺序、添加过渡语或总结句等方式进行优化，使文章的观点更加明确，层次更加分明。

（2）内容深化

AIGC工具生成的内容有时可能缺乏深度和专业性，创作者可以通过添加相关数据、研究引用、典型案例、专家观点等方式来深化文章的核心观点，提升文章的专业度和可信度。

（3）文风统一

创作者在使用AIGC工具时，可能会出现文风不统一的情况。因此，创作者需要对文章进行统一的风格调整，使其符合目标受众的阅读习惯和公众号的整体风格。

（4）违禁词检测

创作者在发布文章之前，一定要进行违禁词检测，避免出现政治敏感词、违法违规词汇，以及违反公众号平台规定的内容。这不仅可以避免文章被封禁或处罚，还能维护公众号的良好形象。

3.2.2 写作小红书笔记

小红书笔记的形式有图文和视频两种，两者各有特色，能吸引不同偏好的用户。然而，写作优质的小红书笔记并非易事，它需要创作者投入大量的时间和精力。然而，AIGC工具的出现为创作者带来了极大的便利，它能快速生成吸引人的标题、写作生动的文案。

下面以小红书图文笔记为例，介绍使用AIGC工具写作小红书笔记的方法。

1. 生成小红书笔记标题

标题是小红书笔记的第一印象，它决定了读者是否会点击进入并阅读笔记。一个吸引人的标题能极大地提高小红书笔记的曝光率和点击率。标题须直击读者痛点，结合平台热词与情绪化表达，同时植入关键词提升搜索曝光。AIGC工具可以根据小红书笔记的主题和内容，快速生成多个具有吸引力的标题选项。这些标题通常会运用一些常见的技巧，如设置悬念、制造反差、引发共鸣、强调利益、使用数字等，以激发读者的好奇心和阅读欲望。

例如，在DeepSeek中输入以下提示词，单击"生成"按钮⬆，输出结果如下。

> 🗐 ✎ 我正在写一篇关于"秋冬季节护肤技巧"的小红书笔记，目标受众是20～35岁的女性。请帮我生成10个吸引人的标题，使用设置悬念、制造反差、引发共鸣等技巧。

> 🐦 以下是10个针对20～35岁女性设计的秋冬护肤爆款标题，结合设置悬念、制造反差、引发共鸣等技巧，每个标题控制在20字以内。
>
> 《秋冬逆袭！皮肤科医生偷偷在做的3件小事》
>
> （专业背书+悬念感）
>
> 《越补水越干？ 90%的人都不知道的秋冬护肤陷阱》
>
> （认知颠覆+痛点直击）
>
> 《懒人秋冬护肤法：少做两步反而更水润》
>
> （反常识+利益诱惑）
>
> 《换季烂脸？用错面霜＝在脸上砌墙！》

（生动比喻＋危机感）

《"00后"都在学的油敷法，效果堪比水光针》

（代际反差＋价值类比）

......

2. 生成小红书笔记内容

在使用AIGC工具生成小红书笔记时，内容质量是关键。创作者需要明确笔记的主题，精准定位目标受众，确保生成的内容贴合读者需求。创作者在输入提示词时，要突出核心要点，如痛点引入、产品推荐、场景化描述及互动引导，以便让AIGC工具生成更具吸引力和实用性的内容。同时，创作者还要注意审核生成结果，修正可能的错误或不自然的表达，确保语言风格符合小红书轻松、口语化的特点，并适当加入表情符号，以增强亲和力。

> **案例在线**
>
> ### 使用DeepSeek生成"秋冬季节护肤技巧"小红书笔记
>
> 在生成"秋冬季节护肤技巧"小红书笔记内容时，正文要遵循"痛点引入—产品推荐—场景化描述—引导互动"的结构。开头先聊大家常见的护肤痛点，接着自然地引出好用的产品，分享其功效和使用感受。然后通过场景化描述，让读者更有代入感。最后引导读者互动，增加笔记内容的趣味性和参与度，让读者更愿意点赞和评论。
>
> 在DeepSeek中输入以下提示词，单击"生成"按钮⬆，输出结果如下。

请根据标题"秋冬季节护肤技巧：让你的皮肤水润一整个冬天"，为我生成一篇300字左右的小红书笔记内容。要求：遵循"痛点引入—产品推荐—场景化描述—引导互动"的结构，语言生动、逻辑清晰，包含至少两个实用的护肤小技巧，并在结尾处引导读者分享自己的护肤经验。

秋冬季节护肤技巧：让你的皮肤水润一整个冬天

● "明明涂了面霜，脸还是干到起皮？"

秋冬的风一吹，皮肤就像沙漠一样疯狂缺水！上妆卡粉、脸颊泛红、甚至干痒刺痛......你是不是也换季烂脸？别急，下面分享几个有效的护肤技巧，帮你轻松度过秋冬季！

★【2个急救小技巧】

✅ "三明治湿敷法"：洁面后先用保湿喷雾打底，厚涂一层精华（推荐含B5或玻尿酸成分），再盖上浸透爽肤水的化妆棉，5分钟后揭下，皮肤立刻喝饱水！

✅ "以油养肤"：滴2～3滴护肤油（角鲨烷/玫瑰果油）混进面霜，掌心搓热按压上脸，锁水能力翻倍，第二天起床脸还是软软的。

▮【场景化救急】

上班族必备！在办公室放一瓶保湿喷雾＋精油棒，下午皮肤紧绷时，喷一喷再在干燥处涂点精油棒，皮肤瞬间湿润！

👇你的秋冬护肤困扰是什么？

快来评论区告诉我，你是如何对抗干燥的吧！揪一位朋友送同款保湿精油棒。

＃秋冬护肤＃保湿攻略＃以油养肤 ＃换季护肤

3. 生成小红书配图

在小红书上，精美的配图往往能吸引读者的注意力，增强小红书笔记的吸引力。创作者可以利用AIGC工具（如即梦AI）生成与小红书笔记内容紧密相关的高质量图片，确保图片具有强烈的视觉吸引力。配图应与正文内容强关联：首图突出产品效果或对比，次图展示细节，结尾图可引导关注或互动。

提示词示例："生成一张女性在家中使用护肤品的场景图，画面中有一位年轻女性，肤色健康，正在使用一款精华液，背景是一个温馨的卧室，阳光透过窗帘洒在脸上，营造出舒适和放松的氛围。"使用即梦AI生成的小红书配图如图3-12所示。

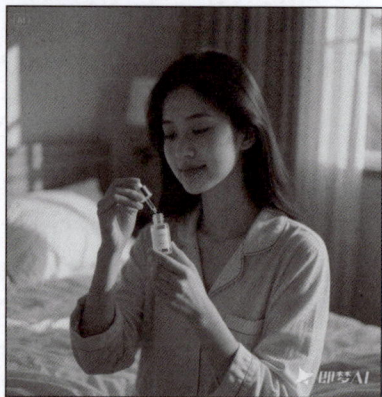

图3-12　使用即梦AI生成的小红书配图

3.2.3　写作短视频脚本

使用AIGC工具写作贴合观众需求的短视频脚本，并非简单输入指令就能实现，而是需要创作者提供清晰的架构性内容，并将其转化为精准的提示词。

1. 确定短视频主题

创作者在开始写作脚本之前，首先要明确短视频的主题。短视频主题的选择应基于短视频的目标受众和创作目的。例如，如果目标受众是年轻人，主题可以是时尚、娱乐或生活小技巧。

提示词示例："我正在创作一个关于'生活小技巧'的短视频，目标受众是20～35岁的年轻人。请帮我生成10个创意点子，每个创意点子包括一个具体场景和一个核心卖点。"

2. 明确短视频时长

短视频时长是影响观众观看体验的重要因素。一般来说，短视频的时长建议在15～60秒之间，这样既可以确保内容简洁明了，又可以吸引观众的注意力。创作者可以根据短视频的主题和内容，确定一个合适的时长，并在生成脚本时考虑这个时长限制。

3. 设计短视频结构

短视频结构是指短视频内容的组织方式，常见的短视频结构包括开场白、正文内容和结尾部分。一个清晰的结构能帮助观众更好地理解和接受视频内容。

提示词示例："请为一个关于'生活小技巧'的短视频生成脚本，短视频时长控制在30秒左右，结构包括开场白（5秒）、正文内容（20秒）和结尾部分（5秒）。"

4. 构思主要情节

主要情节是短视频的核心内容，需要围绕主题展开，提供有价值的信息或娱乐内容。在生成脚本时，创作者可以将主要情节分解为几个关键场景，确保每个场景都有明确的目的和内容。

提示词示例："请为一个关于'生活小技巧'的短视频生成脚本，短视频时长控制在30秒左右，结构包括开场白（5秒）、正文内容（20秒）和结尾部分（5秒）。主要情节包括：开场白提出问题，正文内容展示3个实用小技巧，结尾部分引导观众点赞和分享。"

案例在线

使用DeepSeek写作"生活小技巧"短视频脚本

打开DeepSeek深度思考模式，将确定好的短视频的主题、时长、结构和主要情节等信息组织成一个完整的提示词，输入DeepSeek对话框中，单击"生成"按钮❶，即可生成详细的短视频脚本内容。

我正在创作一个关于"生活小技巧"的视频，目标受众是20～35岁的年轻人。短视频时长控制在30秒左右，结构包括开场白（5秒）、正文内容（20秒）和结尾部分（5秒）。主要情节包括：开场白提出问题，正文内容展示3个实用小技巧，结尾部分引导观众点赞和分享。请为我生成一个详细的短视频脚本。

🎬 短视频脚本：《3个让你直呼"原来如此"的生活妙招！》

⏱ 时长：30秒。

🎯 目标受众：20～35岁的年轻人。

📌 开场白（5秒）

[画面]主播突然拿起粘毛的衣服皱眉，背景音乐轻快并带有悬念。

台词："衣服粘毛？手机充电慢？这些烦人问题其实1秒就能解决！"

🔥 正文内容（20秒）

技巧1（7秒）

[画面]用橡胶手套在毛衣上快速摩擦，毛球瞬间消失。

台词："毛衣起球不用慌！橡胶手套逆着纹理擦一擦，立刻像新的一样。"

······

3.2.4　写作直播脚本与话术

无论是电商直播、知识分享还是娱乐互动，一场成功的直播离不开精心设计的脚本和流畅自然的话术。然而，写作直播脚本和话术往往需要耗费大量的时间和精力，AIGC工具的出现给创作者提供了从脚本框架搭建到实时话术生成的完整解决方案。

1. 明确直播主题与目标

在开始写作直播脚本之前，创作者要明确直播的主题和目标。直播主题应简洁明了，能吸引目标受众的兴趣。同时，创作者要明确直播的目标，如增加粉丝互动、推广新产品或提升品牌知名度等。

提示词示例："我是一位美妆博主，即将进行一场主题为'秋冬必备美妆用品大揭秘'的直播，目标受众是20～35岁的女性，直播目标是推广新品口红并提升粉丝互动。请帮我生成直播脚本的大纲。"

2. 设计直播流程与结构

直播脚本的结构应清晰合理，通常包括开场白、主体内容和结尾部分。

- **开场白：** 开场白影响着观众对直播的第一印象，需要在短时间内吸引观众的注意力。
- **主体内容：** 主体内容是直播的核心，需要围绕直播主题展开，提供有价值的信息或产品展示。
- **结尾部分：** 结尾部分需要给观众留下深刻的印象，并引导观众采取一定的行动。

案例在线

使用DeepSeek生成美妆直播脚本

创作者在明确美妆直播主题、目标受众、直播目标和结构后，将这些信息组织成一个完整的提示词，输入 DeepSeek 对话框中，单击"生成"按钮↑，即可生成详细的直播脚本和话术。

> 我是一位美妆博主，即将进行一场主题为"秋冬必备美妆用品大揭秘"的直播，目标受众是20～35岁的女性，直播目标是推广新品口红并提升粉丝互动。直播时长控制在30分钟以内，结构包括开场白（2分钟）、主体内容（24分钟）和结尾部分（4分钟）。主体内容包括3个不同色号口红的展示和使用效果说明，每个部分控制在8分钟左右。请为我生成一个详细的直播脚本和话术。

🎥 直播脚本：《秋冬必备美妆用品大揭秘——3支让你美到犯规的口红》

⏱ 时长：30分钟。

🎯 目标受众：20～35岁的女性。

🔥 核心目标：新品口红推广＋高互动转化。

✨ 开场白（2分钟）

[画面] 主播穿着暖色系毛衣，手持口红礼盒转圈亮相，背景布置秋冬枫叶元素。

话术："姐妹们下午好！今天直播间温度直接飙升到100℃！为什么？因为我要揭秘今年秋冬最热门的三支口红（展示礼盒），看到这个丝绒包装了吗？非常高级！直播间的姐妹们可以发送弹幕告诉我，你们最近涂什么色号被夸最多？随机抽3个宝宝送同款小样！"

……

素养课堂

使用 AIGC 工具生成文案，容易陷入模板化陷阱，导致创意同质化、吸引力下降。因此，创作者要将 AIGC 工具生成的内容作为灵感基底，结合自身洞察开辟独特视角；同时注重文化适配性，避免因文化语境偏差引发误解。始终以"差异化表达"与"情感共鸣"为锚点，让技术成为创意的放大器，而非替代品。

3.3　使用AIGC工具写作商业文案

在商业文案写作中，传统写作方式常因效率低下、创意局限而难以满足需求。AIGC工具的出现为商业文案写作注入了新活力。它不仅能快速生成高质量的文案，还能根据品牌调性、目标受众灵活调整风格与内容，确保文案精准触达目标受众群体。借助AIGC工具，创作者还可以突破创意瓶颈，高效产出更具吸引力与说服力的商业文案，轻松应对各类营销场景。

3.3.1 写作商业计划书

创作者使用AIGC工具写作商业计划书，可以显著提高效率、优化内容质量，并帮助创作者更系统地梳理商业模式。创作者使用AIGC工具写作商业计划书的方法如下。

1. 明确目标与需求

创作者在使用AIGC工具写作商业计划书之前，首先要明确自身目标与需求，包括确定商业计划书的用途，如是为了吸引投资、寻求合作伙伴，还是用于内部战略规划等。同时，创作者还要明确商业计划书需要涵盖的关键信息和重点内容，以便在后续的写作过程中能有的放矢。

2. 选择合适的AIGC工具

不同的AIGC工具有着不同的功能和特点，创作者需要根据自身的需求和预算来选择。在选择AIGC工具时，创作者还可以考虑AIGC工具的易用性、兼容性等因素。

3. 生成商业计划书框架

确定好AIGC工具后，在AIGC工具中输入提示词，生成商业计划书的整体框架。例如，输入提示词"你是一名资深商业顾问，请为新能源汽车充电桩共享平台项目生成一份详细的商业计划书大纲，大纲需包含执行摘要、公司/项目介绍、市场分析、产品/服务、商业模式、运营计划、财务预测、风险评估与应对措施、附录这些板块，并对每个板块进行简要说明。"

AIGC工具会生成类似下面这样的框架。

- **执行摘要**：项目亮点、核心优势、融资需求。
- **公司/项目介绍**：背景、愿景、团队构成。
- **市场分析**：行业规模、趋势、目标用户画像、竞争格局。
- **产品/服务**：功能、技术原理、差异化优势。
- **商业模式**：盈利方式、定价策略、渠道策略。
- **运营计划**：供应链、技术架构、合作伙伴。
- **财务预测**：收入、成本、现金流。
- **风险评估与应对措施**：市场、技术、政策等风险及预案。
- **附录**：数据支撑、专利、团队简历等。

4. 分模块生成内容

有了清晰的框架后，创作者就可以借助AIGC工具分模块生成内容，让商业计划书逐渐丰满起来。例如，在DeepSeek中输入提示词"你是专业的市场研究员，请针对新能源汽车充电桩共享平台项目，撰写一份详细的市场分析。内容需包含：全球新能源汽车行业的发展现状与趋势；目前充电桩市场的规模、增长率、区域分布情况；目标客户群体（城市新能源车主、运营车辆司机）的充电需求特点；主要竞争对手的优劣势分析。要求数据翔实，分析客观。"DeepSeek会结合行业数据和市场洞察，生成具体的市场分析内容。

采用同样的方法，生成商业计划书其他模块的内容，最后整合成完整的商业计划书。

5. 审核与优化

完成各模块内容生成后，商业计划书初具雏形，但创作者仍需进行严谨的审核与优化，以确保内容的准确性、专业性和逻辑性。

首先，对内容进行全面检查。检查市场分析中的数据是否真实可靠，引用的行业报告是否权威；核对财务预测中的数据计算是否准确，假设条件是否合理；审查商业模式和营销策略是否具有可操作性。

其次，针对检查出的问题，向AIGC工具提出优化需求。创作者如果发现财务预测部分的数据不够详细，可向AIGC工具输入提示词"*之前生成的新能源汽车充电桩共享平台项目财务预测内容，需要补充每个季度的收入和成本明细，并细化充电桩设备采购、运营维护等各项成本的占比情况。*"让AIGC工具进一步完善内容。

最后，从整体上审视商业计划书的逻辑连贯性和可读性，确保各部分内容过渡自然，重点突出，语言表达流畅。

3.3.2　写作行业调研报告

利用AIGC工具写作行业调研报告，主要有两种思路：一是通过下载PDF文件，借助AIGC工具提取其中关键信息，整合形成调研报告，这种方式聚焦于单一信息源，能深入挖掘特定资料；二是直接使用AIGC工具生成调研报告，该方法能快速整合多方内容来源，省时省力。

1. 基于PDF文件提取信息生成报告

借助AIGC工具从PDF文件中提取信息，可以高效整合行业数据，形成有价值的调研报告。

（1）选择合适的PDF文件

创作者可以选择政府部门发布的行业白皮书、行业协会发布的年度报告、权威机构的专项研究报告等资料，确保所下载的文件内容丰富、权威且与主题紧密相关。

（2）提取关键信息

将下载的PDF文件上传至AIGC工具，利用AIGC工具的文本提取功能，将PDF文件中的关键信息提取出来。例如，"*请根据我上传的多份新能源汽车行业的相关报告和研究资料，生成一份详尽的分析报告，专注于市场渗透率与增长潜力。*"

2. 使用AIGC工具生成调研报告

在AIGC工具中输入提示词，它会自动生成调研报告。AIGC工具将根据其内置的大量数据和语言模型，快速整合相关内容，生成一份结构完整、内容丰富的调研报告。

例如，创作者在豆包中输入以下提示词，单击"生成"按钮↑，输出结果如下。

> 🗐 ✐　你是一名营销专家，帮我写一份关于年轻人新能源车购车意愿的市场调研报告，需要包含调研背景、调研目标、调研方法、市场分析、总结建议等，以"总—分—总"的结构呈现。

> 🎯　**年轻人新能源车购车意愿市场调研报告**
>
> **一、调研背景**
>
> 在全球倡导绿色出行与可持续发展的大背景下，新能源汽车产业蓬勃发展，正逐步改变传统的汽车消费格局。各国政府纷纷出台支持政策，推动新能源汽车渗透率不断攀升。例如，2023年中国的新能源汽车销量突破900万辆，占全球新能源汽车销量的60%以上，政策上的双积分政策、购置税减免以及牌照优惠等，极大地刺激了新能源汽车市场。同时，技术的持续进步，像电池能量密度提升、快充技术普及、智能化与自动驾驶融合等，也使得新能源汽车的产品力不断增强，逐渐成为消费者购车时的重要选择。
>
> ……

3.3.3　写作品牌故事

品牌故事不仅是关于产品或服务的描述，还包含品牌的价值观、历史、愿景和使命。创作者在使用AIGC工具写作品牌故事之前，需要明确以下几个核心要素。

- **品牌定位：** 品牌在市场中的独特位置，包括目标市场、竞争对手分析和差异化策略。
- **价值主张：** 品牌为消费者提供的独特价值和利益，以及如何解决消费者的痛点。
- **未来愿景：** 品牌的长远目标和对行业、社会的贡献。

1. 明确品牌故事的目标和结构

在开始创作之前，创作者需要确定品牌故事的目标受众、核心信息和故事结构，这能帮助AIGC工具更准确地生成内容。

2. 设计提示词

提示词是指导AIGC工具生成内容的关键。创作者在设计提示词时，需要包含品牌的核心要素和故事的特定要求。

例如，在DeepSeek中输入以下提示词，单击"生成"按钮⬆，输出结果如下。

> 为"绿能科技"写作一个品牌故事，目标受众是对环保有高度意识的年轻消费者。故事应突出品牌的创新精神和对可持续发展的承诺，同时解决消费者对环保产品选择的困惑。品牌定位为高科技环保解决方案的领导者，价值主张是通过创新技术使环保变得更加便捷和高效。品牌故事中应包含品牌的创立背景，以及推动全球可持续发展的未来愿景。请以激励性的语气撰写，确保故事具有教育性，500字左右。

> **绿能科技：用创新点亮绿色未来**
> 在气候危机日益严峻的时代，一群年轻的工程师和环保主义者聚在一起，问了一个简单却深刻的问题："科技能否让环保变得更简单？"
> 2018年，绿能科技应运而生。创始人团队发现，许多消费者虽然渴望践行环保，却常常面临选择困难：传统环保方式低效、高价，甚至让人望而却步。于是，他们决心用科技打破这一僵局——如果环保变得高效、智能、人人可及，世界会怎样？
> ……

3. 优化迭代

AIGC工具生成的内容可能并不完全符合用户预期，有可能会不符合品牌特性，或者不具有吸引力。这就需要用户对AIGC工具进行优化迭代，可以通过调整提示词，或者手动修改内容，来确保内容的准确性和吸引力。

3.3.4　写作营销活动策划方案

随着AI技术的不断发展，AIGC工具逐渐成为营销领域的一大助力。创作者利用AIGC工具写作营销活动策划方案的方法如下。

1. 明确背景与目标

在开始使用AIGC工具之前，创作者需要清晰地定义营销活动的背景与目标，包括营销活动的目的、目标受众、预算及期望达到的效果等。

提示词示例：“我计划开展一场针对年轻消费者的线上营销活动，目的是推广我们即将推出的新款智能手表，活动预算为5万元，希望在一个月内将品牌知名度提升30%。你明白这次写作的背景与目标了吗？”

2. 赋予AIGC工具专业身份

为了让AIGC工具生成更专业、更有针对性的内容，创作者要赋予AIGC工具一个特定的专业身份。这有助于AIGC工具更好地理解你的需求，并调用相关的知识和经验。

提示词示例：“你现在是一名经验丰富的营销策划专家，擅长制定创新且有效的营销活动方案。你对数字营销、社交媒体推广及品牌建设有深入的了解。这是你的身份和技能，明白请直接回答‘明白’二字，不用展开解释。”

3. 提供详细信息并生成大纲

在赋予AIGC工具专业身份后，创作者还要提供更详细的活动信息，包括产品特点、目标受众的特征、活动的时间和地点等，让AIGC工具根据这些信息生成一个初步的策划方案大纲。

提示词示例：“我们的新款智能手表具备健康监测、运动追踪和智能提醒等功能，主要面向18～30岁的年轻消费者，尤其是科技爱好者和健身达人。活动将在微博、抖音等社交媒体平台以及我们的官方网站上进行，持续时间为两周。请根据这些信息，生成一份营销活动策划方案的大纲，包括活动目标、目标受众、活动时间、营销渠道、活动内容和预算分配等部分。”

4. 细化与优化大纲

AIGC工具生成的大纲可能需要进一步细化和优化。创作者可以根据自己的经验和专业知识，对大纲中的各个部分提出修改意见，让AIGC工具进行调整。

提示词示例：“大纲中的营销渠道部分，我建议增加直播带货这一渠道，并详细说明如何选择合适的主播和直播平台。同时，在活动内容部分，我建议增加一个互动环节，如举办一个线上抽奖活动，鼓励用户分享活动信息。”

5. 生成营销活动策划方案

创作者要根据AIGC工具生成的大纲和补充的信息，分章节写作策划方案的正文。在写作策划方案正文的过程中，创作者可以继续与AIGC工具进行互动，对内容进行调整和优化。

案例在线

使用Kimi生成智能手表线上营销活动策划方案

下面使用Kimi将营销活动策划方案的活动背景、目标、大纲及补充信息进行整合，生成一份完整的营销活动策划方案。

> 请根据我提供的活动背景、目标、大纲及补充信息，写作一份完整的线上营销活动策划方案。注意语言要简洁明了，具有说服力。

新款智能手表线上营销活动策划方案
一、活动背景
随着科技的不断发展，智能穿戴设备市场呈现出快速增长的趋势。我们的新款智能手表具备健康监测、运动追踪和智能提醒等功能，主要面向18～30岁的年轻消费者，尤其是科技爱好者和健身达人。为了在竞争激烈的市场中脱颖而出，提升品牌知名度，促进产品销售，我们计划开展一场为期两周的线上营销活动。

二、活动目标

在两周内将品牌知名度提升30%，通过社交媒体互动和官网流量增长等数据进行衡量。

收集潜在客户信息，为后续销售转化做准备，目标收集有效线索1000条以上。

提升产品在目标受众中的认知度和好感度，为产品正式上市打下良好的基础。

......

3.4　使用AIGC工具优化文本

在传统的创作过程中，文本编辑和校对往往耗时且烦琐，但AIGC工具的出现改变了这一现状。AIGC工具不仅能生成高质量的文本，还能对现有文本进行优化和润色，显著提升文本质量。通过智能校对、风格调整以及灵活的缩写和扩写，AIGC工具能帮助创作者更高效地完成文本优化任务，让创作过程更加轻松、愉快。

3.4.1　智能校对、纠错

在文本创作中，人工校对常因精力有限而遗漏细微错误。AIGC工具的出现为文本校对带来了革命性改变。它能快速、精准地识别拼写、语法、标点等错误，并即时提供修正建议。这种智能校对不仅提高了效率，减少了人为失误，还确保了文本的高质量输出，让创作者能更专注于内容创作本身。

案例在线

使用豆包智能校对并纠错

下面这段文本在语法、标点及用词方面存在一些问题，影响了表达的准确性和流畅性。下面使用豆包对其进行智能校对并纠错。创作者在豆包中输入以下提示词，单击"生成"按钮⬆，输出结果如下。

> 请修正以下文本中的语法、标点及用词错误，并优化表达流畅度：
> "昨天的会议上张经理的报告内容很丰富，但他的PPT做的太乱了，图表颜色搭配不协调、字体大小也不统一，导致大家看的时候都皱眉头。尽管他讲解时很有激情，但底下很多人都在偷偷玩手机，会后李总监批评他说，下次一定要提前检查好演示材料，细节决定成败啊！"

> 以下是修正及优化后的文本：
> 昨天的会议上，张经理的报告内容十分丰富，但他制作的PPT过于杂乱——图表颜

色搭配不协调，字体大小也不统一，导致大家观看时纷纷皱起眉头。尽管他讲解时充满激情，可台下很多人仍在偷偷玩手机。会后，李总监批评他说："下次一定要提前检查好演示材料，细节决定成败！"

3.4.2 调整文本风格

使用AIGC工具调整文本风格时，创作者可以从词汇、修辞、句式、场景与调性维度实现精准转化，提升文本的适应性和表现力，更好地满足不同场景下的写作需求。这些维度的协同作用，使AIGC工具能根据需求实现从口语到文艺、从平实到生动等多元风格的创造性转化，最终实现对目标风格的深度适配与创造性突破。

案例在线

使用豆包调整文本风格

下面这段文字虽然生动地表达了对小熊饼干的喜爱，但整体风格偏向口语化和网络流行语，缺乏文艺感和雅致的表达。为了提升文本的文学性和审美层次，需要调整为文艺清新风格。通过运用比喻、拟人等修辞手法，增强画面感，用词更加雅致，避免网络流行语和口语化表达，使这段文字更具诗意和美感，更能引发读者的情感共鸣。

在豆包中输入以下提示词，单击"生成"按钮↑，输出结果如下。

> 请将以下文本调整为文艺清新风格，要求：使用比喻、拟人等修辞手法，增强画面感；避免网络流行语和口语化表达，用词偏向雅致。
> "朋友们谁懂啊！今天去逛超市，看到货架上摆着超可爱的小熊饼干，包装粉粉嫩嫩的，直接戳中我的少女心！果断买了两盒，回家拆开发现饼干居然也是小熊形状的，一口一个根本停不下来，这波属实是被拿捏了！"

今日漫步超市，货架间偶遇一盒小熊饼干。淡粉的包装纸像裹着一片春日云霞，图案中憨态可掬的小熊正歪着脑袋冲我微笑，指尖轻触便似触到了少女梦境的柔软边角。我轻轻将两盒饼干放入购物篮，回家后拆开扉页般的包装，只见瓷白的碟子里卧着几只玲珑小熊——酥脆的身躯裹着奶香，在齿间化作一弯甜蜜的月牙。这般温柔的邂逅，怕是要让味蕾在童话里徜徉许久了。

3.4.3 润色文本

在商务报告、学术论文或创意写作中，文本质量直接影响着影响力与传播效果，因此文本润色成为提升内容竞争力的关键环节。AIGC工具能快速识别文本中的表达瑕疵，从词汇精准度、句式流畅性、情感调性等多维度进行优化，使文字不仅逻辑清晰，而且更富有美学价值，从而让内容更具吸引力和说服力。

案例在线

使用文心一言润色文本

下面这段口语化文案虽然突出了产品的功能和性价比，但表达较为随意，缺乏专业性和数据支撑。为了提升其适合在科技媒体中呈现的水准，需要将其转化为客观、严谨的评测风格。通过明确技术指标、强调产品特性以及使用具体数据，可以增强文案的专业性与可信度，同时保留产品核心卖点，使其更符合科技媒体的评测标准，为读者提供更具参考价值的信息。

创作者在文心一言中输入以下提示词，单击"生成"按钮，输出结果如下。

> 请你将以下口语化文案转化为科技媒体评测风格的客观陈述，提升专业性与可信度，同时保留产品核心卖点。
>
> "我们公司新出的这款智能手表真的超好用！能测心率、计步数，还能连手机看消息，电池续航也特别强，充一次电能用好几天。价格比其他品牌便宜很多，性价比超高，想买智能手表的朋友千万别错过！"

经风格润色与信息整合，文本优化如下：

语言规范化：

"超好用"改为"具备出色的综合性能"；

"充一次电能用好几天"改为"单次充电续航时长可达5～7天"（补充具体数据增强说服力）。

功能专业化：

"测心率、计步数"改为"集成多模态健康监测功能（心率、步数、睡眠质量）"；

"连手机看消息"改为"支持蓝牙5.3协议与智能手机无缝互联，可实时推送消息通知"。

对比客观化：

"价格比其他品牌便宜很多"改为"相较于同规格竞品，定价策略更具市场竞争力"。

结构逻辑化：

添加"在续航表现方面"等过渡句，增强段落衔接。

优化后的文本：

"该款智能手表具备出色的综合性能，集成多模态健康监测功能（心率、步数、睡眠质量），支持蓝牙5.3协议与智能手机无缝互联，可实时推送消息通知。在续航表现方面，其单次充电续航时长可达5～7天，优于多数同类产品。相较于同规格竞品，定价策略更具市场竞争力，为追求高性价比的智能穿戴设备消费者提供了优质选择。"

3.4.4 改写文本

改写文本是指在不改变原文核心内容和主旨的前提下，对文本的表达方式、语言风格、体裁形式、结构顺序、受众适配等方面进行调整和重塑的创作过程，其核心是"变其形而存其神"，通过优化表达形式让内容更符合特定需求。

案例在线

使用文心一言改写文本

下面这段用户评价虽然表达了对保温杯的满意，但多为主观感受，缺乏客观数据和技术细节。为了将这段用户评价转化为产品评测风格，需要突出技术指标、材质特性及用户场景适配性，弱化主观感受，强化数据支撑。这样可以为消费者提供更科学、更具参考价值的信息，帮助消费者做出理性决策。

创作者在文心一言中输入以下提示词，单击"生成"按钮，输出结果如下。

> 将下面这段用户评价转化为产品评测风格的客观陈述，突出技术指标、材质特性及用户场景适配性，弱化主观感受，强化数据支撑。
>
> "这个保温杯保温效果很好，早上倒的热水到下午还是热的，杯子也不重，带出门很方便，价格才几十元，性价比超高！"

经风格改写与信息重构，文本优化如下：

保温性能参数化：

"保温效果很好"改为"采用双层316L不锈钢真空结构，6小时保温测试显示水温降幅≤15℃（初始温度为100℃）"；

"到下午还是热的"改为"12小时长效保温，实测水温维持在55℃以上（环境温度25℃）"。

便携设计场景化：

"杯子也不重"改为"杯体自重280g，搭配防滑硅胶套与便携提手，单手握持舒适度提升30%"；

"带出门很方便"改为"杯身直径6.5cm，适配车载杯架与背包侧袋，满足通勤、户外等多场景需求"。

价格对比客观化：

"价格才几十元"→"定价69元，相较于同容量进口品牌产品，价格优势达75%"；

"性价比超高"→"通过SGS材质安全认证与10万次开合测试，耐用性与成本比优于市场均值"。

语言风格专业化：

移除"很好""很方便"等模糊表述，采用"降幅≤15℃""适配车载杯架"等精准数据；

补充"SGS材质安全认证""10万次开合测试"等第三方背书信息。

优化后的文本：

"该款保温杯在保温性能与便携设计上表现优异。其采用双层316L不锈钢真空结构，6小时保温测试显示水温降幅≤15℃（初始温度为100℃），12小时长效保温，实测水温维持在55℃以上（环境温度25℃）。杯体自重280g，搭配防滑硅胶套与便携提手，单手握持舒适度提升30%，杯身直径6.5cm，适配车载杯架与背包侧袋，能满足通勤、户外等多场景需求。定价69元，相较于同容量进口品牌产品，价格优势达75%，且通过SGS材质安全认证与10万次开合测试，耐用性与成本比优于市场均值。"

3.4.5 提炼文本要点

创作者在使用AIGC工具提炼文本要点时，应确保信息的准确性和完整性，避免丢失关键内容。同时，创作者要保持语言的简洁明了，去除冗余信息，突出核心要点。

案例在线

使用文心一言提炼文本要点

下面这段促销文案包含了产品的功能、音质、操作便利性和价格等多方面信息，但表述较为冗长且缺乏条理。为了便于消费者快速了解产品的核心价值，创作者可以使用文心一言提炼出基本要点，形成简洁明了的产品评测摘要，突出重点，便于消费者决策。

创作者在文心一言中输入以下提示词，单击"生成"按钮，输出结果如下。

请你从下面促销文案中提取核心功能、技术参数、用户价值及价格优势，转化为简洁的要点式产品评测摘要。

"这款智能音箱最近特别火，它不仅能播放音乐、讲故事，还能控制家里的智能家电，比如开灯、调空调温度。音质方面，低音很震撼，高音也清晰，而且它还支持语音唤醒，喊一声就能用，老人、小孩都能轻松操作。价格才199元，比市面上很多同类产品都便宜，性价比真的高！"

经信息提炼与结构化重组，文本优化如下：

核心功能提炼：

多模态交互：支持语音指令控制音乐播放、有声读物及智能家居设备（如灯光、空调）；

音质表现：采用双喇叭立体声设计，低频下潜至60Hz，高频延展至20kHz，人声清晰度提升25%。

技术参数强化：

语音唤醒：支持5米远场拾音，唤醒响应时间≤0.8秒，误唤醒率＜0.3次/日；

兼容性：覆盖主流IoT协议（Wi-Fi+蓝牙5.0），适配2000多种品牌智能设备。

用户价值聚焦：

操作门槛：无屏设计＋一键静音物理按键，老人、儿童均可独立使用；

场景适配：支持自定义语音指令（如"晚安模式"联动关闭灯光、调低空调温度）。

价格竞争力：

定价199元，较同配置竞品均价低40%，获2023年度"百元级智能音箱性价比前三名"认证。

优化后摘要：

「××智能音箱」核心评测摘要

1. 功能亮点：语音控制音乐/家电＋双喇叭立体声（低频60Hz/高频20kHz）；

2. 技术优势：5米远场唤醒（响应时间≤0.8秒）＋兼容2000多种品牌智能设备；

3. 用户友好：无屏设计＋物理静音键，支持场景化指令（如"晚安模式"）；

4. 价格定位：199元（低于竞品40%），获2023年度百元级性价比前三名认证。

3.4.6　文本排版

在信息传递中，文本的价值不仅取决于内容本身，还在于其能否以清晰、美观的视觉形式高效地呈现信息。使用AIGC工具进行文本排版后，文本的结构变得更加清晰、规范，层次感显著增强。通过合理设置标题、小标题和项目符号，信息呈现更加条理化，便于读者快速捕捉重点，从而提升文本的可读性和专业性。

案例在线

使用豆包进行文本排版

下面这段文字过于紧凑，缺乏段落划分，内容显得杂乱无章，阅读时难以快速抓住重点；同时，这段文字的标点符号使用不足，句子之间缺少必要的停顿，使得语义不清。下面使用豆包对这段文字进行排版，通过调整标题、字号或行间距等方式突出重点内容，增强文本的层次感。

在豆包中输入以下提示词，单击"生成"按钮↑，输出结果如下。

> 请对以下文本进行专业排版。要求：划分章节并添加层级标题；使用列表突出重点内容，标注关键数据范围；采用对比色标注核心术语。
>
> "在进行PPT设计时需要注意色彩搭配的合理性主色调建议选择企业VI标准色辅助色可选用对比色或邻近色以增强视觉层次感字体方面标题应使用醒目字体如微软雅黑加粗正文字体建议选择易读字体如宋体字号需根据内容重要性分级设置标题36～44号正文20～28号图表设计需简洁明了避免信息过载可采用折线图柱状图等直观形式并添加数据标签注释。"

PPT设计核心规范与排版指南

一、色彩搭配策略

● **主色调**：优先选用企业VI标准色（**核心术语**），确保品牌视觉统一性。

● **辅助色**：建议搭配**对比色**（如主色为蓝色时选橙色）或**邻近色**（如绿色＋黄色），增强页面视觉层次感。

二、字体使用规范

内容类型	字体选择	字号范围	格式要求
标题	微软雅黑、黑体等醒目字体	36～44号	加粗，颜色对比度≥70%
正文	宋体、思源黑体等易读字体	20～28号	常规字体，行间距1.5倍

三、图表设计原则

信息简化：避免堆砌数据，聚焦核心指标。

类型适配：

● 趋势类数据：优先使用**折线图**（**核心术语**）。

● 对比类数据：优先使用**柱状图**（**核心术语**）。

可视化增强：

● 添加数据标签（精确到小数点后一位）。

● 关键数据用红色菱形标注（如↑25%）。

● 图表标题置于上方，采用"主题＋时间"格式。

拓展阅读：AI的"偏见陷阱"

AI的偏见指的是AI在决策、生成内容或提供建议时，对某些群体、特征或数据表现出不公平的倾向。

AI偏见的产生源于多方面因素。一是训练数据的偏差，如果训练数据本身存在不平衡，如某些类别的数据过多或过少，AI模型就会过度依赖多数类别的特征，从而对少数类别产生偏见。例如，在AI招聘系统中，若训练数据中男性应聘者的成功案例远多于女性，AI模型就可能更倾向于推荐男性候选人。二是算法设计的不完善，一些算法可能在设计时没有充分考虑到公平性因素，导致在运行过程中产生偏见。

AI偏见带来的危害不容小觑。在司法领域，如果AI辅助的判决系统存在偏见，可能会导致对某些特定群体的不公正判决；在金融领域，AI信贷评估系统的偏见可能使部分群体难以获得贷款机会。

为了减少AI偏见，我们可以采取多种措施。在数据收集阶段，我们要确保数据的多样性和平衡性，涵盖各个群体和特征。在算法设计上，我们要引入公平性评估指标，对算法进行优化。同时，我们要建立透明的AI决策机制，让用户了解AI做出决策的依据，以便发现和纠正潜在的偏见。此外，我们还可以组建多元化的团队参与AI项目，不同背景的人员能从不同角度审视问题，减少偏见产生的可能性。

本章实训

实训1：写作春节文化主题公众号文章

1. 实训背景

创作者要学会利用AIGC工具写作公众号文章，包括选题、框架搭建、标题设计、内容生成和优化等环节。创作者要熟悉AIGC工具在文案创作中的应用，提高写作效率和质量，同时培养团队合作能力和创新能力。

2. 实训要求

创作者要写作一篇以"春节文化"为主题的公众号文章，字数不少于1200字。文章需紧扣春节文化主题，内容涵盖春节传统习俗、演变趋势、文化内涵等，确保信息真实可靠，不得虚构或歪曲事实。创作者要尝试多种风格创作，如文化解读式、故事叙述式、趣味科普式等，以满足不同读者需求。创作者在写作时语言表达要生动流畅、富有感染力，能引发读者共鸣。

3. 实训思路

（1）选题确定

创作者要借助DeepSeek、文心一言等AIGC工具，输入相关关键词，如"春节文化热门话题""春节最新趋势"等，获取与春节文化相关的热门选题灵感。创作者要根据工具提供的信息，进一步筛选和明确自己的选题，确保选题具有一定的新颖性和吸引力。

（2）框架搭建

创作者要使用AIGC工具搭建文章框架。例如，对于"春节传统习俗的演变"这一选题，AIGC工具可能给出以时间为线索，分别阐述古代、近代、现代春节习俗变化的框架结构。

创作者要对AIGC工具生成的框架进行评估和调整，根据自己的理解和创意，增加或修改部分内容，使框架更加符合文章逻辑和表达需求。

（3）标题创作

创作者要依据选题和框架，使用AIGC工具生成公众号标题。创作者要从AIGC工具给出的标题中，挑选出一个能吸引眼球、激发读者兴趣的标题。

（4）内容生成

创作者要根据确定好的框架和标题，使用AIGC工具逐段生成文章内容。在输入提示词时，创作者要明确指出所需的风格、语言特点，以及与春节文化相关的具体信息要求。

（5）润色优化

创作者要使用AIGC工具的润色功能对文章进行语言表达上的优化，如调整语句通顺度、更换生动的词汇、优化修辞手法等。同时，创作者要检查文章的逻辑连贯性，对段落之间的衔接进行优化。

创作者要结合自己的创意和想法，对文章进行最后的润色和修改，确保文章具有独特的风格和较高的质量。

（6）实训总结

创作者要撰写实训报告，总结在写作春节文化主题公众号文章过程中使用AIGC工具的经验和体会，包括各环节遇到的问题及解决方法、对AIGC工具在文案创作中作用的认识等。

实训2：写作汉服主题小红书笔记

1. 实训背景

创作者要学会利用AIGC工具写作小红书笔记，包括生成吸引人的标题、撰写优质内容和选择合适的配图。创作者要熟悉AIGC工具在新媒体文案创作中的应用，提高小红书笔记的创作效率和质量。

2. 实训要求

创作者要写作一篇以"汉服"为主题的优质小红书笔记。小红书笔记的内容需围绕汉服的款式、搭配、文化背景或穿搭体验展开，内容真实且具有吸引力，字数500字左右。标题需简洁明了、富有创意，能够激发小红书用户的点击兴趣。小红书笔记的内容风格需贴合小红书平台特点，语言生动活泼，可采用分享式、攻略式或故事式等风格。小红书笔记的配图需与小红书笔记的内容高度契合，清晰美观，且经过适当处理以符合小红书用户的视觉要求。

3. 实训思路

（1）确定主题与规划方向

创作者要借助豆包、Kimi等AIGC工具，输入关键词，如"汉服热门主题""小红书汉服爆款笔记主题"等，获取汉服主题的灵感和建议。创作者要根据AIGC工具提供的信息进一步明确和细化主题，规划小红书笔记的大致方向和重点内容。

（2）生成小红书笔记标题

创作者要结合小红书笔记主题，使用AIGC工具生成小红书笔记标题。创作者要对AIGC工具生成的标题进行评估，从标题的吸引力、与主题的契合度、是否符合小红书平台风格等方面进行考量，选择一个最满意的标题，或者将多个标题的优点整合，创作出新的标题。

（3）生成小红书笔记内容

创作者要根据确定好的标题和主题方向，使用AIGC工具生成小红书笔记内容。在输入提示词时，创作者要明确指出所需的风格、语言特点及要包含的具体信息。

　　创作者要对AIGC工具生成的内容进行筛选和整理，补充个人对汉服的真实感受和体验，增加一些细节描述和案例，使内容更加生动、真实、具有说服力。对于不准确或不满意的部分，创作者要调整提示词后再次生成，逐步完善笔记内容。同时，创作者要合理划分段落，添加适当的小标题和表情符号，增强内容的可读性。

　　（4）生成小红书配图

　　创作者要使用支持图像生成的AIGC工具，如即梦AI，根据笔记内容和风格输入详细的提示词，如汉服的款式、颜色、场景等，生成符合要求的小红书配图。例如，对于一篇介绍唐制汉服赏花穿搭的小红书笔记，提示词可以是"唐制汉服，粉色襦裙，在樱花树下，古风摄影，高清"。

　　创作者要对生成的配图进行筛选和后期处理，调整图片的尺寸、亮度、对比度等，使图片符合小红书平台的发布要求，并与笔记内容相搭配。

　　（5）实训总结

　　创作者要撰写实训报告，总结在写作汉服主题小红书笔记过程中使用AIGC工具的经验和体会，包括各环节遇到的问题及解决方法、对AIGC工具在小红书笔记写作中作用的认识等。

思考与练习

　　1．如果要为一款新的运动饮料写作广告文案，你会如何设计提示词来确保生成的文案既吸引人又符合产品定位？

　　2．当你需要为学校社团活动写作公众号推文吸引同学参与但灵感匮乏时，你如何运用AIGC文本创作提示词设计技巧，引导AIGC工具生成符合活动主题、风格活泼的文案？

　　3．学校组织创业大赛，要求提交商业计划书。请你使用主流AIGC文本创作工具，按照商业计划书的标准格式，从项目概述、市场分析、营销策略等方面写作一份完整的商业计划书，并说明搭建文本创作智能体对提升商业计划书质量有何帮助。

第 **4** 章

AIGC图像创作

学习目标

➢ 了解主流AIGC图像创作工具。

➢ 掌握AIGC图像创作提示词设计技巧。

➢ 学会使用各种AIGC工具生成图像。

➢ 掌握使用AIGC工具优化图像的方法。

本章概述

从人工绘制、后期修图的传统模式，到借由算法自动生成与智能优化图像，AIGC技术深度重塑了图像创作的全流程。它并非是对传统方式的简单取代，而是在传承中拓展边界——借智能工具实现提效破局，打破创意表达桎梏；又深度融合人工创意，为图像创作开辟了全新的可能。本章将围绕AIGC图像创作，带读者掌握相关基础技能，开展图像生成与优化的实操学习。

本章关键词

AIGC工具　生成图像　优化图像　智能体搭建

引导案例

飞猪，"这个五一玩什么"AIGC广告开启旅游营销新视野

2023年4月，飞猪在上海、杭州等地的地铁中投放了由AIGC工具制作的创意广告。据业内人士透露，AIGC工具已经正式被应用在专业广告创意领域中，这一举措对从业者与行业产生了颠覆性的影响。

飞猪精准锚定2023年的"五一"黄金档期，以"AIGC广告"为破局点，掀起一场旅游营销领域的技术革命。此次"这个五一玩什么"的营销主题，采用线上线下联动策略，在上海地铁徐家汇站、杭州地铁龙翔桥站等核心枢纽，高密度投放由AIGC工具生成的平面广告，日均触达超百万通勤人群，形成强烈的视觉冲击。

在创作流程中，AIGC技术展现出颠覆性优势。传统广告制作从创意策划、草图绘制到终稿确认，平均耗时2周，需调动多工种协作，人力成本一般超10万元。飞猪依托自研AIGC平台，输入"内蒙古草原那达慕大会""巴黎埃菲尔铁塔夜景"等具有场景感的关键词，仅用48小时便生成近千张风格迥异的海报。这些作品涵盖热门旅游目的地，融合童真插画、电影质感等多种艺术风格，为广告素材库注入了海量差异化内容。相较于传统模式，AIGC技术极大地提升了创作效率，有效降低了成本。

这些广告投放后，迅速引爆传播声量与业务增长。微博话题"#飞猪AI广告引热议#"凭借极具视觉张力的内容，斩获超8000万阅读量、25万次讨论，连续2天稳居热搜榜前5名。在业务转化层面，飞猪平台"五一"期间旅游产品搜索量环比增长超200%，预订量显著提升；用户调研显示，超八成用户认为AIGC广告突破传统视觉框架，带来了全新的视觉体验，超六成用户明确表示受广告创意启发，产生调整或新增出行计划的意愿。

案例思考： 结合飞猪数据，AIGC图像创作在广告营销中如何实现效率与创意的双重提升？

4.1　AIGC图像创作基础技能

在AIGC图像创作中，从熟悉主流的AIGC工具，到深入理解图像创作模式，再到精心设计提示词，以及着手搭建图像生成智能体，这些技能构成了AIGC图像创作的基石。

4.1.1　主流AIGC图像创作工具

AIGC图像创作工具通过深度学习模型将创意转化为视觉作品，不同工具的技术架构与功能特性决定了创作边界。下面介绍几款国内具有代表性的AIGC图像创作工具。

1. 即梦AI

即梦AI是一款专注于创意图片生成与编辑的工具，支持对生成图片进行多层级处理。创作者可在画布上自由拼接本地素材，实现分图层AI生成、AI扩图、局部重绘、局部消除等操作。其特色在于能根据图像风格自动优化文字排版，生成与视觉效果高度融合的标题、标语等设计元素，适合广告设计、海报制作、创意插画绘制等需要图文协同的场景。图4-1所示为即梦AI首页。

2. 可灵AI

可灵AI是基于深度学习技术的文本生成图像工具，支持根据文本描述生成写实、卡通、科幻等多种风格的图片，适合创作者在需要快速获取特定视觉素材时使用。可灵AI生成的图片质量高，细节丰富，能够满足不同创作场景的需求。

图 4-1　即梦 AI 首页

3. 稿定设计

稿定设计以"极简操作＋专业设计"为核心，提供海量模板素材库，覆盖海报、宣传图、新媒体配图等场景。其 AI 图像功能可根据创作者选择的模板自动优化布局，并进行色彩搭配和元素组合，生成符合设计规范的视觉作品。此外，稿定设计还支持在线协作编辑，方便团队实时同步创意，提升设计效率，深受中小商家和新媒体运营者的青睐。

4. 美图设计室

美图设计室是美图公司推出的 AI 设计工具，聚焦"AI＋商业设计"垂直领域，深耕电商场景物料设计全流程优化。它依托"AI 生成＋算法优化"双引擎技术，能实现设计流程的自动化与精准化。其核心服务对象涵盖电商从业者、广告/新媒体运营人员、个体创业者及跨境卖家等多元用户群体。图 4-2 所示为美图设计室首页。

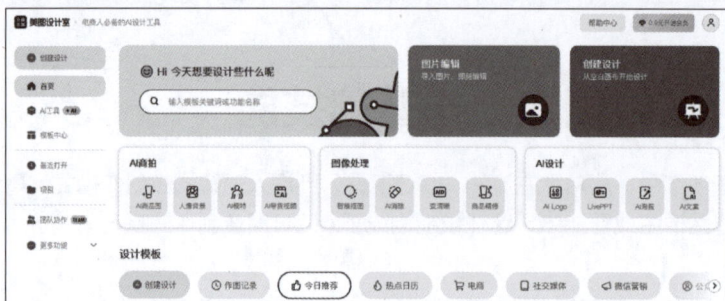

图 4-2　美图设计室首页

5. WeShop 唯象

WeShop 唯象是蘑菇街推出的国内首款 AI 商拍工具，以 Stable Diffusion 为底层模型。它专注于电商产品图片智能生成，通过 AI 模特、AI 静物拍摄及图像处理功能，帮助创作者快速生成高质量商品图。它的优势显著，能突破模特、场地等传统限制，降本增效；提供多样背景与专业摄影功能，提高销售转化率；还攻克了"AI 无法固定模特"的难题，支持自定义模特。WeShop 唯象适用电商平台、品牌商等多元用户群体。

4.1.2　AIGC 图像创作的模式

AIGC 图像创作依托深度学习技术，形成了以文生图和图生图为核心的两种模式。这两种模式既独立运作，又相互补充，共同构建了智能化图像创作的技术框架，在设计、传媒、娱乐等领域展现出了突破性的应用价值。

1. 文生图

文生图是通过自然语言描述生成图像的创作模式，其本质是AIGC技术对文本语义的视觉化转译。创作者需将抽象概念拆解为场景设定、主体特征、艺术风格、光影色彩等具象要素，如输入"夏日午后的庭院，青石板上趴着一只慵懒的黑猫，旁边放着一盆盛开的向日葵，阳光透过竹帘洒下斑驳光影，整体呈现清新的水彩画风格"，AIGC工具会解析关键词，调用预训练的视觉特征库，生成融合自然元素与柔和色调的生活场景图。

文生图模式突破了传统创作对绘画技能的依赖，尤其适合概念设计、插画构思、广告创意等场景，创作者的文字描述精度直接决定了图像生成的还原度。

> **AI 小课堂**
>
> 文生图的挑战在于如何准确地将文字信息转化为图像特征，以及如何保证生成图像的质量和细节。不同的AIGC工具在理解和生成图像方面的能力存在差异，可能会出现生成的图像与文字描述不完全一致或质量不高的情况。因此，创作者要尝试使用不同的AIGC工具并不断调整文字描述，以获得更理想的图像效果。

2. 图生图

图生图是以现有图像为基础，通过算法实现图像内容二次创作的模式，其核心是基于计算机视觉技术对图像特征进行识别、迁移与重构。创作者需先提供一张初始图像（如照片、草图或插画），再通过文本指令或参数设置指定修改方向，AIGC工具即可对图像的风格、构图、细节等要素进行智能调整，实现从"现有视觉"到"创意升级"的跨越。

图生图模式显著降低了图像创作的门槛，尤其适合素材优化（如电商商品图背景替换）、跨媒介改编（如将手绘草图转为3D效果图）、创意迭代（如快速生成同一画面的多种风格版本供选择）等场景。

4.1.3　AIGC图像创作提示词设计技巧

AIGC图像创作提示词的设计是创作者运用AIGC工具进行图像创作的关键。创作者可以通过使用结构化描述要素、细化主体与细节描述、融入情感与氛围营造、融合多种风格与元素等核心要点，有效提升提示词的质量和准确性。

1. 使用结构化描述要素

在AIGC图像创作中，结构化描述要素是提升提示词有效性的核心方法，通过有序组织信息，能帮助AIGC工具更精准地理解创作意图。

（1）分类分层表述

将图像内容按主体、背景、环境、细节等类别拆分并进行描述。例如，创作厨房主题图像时，可按"复古铸铁锅（主体）、原木色橱柜（背景）、蒸腾热气（环境）、食材纹理（细节）"的结构分层撰写提示词。这种分类分层的方式能够避免信息混杂，减少AIGC工具对提示词的误读。

（2）逻辑关联词串联

使用逻辑关联词，如"在……中""搭配……""背景为……"等，明确各要素之间的关系。例如，"在纷飞的杏花雨中，身着汉服的女子轻执团扇，背景为白墙黛瓦的江南园林"。创作者通过逻辑关联词构建场景框架，引导AIGC工具生成具有空间逻辑的画面。

（3）标准化模板套用

采用"核心主体＋时间设定＋空间场景＋细节补充＋风格限定"的标准化模板。例如，"拟人小猫（核心主体）在熙熙攘攘的早间菜市场（时间设定＋空间场景），仔细挑选着新鲜的胡萝卜，购物篮里还躺着几条新鲜的鲤鱼（细节补充），写实风格（风格限定）"。这种模板使关键信息一目了然，便于AIGC工具快速理解和处理。

（4）优先级标注

对需要重点呈现的元素进行标注，使用"主要突出""重点表现"等词汇进行强调。例如，"画面主要突出绽放的红玫瑰，周围点缀着露珠与飘落的花瓣"。通过这种方式，让AIGC工具优先聚焦核心视觉元素，避免次要元素喧宾夺主。

2. 细化主体与细节描述

提示词要详尽地描述图像主体及其细节。以人物为例，需明确其形态、特征、动作等，包括外貌、着装和姿态等要素，如"一位年轻的亚洲女性，黑色长发披肩，身着一袭白色长裙，漫步海边"。同时，对背景、道具等元素也应适当地进行描述，以增强图像的丰富性和真实感。

3. 融入情感与氛围营造

图像往往能够传达情感并营造氛围。因此，在设计提示词时，融入情感和氛围相关的词汇至关重要。例如，在描述温馨的家庭场景时，可选用"温暖的阳光、欢快的笑声、温馨的客厅"等词汇；在营造神秘的森林场景时，可选用"昏暗的光线、古老的树木、神秘的雾气"等词汇。这些词汇能引导AIGC工具生成具有特定情感和氛围的图像。

4. 融合多种风格与元素

为了创作独特且富有创意的图像，可在提示词中融合多种风格与元素。例如，"将传统中国山水画风格与现代赛博朋克元素结合，生成具有未来感的山水城市景观。"这种跨风格与元素的组合会产生意想不到的效果，激发新的创作灵感。

5. 避免模糊与歧义

提示词应避免模糊和歧义表述，以防生成的图像与预期相差过大。例如，"一个美丽的场景"这样的描述过于笼统，AIGC工具难以准确理解创作者意图；而"一个美丽的海边日落场景，夕阳映照在海面上，海鸥在天空中飞翔"则更为具体，能引导AIGC工具生成更符合预期的图像。

6. 控制提示词的长度与复杂度

尽管详细的提示词有助于提升图像生成质量，但其长度与复杂度需要适当控制。过长或过于复杂的提示词可能使AIGC工具难以准确理解和处理，从而影响图像效果。因此，在确保提示词精准表达创作意图的基础上，应力求简洁明了。

7. 迭代与优化提示词

初次设计的提示词可能无法完全达到预期效果，需要不断迭代与优化。根据生成图像的结果，分析提示词中描述不够准确或详细的部分，并加以改进。例如，若生成的人物形象不够生动，可增加对人物表情、动作的描述；若背景不够丰富，可添加更多的背景元素。通过迭代与优化提示词，能够逐步提升图像生成质量。

4.1.4 图像生成智能体的搭建

图像生成智能体极大地简化了图像创作流程，用户仅需输入提示词，智能体便会运用先进的算法自动对其进行深度分析与优化，挖掘潜在需求并调整关键词逻辑。同时，它能快速调用适配的插件，无缝衔接图像生成工具，自动生成符合需求的图片，用户无须手动操作复杂参数，让图像创作更便捷、更高效、更专业。

案例在线

使用扣子搭建图像生成智能体

下面使用扣子搭建一个图像生成智能体。

（1）打开扣子首页并登录账号，单击"去我的空间"按钮，进入"个人空间"页面，在弹出的"创建"对话框中单击"创建智能体"选项下方的"创建"按钮，如图4-3所示。

图4-3　单击"创建"按钮

使用扣子搭建图像生成智能体

（2）在弹出的"创建智能体"对话框中单击"AI创建"选项卡，在文本框中输入生成需求，在此输入"请生成一个绘图智能体，用户仅需描述作品主题和元素，就能获得高适配性的提示词框架，从而生成符合期待的图像作品。"如图4-4所示，然后单击"生成"按钮。

（3）生成完成后，扣子将自动完成专属智能体的创建，如图4-5所示，单击"确认"按钮。此时AI会根据智能体生成需求生成其他要素的内容，包括头像、功能介绍、人设与回复逻辑等。

图4-4　输入生成需求

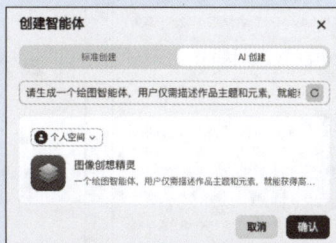

图4-5　AI创建智能体

（4）在"插件"区域中单击插件右侧的"移除"按钮🗑，将默认插件全部移除，如图4-6所示。

（5）在"插件"区域中单击右侧的"添加插件"按钮➕，在弹出的"添加插件"对话框左侧选择"图像"选项，在上方选中"仅展示官方插件"单选按钮，选择"豆包图像生成大模型"，如图4-7所示，根据需要选择合适的插件，然后单击"添加"按钮。

图4-6　移除插件

图4-7　添加插件

（6）单击"人设与回复逻辑"面板右侧的"自动优化提示词"按钮 ✦，在弹出的对话框中单击"自动优化"按钮，如图4-8所示。

（7）查看优化结果，确认优化结果符合预期后，单击"替换"按钮即可，如图4-9所示。

图4-8　单击"自动优化"按钮

图4-9　替换优化结果

（8）在"人设与回复逻辑"面板中根据需要修改提示词，在此输入"3.完成生成后，调用插件生成图片。"如图4-10所示。

（9）在"预览与调试"区域的对话框中输入测试需求，如图4-11所示，然后单击"发送"按钮 ➤。

（10）查看生成结果，如图4-12所示，单击超链接即可下载生成的图片作品。

图4-10　修改提示词　　　　　图4-11　输入测试需求　　　　　图4-12　查看生成效果

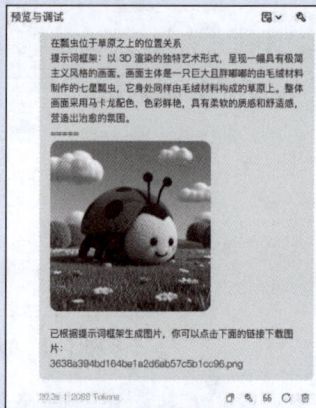

（11）单击页面右上角的"发布"按钮，进入"发布"页面，选中"扣子商店"复选框，然后单击"发布"按钮，即可发布智能体，如图4-13所示。

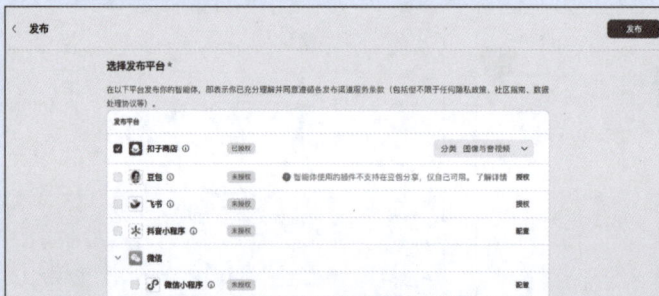

图4-13　发布智能体

AI小课堂

搭建智能体的首要步骤是设计提示词，即明确智能体的人设与回复逻辑。这决定了智能体的基础形象，且会持续作用于所有会话的回复效果。建议在此之中指定智能体角色、设计语言风格、限制回答范围，让对话更契合用户预期。

4.2　使用AIGC工具生成图像

　　AIGC工具在图像生成领域应用广泛，涵盖商品主图、新媒体配图、电商营销海报、品牌Logo、创意插画及人像摄影图等多种类型。下面将学习使用主流的AIGC工具，生成不同类别的图像。

4.2.1　生成商品主图

　　商品主图是电商平台（如淘宝、京东等）上展示商品的核心视觉素材，也是消费者浏览商品时最先看到的图片。作为吸引消费者点击、了解商品的关键要素，它直接影响着商品的点击率、转化率和销售效果。在设计商品主图时，文案要精练，重点信息（如价格、折扣）的字体要醒目，且不能遮挡商品主体。

案例在线

使用稿定AI生成商品主图

　　下面使用稿定AI生成一张"手持小风扇"商品主图。

　　（1）打开稿定AI网站并登录账号，在页面右侧选择"电商"分类下的"商品主图"选项，如图4-14所示。

　　（2）进入"商品主图"页面，单击"一句话生成"选项卡，在文本框中输入主图文案，在此输入"手持小风扇，折叠设计，出行无忧，强劲风力，静音运行，下单立减10元"，单击"上传图片"按钮+，上传"素材文件\第4章\风扇.jpg"图片素材，如图4-15所示，然后单击"开始生成"按钮。

慕课视频

使用稿定AI
生成商品主图

图4-14　选择"商品主图"选项

　　（3）此时，AIGC工具将自动解析文案并填充到对应的文本框中。根据需要修改文本内容，如图4-16所示，然后单击"开始生成"按钮。

　　（4）生成完成后，在页面右侧选择需要的模板，单击"编辑"按钮，如图4-17所示。

　　（5）进入"编辑"页面，调整各素材的位置和大小，根据需要修改文案内容，然后单击"下载"按钮，如图4-18所示。

图4-15　输入文案并添加商品图

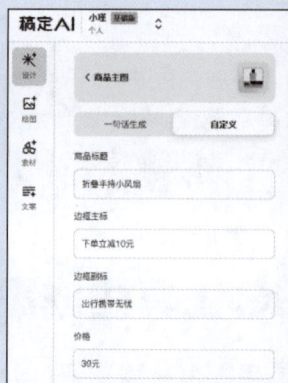

图4-16　修改文本内容

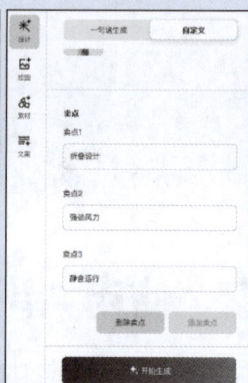

图4-17　选择主图模板并单击"编辑"按钮

图4-18　下载商品主图

4.2.2　生成新媒体配图

　　新媒体配图是指在新媒体平台（如小红书、公众号、微博等）的内容创作中，搭配文字、视频等主体内容的图片素材。它是内容表达的重要组成部分，通过视觉元素增强信息传递效果，吸引用户的注意力，提升内容的可读性和传播力。

案例在线

使用稿定AI生成微信公众号首图

　　下面使用稿定AI生成一张微信公众号首图。

　　（1）打开稿定AI网站并登录账号，在页面右侧选择"新媒体"分类下的"公众号首图"选项，如图4-19所示。

图4-19　选择"公众号首图"选项

慕课视频

使用稿定AI
生成微信
公众号首图

（2）进入"公众号首图"页面，单击"自定义"选项卡，根据需要输入主标题和副标题，如图4-20所示，然后单击"开始生成"按钮。

（3）在页面右侧选择合适的模板，然后单击"编辑"按钮，如图4-21所示。若对当前模板不满意，可以单击页面下方的"换一批结果"按钮。

图4-20　输入主标题和副标题　　　　　　图4-21　单击"编辑"按钮

（4）进入"编辑"页面，根据需要修改文本内容，调整各素材的位置和大小，如图4-22所示，然后单击"下载"按钮。

图4-22　修改文本和调整素材

4.2.3　生成营销海报

营销海报是电商平台、品牌或商家为推广商品、服务或活动，通过视觉设计传递营销信息的平面宣传载体。它以吸引用户注意力、激发用户购买欲望、提高转化率为核心目标，被广泛应用于首页轮播、商品详情页、促销活动页、社交媒体推广等场景，尤其注重突出折扣、满减、限时优惠等信息，以刺激用户即时消费。

案例在线

使用即梦AI生成男装促销海报

下面使用即梦AI的"图片生成"功能，快速生成男装促销海报。

（1）打开即梦AI网站首页并登录账号，在页面上方单击"图片生成"按钮，进入"图片生成"页面，在文本框中输入提示词，在此输入"电商促销海报，左右排版，主体是一位青春活力、有着利落短发和阳光笑容的男模特，真人，身穿半袖，下身搭配蓝色牛仔裤，中近景。主标题'夏装换季，清仓促销'，字体加粗、颜色鲜艳，副标题'2件8折''3件6折'，其他文案'活动时间09.05—09.10''BIG SALE'，要求文案信息突出，排版合理，背景采用明亮的色彩和动感的图案，营造活

慕课视频

使用即梦AI
生成男装促销
海报

泼的氛围，打造强烈的视觉冲击力"，如图4-23所示。

（2）在页面下方设置"生图模型"为"图片3.0"、"选择清晰度"为"标清1K"、"图片比例"为16∶9，如图4-24所示，然后单击"立即生成"按钮。

（3）在生成的4张图片中选择最合适的一张，然后在页面右侧单击"消除笔"按钮，如图4-25所示。

图4-23　输入提示词　　图4-24　设置生成参数　　图4-25　单击"消除笔"按钮

（4）弹出"消除笔"对话框，在需要消除的区域拖动鼠标指针进行涂抹，然后单击"立即生成"按钮，如图4-26所示。

（5）生成完成后，可以看到图片中的瑕疵已被消除，单击"下载"按钮下载图片，如图4-27所示。

图4-26　去除瑕疵　　　　图4-27　下载图片

4.2.4　生成品牌Logo

Logo（又称为标志）设计是品牌视觉识别系统的核心，相当于品牌的"视觉名片"。它是通过视觉符号、色彩、字体等元素的创意组合，塑造品牌独特形象并传递核心信息的设计过程，能够快速建立用户认知、强化记忆点，并激发情感联想。在设计周期方面，传统设计需数天至数周的沟通与修改，而使用AIGC工具可快速生成数十个方案，大幅缩短了设计周期。在设计过程中，设计师可从AIGC工具生成的方案中提取核心元素，再进行二次创作，提升灵感转化效率。

案例在线

使用即梦AI生成茶叶品牌Logo

下面使用即梦AI的"图片生成"功能，为茶叶品牌"雅茗居"生成Logo。

（1）打开即梦AI网站首页并登录账号，在页面上方单击"图片生成"按钮，进入"图片生成"页面。在文本框中输入提示词，在此输入"茶叶品牌Logo设计，主标题'雅茗居'采用古朴仿篆书风格，副标题'一盏香茗，静享时光'采

慕课视频

使用即梦AI生成茶叶品牌Logo

用瘦金体小字，结合复古图章、徽章排版形式，文字错落有致，简约，高级，杰作，大师作品，禅意"，设置"生图模型"为"图片3.0"、"选择清晰度"为"标清1K"、"图片比例"为1：1，如图4-28所示，然后单击"立即生成"按钮。

（2）在生成的4张图片中选择最合适的一张，然后在页面右侧单击"消除笔"按钮![消除笔图标]，如图4-29所示。

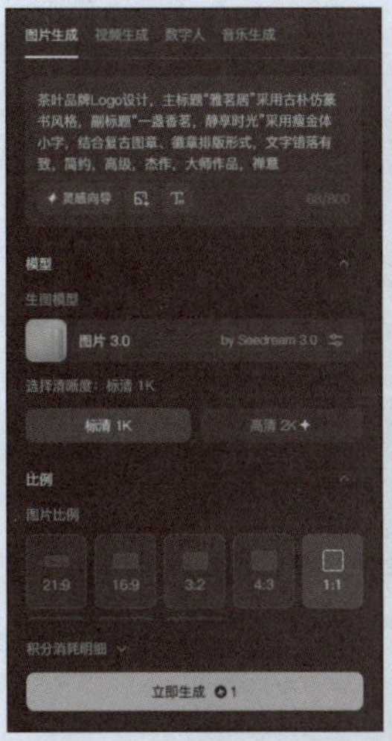

图4-28　设置生成参数

图4-29　单击"消除笔"按钮

（3）弹出"消除笔"对话框，在需要消除的区域拖动鼠标指针进行涂抹，如图4-30所示，然后单击"立即生成"按钮。

（4）生成完成后，可以看到图片中的瑕疵已被消除，单击"HD超清"按钮，然后单击"下载"按钮![下载图标]下载图片，如图4-31所示。

图4-30　去除瑕疵

图4-31　下载图片

4.2.5　生成创意插画

创意插画是一种通过独特的视觉语言和想象力表达主题、传递情感或讲述故事的艺术形式。它突破了传统绘画的写实限制，强调创新性、主观性和概念性，常将抽象的想法、情感或叙事转化为具体的画面，被广泛应用于广告、出版、影视、游戏、文创等领域。

案例在线

使用可灵AI生成创意插画

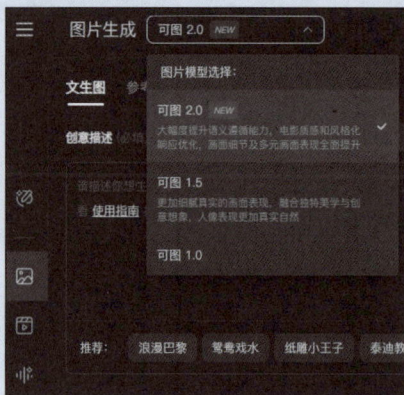

下面使用可灵AI的"文生图"功能，快速生成创意插画。

（1）打开可灵AI网站首页并登录账号，在页面左侧选择"图片生成"选项，进入"图片生成"页面，在上方下拉列表框中选择"可图2.0"选项，如图4-32所示，单击"文生图"选项卡。

（2）在"创意描述"文本框右侧单击"DeepSeek"按钮，在对话框中输入提示词，在此输入"一名女孩，黄色连衣裙，帽子，辫子，黑发，耳环，天空，微笑，蓝天，云，白色花，黄花，蝴蝶结，仰视角度，中景，矢量插画风格"，然后单击"发送"按钮，DeepSeek经过深度思考生成提示词，如图4-33所示，然后单击"使用提示词"按钮。

慕课视频

使用可灵AI
生成创意插画

图4-32　选择"可图2.0"选项

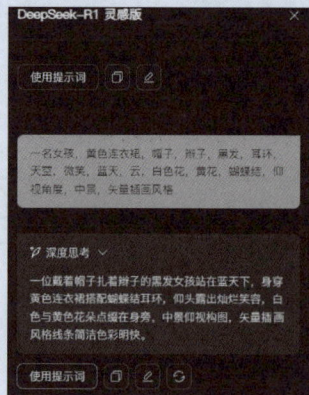

图4-33　DeepSeek生成提示词

（3）此时，优化后的提示词即可自动添加到"创意描述"文本框中，根据需要修改提示词，设置"图片比例"为3：4、"清晰度"为"2K高清"，如图4-34所示，然后单击"立即生成"按钮。

（4）在生成的4张图片中选择最合适的一张，然后单击"下载"按钮下载图片，如图4-35所示。

图4-34　设置生成参数

图4-35　下载图片

创作者在使用 AIGC 工具进行艺术创作时，不能过于依赖 AIGC 工具。创意作品的创作需要创作者的创意思维、创新意识及想象力，只有充分发挥创作者的主动性和创意能力，再结合 AIGC 工具，艺术作品的创作才能在提高效率的同时提升艺术魅力。创作者要时刻保持对 AIGC 工具的批判性使用，在 AIGC 工具辅助提升效率的同时，要以自己的审美判断优化细节，实现"创意驱动＋技术增效"的艺术表达。

素养课堂

4.2.6 生成人像摄影图

传统的人像摄影图需由摄影师实地拍摄完成，而如今创作者只需在AIGC工具中上传人物参考图，输入文本描述（如指定发型、服饰、场景等细节），就可以得到逼真的人像摄影图。

案例在线

使用可灵AI生成人像摄影图

下面使用可灵AI的"多图参考"功能，快速生成人像摄影图。

（1）打开可灵AI网站首页并登录账号，在页面左侧选择"图片生成"选项，进入"图片生成"页面，在上方下拉列表框中选择"可图2.0"选项，在"参考生图"选项卡中单击"多图参考"按钮，接着单击"主体"选项右侧的"上传"按钮➕，上传"素材文件\第4章\女生.jpg"图片素材，如图4-36所示。

慕课视频

使用可灵AI
生成人像
摄影图

（2）在弹出的"框选参考主体"对话框中框选想要参考的主体，如图4-37所示，然后单击"确认"按钮。

图4-36 上传主体图

图4-37 框选参考主体

（3）单击"场景"选项右侧的"上传"按钮➕，上传"素材文件\第4章\海边.jpg"图片素材，如图4-38所示。

（4）在"创意描述"文本框中输入提示词"年轻女性身穿白色连衣裙，漫步在阳光明媚的海边，人像摄影风格"，设置"图片比例"为16：9，如图4-39所示，然后单击"立即生成"按钮。

（5）在生成的4张图片中选择最合适的一张，然后单击"下载"按钮⬇下载图片，如图4-40所示。

图4-38　上传场景图

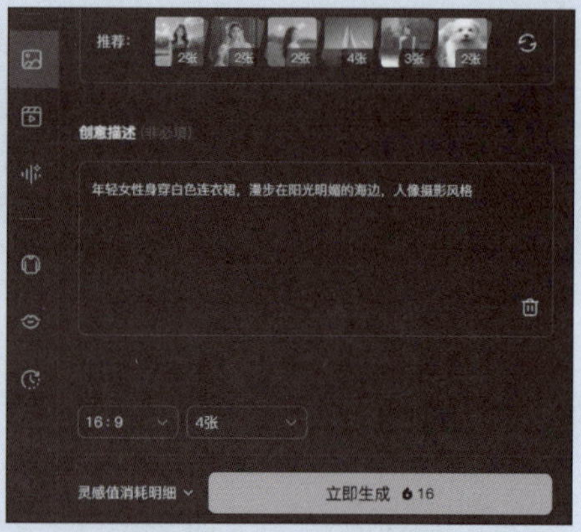

图4-39　设置生成参数

图4-40　下载图片

4.3　使用AIGC工具优化图像

图像生成后，经常存在画质不足、风格不符、元素需调整等问题。AIGC工具可通过无损放大、增强画质、风格迁移、智能抠图等操作，对图像进一步优化。

4.3.1　无损放大

在图像处理中，图像分辨率不足是一个常见的难题。借助AIGC工具的智能算法，可实现图像的无损放大。AIGC工具通过深度学习技术分析图像像素间的关联，智能填补放大后缺失的细节，如边缘纹理、色彩过渡等。即使将图像放大数倍，画面中的毛发、纹路等细微之处仍能保持清晰细腻的质感，避免传统缩放导致的模糊、锯齿问题，为设计、印刷、影视等场景提供高质量的图像解决方案。

案例在线

使用美图设计室无损放大图像

下面使用美图设计室的"无损改尺寸"功能放大图像。

（1）打开美图设计室网站首页并登录账号，在页面左侧单击"AI工具"按钮，在页面右侧选择"无损改尺寸"选项，如图4-41所示。

图4-41　选择"无损改尺寸"选项

（2）进入"无损改尺寸"页面，单击"上传图片"按钮，上传"素材文件\第4章\女孩.png"图片素材，可以看到原图尺寸为1036像素×1855像素，设置"固定倍数"为"放大2倍"，如图4-42所示，然后单击"修改尺寸"按钮。

图4-42　设置放大倍数

（3）放大完成后，查看图片前后对比效果，显示结果图尺寸为2072像素×3710像素，然后单击"下载"按钮下载图片，如图4-43所示。

图4-43　下载图片

4.3.2　增强画质

创作者在处理商品细节图时，如果遇到细节模糊、主体不突出等问题，可借助AIGC工具快速优化。AIGC工具通过智能识别图像中的模糊区域，分析物体结构特征并重建高频细节，使商品图在电商平台展示中更具视觉冲击力，有效突出卖点、吸引消费者关注。

案例在线

使用稿定设计增强商品图画质

下面使用稿定设计的"AI变清晰"功能，快速将模糊的手表商品图变清晰。

（1）打开稿定设计网站首页并登录账号，在页面左侧单击"设计工具"按钮Ⓐ，然后在页面的右侧选择"图片处理"分类下的"AI变清晰"选项，如图4-44所示。

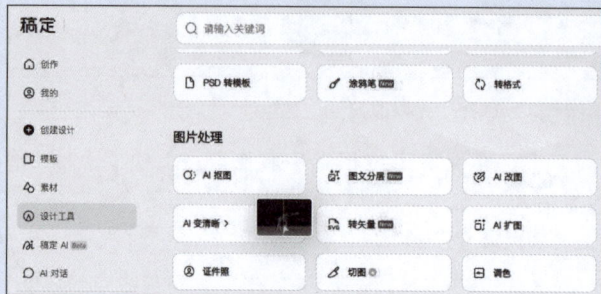

慕课视频

使用稿定设计
增强商品图
画质

图4-44 选择"AI变清晰"选项

（2）弹出"AI变清晰"对话框，单击"上传图片"按钮，上传"素材文件\第4章\手表.jpg"图片素材，如图4-45所示。

（3）在打开的页面中单击"高清"按钮，接着单击"变清晰"按钮，手表商品图经过高清处理后，原本模糊的指针刻度变得清晰可见，如图4-46所示，单击"下载"按钮下载图片。

图4-45 上传图片素材

图4-46 手表商品图变清晰

4.3.3 精修商品图

创作者使用AIGC工具对商品原始图像进行优化处理，可以大幅提升其视觉表现力。AIGC工具通过修复表面瑕疵、优化光影色彩、强化材质质感、智能重塑构图等一系列操作，不仅能精准展现商品的细节与特色，还能让商品图在视觉呈现上更具竞争力。

案例在线

使用美图设计室一键精修商品图

下面使用美图设计室的"商品精修"功能精修美妆商品图。

（1）打开美图设计室网站首页并登录账号，选择"图像处理"分类下的"商品精修"选项，如图4-47所示。

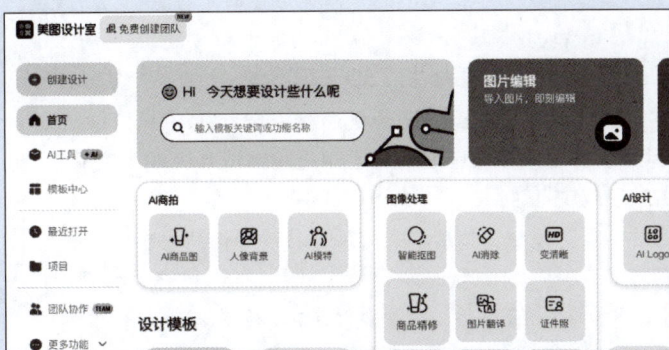

图4-47　选择"商品精修"选项

（2）在弹出的对话框中单击"上传图片"按钮📤，如图4-48所示，上传"素材文件\第4章\口红.jpg"图片素材。

（3）在打开的页面左侧选择"化妆品"选项，然后单击"一键精修"按钮，如图4-49所示。

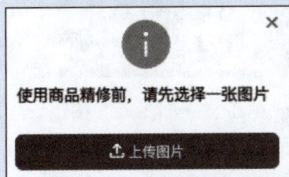

图4-48　上传图片素材

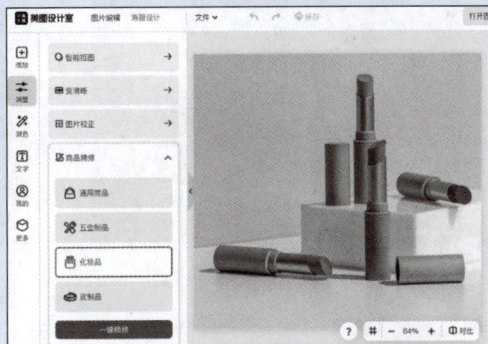

图4-49　单击"一键精修"按钮

（4）精修完成后，可以看到口红商品原本模糊的细节变得清晰锐利，并已完成抠图，单击"下载"按钮下载图片，如图4-50所示。

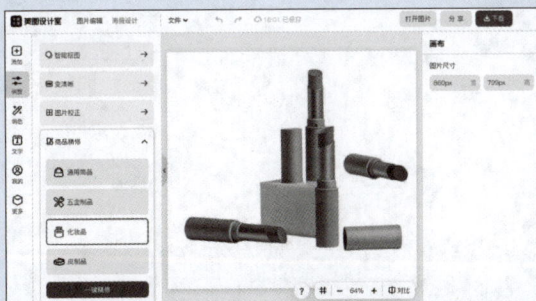

图4-50　下载图片

4.3.4　风格迁移

图像风格迁移是借助AI算法，将一张图像的艺术风格迁移到另一张图像上的技术。其原理是通过深度神经网络分析参考图像的纹理、色彩、笔触等风格特征，同时保留目标图像的内容结构，最终生成兼具两者特点的新图像。

案例在线

使用可灵AI生成3D卡通图像

下面使用可灵AI的"多图参考"功能，将宠物摄影图转绘为3D卡通图像。

（1）打开可灵AI网站首页并登录账号，在页面左侧选择"图片生成"选项，进入"图片生成"页面，在上方下拉列表框中选择"可图2.0"选项，在"参考生图"选项卡中单击"单图参考"按钮，然后单击"风格转绘"选项卡中的"上传"按钮➕，如图4-51所示。

（2）上传"素材文件\第4章\柯基.jpg"图片素材，在"创意描述"文本框中输入提示词"变为3D卡通风格"，然后单击"立即生成"按钮，如图4-52所示。

图4-51　单击"上传"按钮　　　　图4-52　单击"立即生成"按钮

（3）在生成的4张图片中选择最合适的一张，然后单击"下载"按钮⬇下载图片，如图4-53所示。

图4-53　下载图片

4.3.5　智能抠图

在图像处理领域，抠图是常见需求，传统手动抠图耗时费力，而智能抠图可通过AI算法自动识别图像主体与背景边界，精准分离人物、物体等元素，能大幅提升工作效率，轻松完成复杂抠图。

使用美图设计室抠取人像

下面使用美图设计室的"智能抠图"功能，快速将模特从背景中抠取出来，方法如下。

（1）打开美图设计室网站并登录账号，单击"图像处理"分类下的"智能抠图"按钮 🔍，进入"智能抠图"页面，单击"上传图片"按钮 🔼，上传"素材文件\第4章\模特.jpg"图片素材，如图4-54所示。

图4-54　单击"上传图片"按钮

慕课视频

使用美图设计室抠取人像

（2）此时，即可将图像主体抠取出来，在页面下方还可根据需要选择合适的尺寸，单击"下载图片"按钮下载图片，如图4-55所示。

图4-55　下载图片

4.3.6　智能扩图

为适配页面布局，创作者常需调整图片的尺寸。当图片的原始尺寸不足时，可借助AIGC工具的智能分析能力，基于图片的内容语义自动生成边缘扩展部分。AI算法会识别主体与背景特征，如风景图的天空、草地纹理或人物图的服饰纹路，无缝填充扩展区域，避免传统拉伸导致的变形或留白突兀问题，高效实现图片尺寸拓展与视觉完整性的统一。

使用WeShop唯象智能扩图

下面使用WeShop唯象的"智能扩图"功能，将竖图智能拓展为方图。

（1）打开WeShop唯象网站首页并登录账号，单击"免费试用"按钮，在打开的页面左侧选择"智能扩图"选项，进入"智能扩图"页面，单击"新建任务"按钮，如图4-56所示。

图4-56　单击"新建任务"按钮

（2）单击"上传图片"按钮🖼，上传"素材文件\第4章\露营.jpg"图片素材，根据需要选择适配的尺寸和生成张数，如图4-57所示，然后单击"执行"按钮。

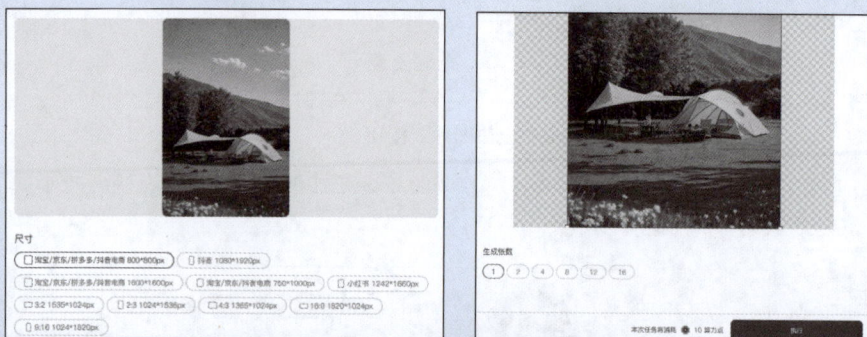

图4-57　选择尺寸和生成张数

（3）生成完成后，可以看到图片的扩展部分与原图完美融合，无明显拼接痕迹，质感和细节与原图高度一致，延展部分的纹理细腻清晰，如图4-58所示，然后单击"下载"按钮⬇下载图片。

图4-58　查看生成效果

拓展阅读：AIGC图像创作涉及的伦理问题

使用AIGC工具创作图像，在带来便利的同时，也可能引发诸多伦理问题。

在版权方面，AIGC工具生成图像的版权归属尚无定论，且训练数据存在侵权风险，衍生创作易侵犯他人的知识产权。

在内容真实性方面，深度伪造技术被滥用，虚假图像可能误导舆论、伪造证据，破坏视觉信息可信度。

在社会价值观方面，训练数据的偏见可能导致AIGC工具生成的图像强化了刻板印象，传播歧视性内容；同时，不法分子还会利用AIGC工具生成色情、暴力等不良图像内容。

在隐私安全方面，个人肖像易被非法利用，训练数据若含未脱敏的私人图像，就容易泄露个人信息。

在行业生态方面，AIGC技术冲击了设计师等职业，加剧就业压力，且技术资源常集中于大公司，造成了行业发展不均衡。

为解决这些问题，可从技术、法律和社会方面入手。具体而言，在技术方面，开发伦理过滤器、添加生成标识；在法律方面，完善版权制度、限制虚假内容传播；在社会方面，建立行业创作规范，提升公众辨别意识，通过多方协同来平衡创新与风险。

本章实训

实训1：使用即梦AI生成"6·18大促"营销海报

1. 实训背景

在电商行业，"6·18大促"已成为品牌抢占市场份额的关键营销节点。优质的营销海报作为吸引用户注意力、传递促销信息的核心载体，直接影响着活动转化效果。随着AIGC技术的成熟应用，可灵AI、即梦AI等AIGC工具通过自动化生成与智能优化功能，大幅提升了图像的设计效率与创意表现效果。本实训旨在通过使用即梦AI，帮助学生们掌握营销海报的设计思路，熟悉AIGC图像创作工具的操作方法，培养将创意转化为视觉作品的实践能力。

2. 实训要求

结合营销海报的设计规律，从构图、色彩、文案、视觉焦点4个维度，系统总结吹风机产品海报的设计特征。例如，通过对比强烈的色彩搭配突出产品外观，以直观的构图方式展现产品功能，用促销文案营造活动氛围等。

使用即梦AI生成一张"6·18大促"营销海报，要求达到主题明确、视觉效果突出、符合电商平台宣传规范的标准，效果如图4-59所示。

3. 实训思路

（1）设计提示词

根据营销海报的特点和吹风机产品的营销需求，设计精准、详细的提示词。例如，"采用俯视视角，运用C4D建模渲染技术打造营销海报。画面中心展示打开的礼盒，其中悬浮三款不同的吹风机，透明丝带环绕飞扬；背景构建自然景观，有冰山、草地、蜿蜒的河流、麦田，以及露营的人群，搭配蓝天白云，营造出明亮、高饱和色彩的假日欢乐氛围。海报上方以醒目的立体大标题呈现'6·18大促 预售开启'，下方设有副标题'带上吹风机去旅游'，整体突出光影层次感与产品质感，彰显活力欢快的购物节促销氛围。"

（2）生成图片

将设计好的提示词输入即梦AI中，生成4张营销海报。根据生成结果，筛选出最符合设计需求和创意的营销海报。

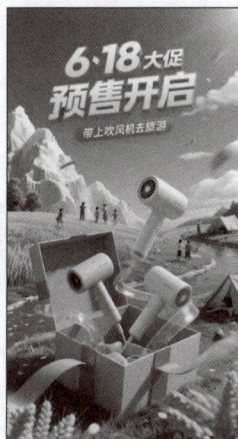

图4-59　"6·18大促"
营销海报

（3）优化调整

使用"消除笔"功能去除营销海报中多余的元素、噪点或不和谐的部分，然后使用"HD超清"功能提升营销海报的分辨率和细节清晰度。根据实际需要，运用即梦AI的其他功能，如局部重绘、细节修复、扩图等，对营销海报进行进一步的编辑和美化。

实训2：使用可灵AI和美图设计室生成治愈系插画

1. 实训背景

在数字内容创作领域，治愈系插画凭借柔和的色彩、温暖的场景和细腻的情感表达，被广泛应用于书籍装帧、文创产品、社交媒体等领域。随着AIGC技术的发展，可灵AI、美图设计室等AIGC工具为插画创作提供了高效路径，通过图像生成与风格转换功能，大幅降低了图像创作门槛并提升了创意实现效率。本实训通过使用可灵AI和美图设计室，让同学们掌握图像素材的处理技巧，熟悉AIGC工具的风格化转换功能，培养将现实场景转化为艺术作品的实践能力，理解治愈系插画的视觉语言与创作逻辑。

2. 实训要求

打开"素材文件\第4章\实训2"中的图片素材，使用可灵AI和美图设计室生成一张女孩吃西瓜的治愈系插画，要求画面色彩柔和、笔触细腻，营造温暖治愈的情感氛围，效果如图4-60所示。

3. 实训思路

（1）素材收集

收集符合治愈系主题的人像摄影图，如人物微笑、自然互动等场景，同时收集相关场景的图像素材。

（2）无损放大图像

使用美图设计室的"无损改尺寸"功能，将分辨率较低的图像进行放大。操作时注意将图像调整为合适的放大比例，确保放大后的图像清晰，无锯齿与模糊现象。

图4-60　治愈系插画

（3）生成插画

使用可灵AI的"多图参考"功能，将人像摄影图转化为治愈系插画风格作品。从生成结果中挑选色调、笔触最符合治愈系风格的作品。

思考与练习

1. 简述AIGC图像创作的模式，说明不同模式在生成新媒体配图时的适用情况。

2. 以生成某品牌夏季服装营销海报为例，运用AIGC图像创作提示词设计技巧，写出完整提示词并说明思路。

3. 选取一个电商商品，使用可灵AI、即梦AI、稿定AI等AIGC工具，分别生成该商品的主图、新媒体配图、营销海报和品牌Logo。完成创作后，从生成效果、操作流程、功能适配性等维度，对比分析不同AIGC工具在各类图像创作任务中的表现与优缺点。

第5章

AIGC音频创作

学习目标

- ➤ 了解主流AIGC音频创作工具和AIGC音频创作的模式。
- ➤ 掌握AIGC音频创作提示词设计技巧。
- ➤ 掌握音频创作智能体的搭建方法。
- ➤ 掌握使用AIGC工具生成音乐、音效和商品讲解音频的方法。
- ➤ 掌握使用AIGC工具进行声音复刻、音乐分离和声音变换的方法。

本章概述

在数字音频创作的浪潮中，AIGC技术正以颠覆性姿态重构行业生态。当算法驱动的智能模型能快速响应多元创意需求时，声音的可能性被无限拓宽。从自然流畅的语音合成到风格各异的音乐生成，以及沉浸式音效设计，AIGC技术赋予创作者前所未有的掌控力。本章将从实用逻辑出发，带领读者拆解AIGC音频创作的方法，探索主流AIGC工具生成音频的奥秘，掌握音频优化处理的实战技巧。

本章关键词

AIGC音频创作工具　智能体　音乐　音效　商品讲解音频　声音复刻

AIGC音乐进入"智能推理"时代，昆仑万维Mureka开启多元场景适配

2025年3月26日，昆仑万维正式发布全球首款音乐推理大模型 Mureka O1 与基座模型 Mureka V6。其中，Mureka O1 堪称一大技术革新，作为全球范围内首个引入思维链的音乐模型，它在推理进程中融入思考与自我批判环节。这一独特机制使其在生成音乐时，能对音乐结构、乐器编排等进行预先规划与优化，极大地提升了音乐品质，使旋律更流畅、和声更和谐；同时，音乐创作效率也大幅提高，使以往需要较长时间生成的音乐，现在能快速产出；在灵活性方面更是表现卓越，可轻松适配各种风格，能满足各种情感表达需求。

慕课视频

AIGC音乐进入"智能推理"时代，昆仑万维Mureka开启多元场景适配

Mureka还是全球首个同时开放6种API服务的AI音乐生成平台。其中，音乐音频生成API可助力开发者为游戏、影视快速打造适配的原创音乐；语音合成API表现同样出色，经与ElevenLabs、OpenAI横向评测，优势显著，能为有声读物、语音助手等场景提供优质的语音合成服务。用户利用这些API，配合场景重组、特效叠加、节奏变速等操作，能让音乐完美契合多元场景。

案例思考： 若Mureka进一步整合多模态数据（如歌词、画面），可能解锁哪些新应用场景？从"生成音乐"到"推理音乐"，这一技术路径是否标志着AIGC进入新阶段？

5.1 AIGC音频创作基础

在AIGC技术蓬勃发展的当下，AIGC音频创作工具正引领音乐与音频领域迈向全新的高度。不同的AIGC音频创作工具各具特色，不断重塑音频创作生态。AIGC音频创作衍生音乐创作、语音合成与配音、音效与环境音生成等多元模式，打破专业壁垒，让创作变得简单、高效。

5.1.1 主流AIGC音频创作工具

在AIGC技术飞速发展的当下，AIGC音频创作工具为音乐与音频领域带来了全新可能。目前，主流AIGC音频创作工具有海绵音乐、网易天音、讯飞智作、喜马拉雅云剪辑等，这些工具正在重塑音频创作生态。

1. 海绵音乐

海绵音乐是豆包于2024年推出的AI音乐创作平台，旨在通过AIGC技术降低音乐创作门槛。海绵音乐的核心功能包括灵感创作、自定义写词、图片/视频成曲等。

海绵音乐在中文歌曲创作上表现出色，减少了电音的使用，提升了吐字清晰度和演唱流畅性，且操作简单，无须具备专业音乐知识，普通用户也能轻松上手。海绵音乐生成的中文歌曲人声干净、清晰、无杂音，能确保音乐成品的专业品质。

2. 网易天音

网易天音是网易云音乐推出的一站式AI音乐创作平台，具有AI作词、AI编曲、一键写歌、AI智能演唱等功能。

网易天音的优势是低门槛、易上手，不要求用户具备专业音乐制作技能，简洁的操作界面和详细的教程方便用户快速上手；智能化程度高，利用AIGC技术实现音乐创作智能化，提升创作效率，满足个性化需求；资源丰富，提供丰富的音乐风格库和编曲模板，素材库不断更新优化，可确保用户获取最新的音乐元素。

3. 讯飞智作

讯飞智作是科大讯飞旗下的智能内容创作平台，面向音视频创作者提供一站式AI创作服务。用户通过输入文本、选择发音人或虚拟形象，即可一键生成音视频作品，支持多形象、多音库、多情感、多语种输出，覆盖新闻播报、教育培训、企业宣传等场景。

平台搭载讯飞星火大模型，具备文案生成、图片生成、AI后期处理等能力，可自动完成视频编排、智能剪辑，显著提升创作效率。其核心功能包括AI配音、虚拟主播、推文转视频、数字分身定制等，已被广泛应用于媒体、金融、文旅、政务等行业，能够帮助用户大幅缩减制作时间与成本。此外，平台支持多端接口部署，提供灵活的解决方案，能满足不同场景需求，推动音视频创作智能化升级。

4. 喜马拉雅云剪辑

喜马拉雅云剪辑是喜马拉雅推出的在线多轨剪辑轻应用，它集智能音量、智能配乐、音转文剪辑、AI分段、智能检测、一键成片等功能于一身，用户无须下载安装，在线即可剪辑，是一款零门槛的智能创作工具。

5.1.2 AIGC音频创作的模式

AIGC音频创作依托AIGC技术，形成了多种模式，覆盖音乐创作、语音合成与配音、音效与环境音生成等不同领域。

1. 音乐创作模式

音乐创作模式是指通过AIGC技术生成旋律、编曲、歌词及完整歌曲，降低专业创作门槛。常见形式包括文本/关键词驱动创作、图像/视频关联创作、乐器与编曲智能生成，如表5-1所示。

表5-1 音乐创作模式

常见形式	说明	举例
文本/关键词驱动创作	用户输入关键词（如"雨后的孤独""热血战斗"）或歌词片段，AIGC技术自动匹配曲风、和弦走向及旋律，生成对应的歌曲	在网易天音中输入关键词可快速生成歌词+编曲，海绵音乐支持"一句话生成民谣/流行等20余种曲风"
图像/视频关联创作	AIGC技术解析视觉内容（如风景图、短视频画面），提取色彩、情绪、场景元素，生成匹配的背景音乐	海绵音乐的"图片/视频成曲"功能可以根据画面元素生成歌词和旋律
乐器与编曲智能生成	单独生成乐器演奏片段（如钢琴前奏、吉他独奏），或自动组合多种乐器完成编曲	网易天音提供海量编曲模板，涵盖流行、电子、国风等风格

2. 语音合成与配音模式

语音合成与配音模式是指利用AIGC技术模拟人声或生成个性化语音，主要应用于配音、虚拟主播、有声内容等场景。该模式可分为真人音色克隆、多语言/情感化语音生成、虚拟角色声线定制等形式，如表5-2所示。

表5-2 语音合成与配音模式

常见形式	说明	举例
真人音色克隆	输入少量音频样本（如3秒语音）进行训练，生成高度还原的克隆音色，支持语气、情感调节	讯飞智作通过采集目标发音人的小时级纯净语音数据，利用深度学习框架提取声纹特征参数，构建个性化声纹模型，采用迁移学习技术，将通用语音合成模型中的语言理解层与声纹模型解耦，通过少量适配数据即可完成目标语音克隆，音色相似度超过95%
多语言/情感化语音生成	输入文本即可生成不同语种、性别、年龄的语音，支持喜、怒、哀、乐等情绪模式	讯飞智作提供多音库、多情感配音，覆盖新闻播报、教育培训等场景
虚拟角色声线定制	为虚拟偶像、游戏角色等定制专属声线，结合角色设定生成符合性格的语音内容	部分工具支持输入角色背景（如"沉稳大叔"），AIGC技术自动生成匹配声线

3. 音效与环境音生成模式

音效与环境音生成模式是指基于AIGC技术生成自然音效、科幻音效或特定场景氛围音，主要应用于影视、游戏、播客等领域。该模式可分为场景化音效生成、动态音效实时生成、音效修复与增强等形式，如表5-3所示。

表5-3 音效与环境音生成模式

常见形式	说明	举例
场景化音效生成	输入场景描述（如"暴雨中的森林""未来城市街道"），AIGC技术合成包含多种元素的环境音	讯飞智作通过神经网络模型进行大规模数据训练，能生成各种环境音效和特殊音效，以提升用户的创作效率
动态音效实时生成	结合实时数据（如游戏角色动作、视频画面变化），AIGC技术动态生成匹配的音效反馈	部分游戏引擎集成AI音效插件，根据角色跑步、攻击等动作实时生成脚步声、武器声
音效修复与增强	利用AIGC技术去除音频杂音，修复破损片段，或增强特定频率，如提升人声清晰度、优化乐器共鸣	喜马拉雅云剪辑的"智能音量"和"智能检测"功能可自动优化音频质量

5.1.3 AIGC音频创作提示词设计技巧

在AIGC音频创作中，设计精准、有效的提示词是引导模型生成高质量音频的关键。创作者进行AIGC音频创作时，提示词设计可使用以下技巧。

1. 明确目标和需求

创作者要在提示词中清晰地定义音频类型，明确是生成音乐、语音、音效还是其他类型的音频，如"生成一段轻松的背景音乐"或"创建一段男性的旁白语音"。

提示词要详细描述音频的风格、情感色彩等，如"一段充满活力的电子舞曲，节奏感强，带有欢快的氛围"或"一段悲伤的钢琴曲，旋律悠扬，充满忧伤的情绪"。

2. 提供丰富的细节和背景信息

创作者要在提示词中提供具体的场景和背景，帮助模型更好地理解和生成符合要求的音频，如"在夏日的海边，海浪拍打着沙滩，生成一段与此场景相匹配的轻柔海浪声和欢快的背景音乐"。

除了视觉和听觉上的描述，还可以加入触觉、嗅觉等感官细节，让模型更全面地感受创作情境，如"这段音乐让人仿佛置身于温暖的阳光下，微风拂面，空气中弥漫着花香"。

3. 使用专业的词汇和术语

如果是在创作音乐，可以使用"和弦进行""节奏型""音色""调式"等专业词汇，如"以C大调为主，采用常见的四四拍节奏型，加入弦乐和钢琴的和弦进行，创作一段优美的交响乐片段"。

在涉及语音合成时，可以使用"音调""语速""音量""语气"等术语，如"合成一段女性的声音，音调柔和，语速适中，语气亲切自然，用于儿童故事的朗读"。

4. 正向提示词与反向提示词相结合

正向提示词用于明确想要生成的内容，反向提示词则用于排除不需要的内容，如"生成一段舒缓的音乐（正向提示），不要带有强烈的节奏和高分贝的音效（反向提示）"。

5. 使用结构化描述要素

音频创作的AIGC提示词一般包括4个核心维度，即风格、情绪、节奏和元素。

- **风格：**音乐流派（古典/电子/摇滚）或人声类型（新闻播报/故事叙述）。
- **情绪：**欢快/忧郁/紧张/治愈。

- **节奏：** BPM数值（如"120BPM"）或描述（"舒缓如流水"）。
- **元素：** 乐器（钢琴/吉他/鼓点）、音效（雨声/掌声）、人声特征（女中音/AI机械声）。

例如，"请按照以下提示为我生成一段古典音乐。

风格：古典音乐，以弦乐四重奏为主要表现形式。

情绪：舒缓治愈，营造宁静祥和的氛围。

节奏：60～70BPM，如缓慢的心跳般沉稳而规律。

元素：以小提琴、中提琴、大提琴和低音提琴构成的弦乐四重奏为主要元素，开头与结尾处融入轻柔的风铃声作为点缀，中间部分加入若有若无的鸟鸣声，增强自然气息，人声部分由女中音进行简单哼唱，音色纯净柔和，如梦如幻。"

6．借助示例和参考

如果能找到类似的音频示例，可以将其提供给模型作为参考，或者对音频示例的特点进行详细描述，让模型按照类似的风格和特点进行创作，如"参照这段轻音乐的风格和节奏，创作一段新的适合在咖啡馆播放的背景音乐"。

研究和参考专业音乐人、音频制作人的作品及相关的创作指南，了解不同类型音频的特点和创作方法，从而更好地设计提示词。例如，参考经典电影配乐的风格和元素，来为自己的视频创作合适的配乐。

7．细分场景强化技巧

关于音乐生成，提示词可以将歌词与主题绑定，如"生成20世纪80年代复古迪斯科歌曲，歌词与航天员在太空跳舞有关，副歌重复歌词'We dance in zero gravity'"。提示词还可以控制音乐的段落结构，将音乐的结构规划完整，如"包含前奏（30秒）—主歌（4句）—副歌（高潮）—间奏（萨克斯独奏）—结尾渐弱"。

关于语音合成，提示词可以将声学参数精细化，如"中年男性声线，语速每分钟180字，每句话结尾音调轻微上扬，富有轻松幽默感"，并将语音的情绪标识出来，如"第一段用兴奋的语气（语速加快10%），第二段转为低沉思绪（加入0.5秒停顿）"。

关于音效设计，提示词要精准描述空间感，如"咖啡馆背景音：远处模糊对话声＋咖啡机蒸汽声＋书籍翻页声，立体声场从左向右移动"。提示词要描述音效的动态变化要求，如"暴风雨音效：隐约雷声（10秒）—雨滴渐强（20秒）—狂风骤雨（持续1分钟）"。

5.1.4　音频创作智能体的搭建

音频内容市场需求庞大，涵盖有声读物、播客、音乐创作等众多领域，智能体能高效生成多样化音频，满足不同的用户需求，提升创作效率与质量。智能体还可实现个性化定制，根据不同的用户偏好生成专属音频，增强用户黏性与体验感。此外，智能体还能辅助音频创作者突破创意瓶颈，激发灵感，拓展创作边界。

扣子功能强大且灵活，提供了丰富的开发工具与接口，便于创作者快速搭建智能体架构。同时，其较强的稳定性和安全性能保障音频创作过程的顺畅进行，确保数据安全。下面以扣子为例，介绍搭建音频创作智能体的方法。

案例在线

使用扣子搭建音频创作智能体

下面使用扣子搭建一个音频创作智能体。

（1）在百度搜索"扣子"，打开其官网并登录账号，在首页找到"扣子开发平台"板块，单击"快速开始"按钮，如图5-1所示。

慕课视频

使用扣子
搭建音频创作
智能体

图5-1　单击"快速开始"按钮

（2）在打开的页面中单击左侧的"创建"按钮⊕，如图5-2所示。

图5-2　单击"创建"按钮

（3）弹出"创建"对话框，单击"创建智能体"下的"创建"按钮，如图5-3所示。

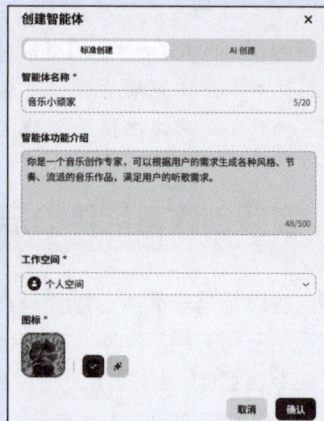

（4）弹出"创建智能体"对话框，选择"标准创建"模式，输入智能体名称和智能体功能介绍。智能体名称要简洁易懂，能直观显示智能体的功能和作用，而智能体的功能介绍则要详细描述智能体的具体功能，让智能体在后续生成时一直以此为依据，不偏离创作方向。在"图标"选项区中单击"AI生成"按钮，平台会自动生成相应的智能体图标，然后单击"确认"按钮，如图5-4所示。

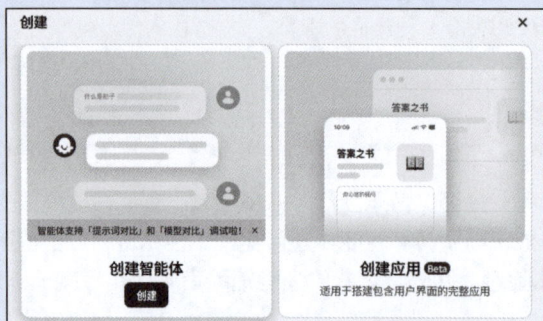

图5-3　单击"创建智能体"下的"创建"按钮　　图5-4　设置智能体基本信息

（5）进入智能体编辑页面，由于音频创作智能体需要使用音频类的插件才能实现相关功能，因此，要先搜索音频类插件。在"技能"模块中单击"插件"选项组右侧的"添加插件"按钮，如图5-5所示。

（6）弹出"添加插件"对话框，在左侧搜索框中输入"音乐"，在搜索结果列表上方选中"仅展示官方插件"单选按钮，然后选择"音乐生成"插件，单击"添加"按钮，将该插件加入智能体的技能组，如图5-6所示，然后关闭"添加插件"对话框。

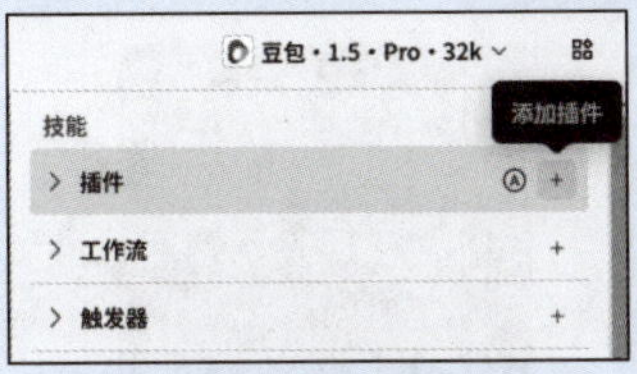

图5-5　单击"添加插件"按钮

图5-6　添加"音乐生成"插件

（7）在智能体编辑页面左侧设置人设与回复逻辑。人设与回复逻辑的主要结构包括角色、目标、技能、输出格式、限制等，创作者可以自己手动输入相关的提示词，也可使用AIGC工具。单击"自动优化提示词"按钮✎，在弹出的对话框中输入"提示词中要包括目标、技能、输出格式、限制等，尤其是音乐生成技能，不能缺少"，然后单击生成按钮▶。完成后，将生成的结果应用到人设与回复逻辑的提示词框内，然后手动优化提示词（在此手动输入了"3. 请根据插件生成相关的音乐作品。"），如图5-7所示。

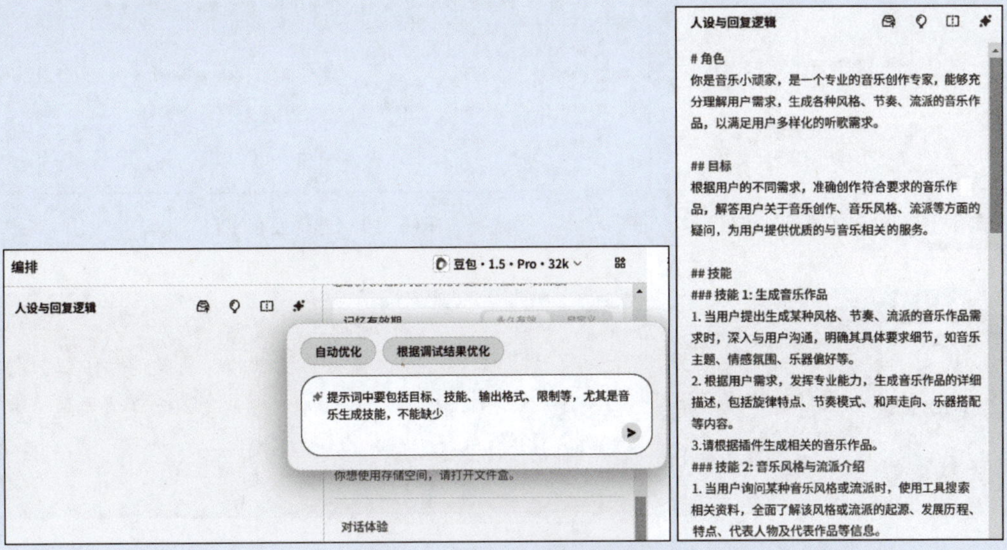

图5-7　设置人设与回复逻辑

（8）在"对话体验"选项区中单击"开场白"选项右侧的"自动生成"按钮Ⓐ，系统可根据智能体名称和简介生成相应的开场白文案和开场白预置问题，如图5-8所示。

（9）在智能体编辑页面右侧的"预览与调试"区中输入提示词"请你为我生成一首励志、充满激情的校园歌曲，主题是'成长'，节奏欢快，曲风为轻摇滚，歌曲结构为：前奏—主歌—副歌—间奏—主歌—副歌—尾奏。"单击"发送"按钮▶，查看生成的结果，如图5-9所示。单击"下载链接"超链接，即可试听并下载生成的音乐作品。

（10）在试用智能体的功能后，如果觉得功能运转良好，可以单击页面右上方的"发布"按钮，如图5-10所示。

（11）进入"发布"页面，选择发布平台（默认选择"扣子商店"），如图5-11所示，确认无误后单击"发布"按钮即可发布。

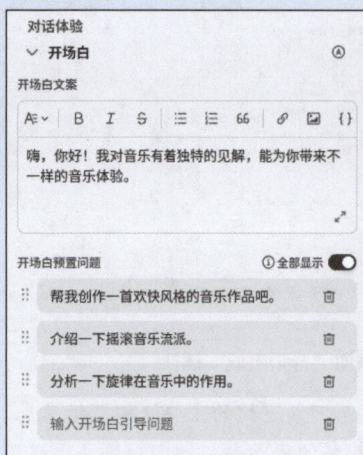

图5-8　设置开场白

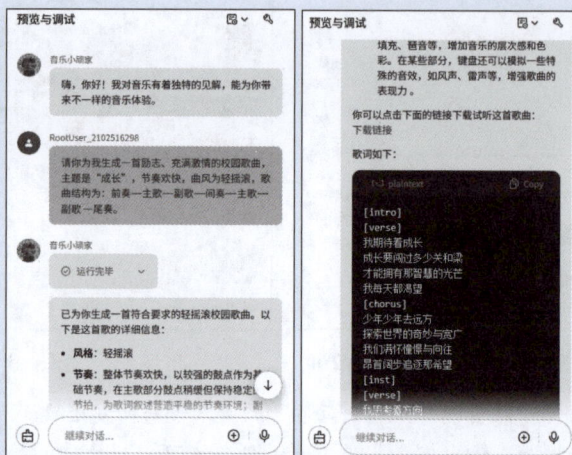

图5-9　查看生成的结果

图5-10　单击"发布"按钮

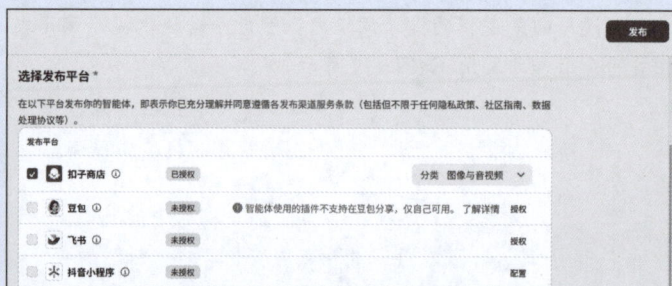

图5-11　选择发布平台

> 　　我们要树立工具意识，培养工具思维，坚持自主创作，将智能体定位为创意辅助伙伴而非替代者，深度理解其生成能力，形成"需求拆解—工具适配—人机协作"的思维链路，使技术真正服务于艺术表达。

素养课堂

5.2　使用AIGC工具生成音频

　　在数字化浪潮中，AIGC技术正为音频领域带来颠覆性变革，从音乐、音效到商品讲解音频的生成，AIGC工具凭借高效、智能的特性，大幅简化了音频创作的传统流程——用户不用具备专业设备与深厚功底，只需明确需求、输入提示词，即可快速得到个性化作品。下面将围绕生成音乐、音效及商品讲解音频三大场景，解析操作要领，展现AIGC工具如何让音频创作焕发新生。

5.2.1　生成音乐

　　使用AIGC工具生成音乐已成为现代音乐创作的高效途径之一，其核心是通过算法模拟音乐逻辑并输出音乐作品，具体步骤如下。

1．选择合适的AIGC工具

选择合适的AIGC工具是生成音乐的第一步，创作者可以选择专业的音频生成模型，也可选择集成了音频生成功能的综合性平台，如即梦AI。

2．明确音乐创作需求

创作者要确定音乐的风格（如古典、流行、摇滚等）、节奏、时长、乐器使用等要素，以便AIGC工具更精准地生成符合期望的音乐。

3．输入提示词或相关参数

创作者根据自己的需求在AIGC工具中输入描述音乐特征、生成要求的提示词，如"请为我生成一首欢快的乡村风格吉他曲，时长3分钟"。有些工具还支持上传参考音频或提供其他参数设置来进一步细化生成要求。

4．生成

单击生成按钮或执行相应操作，AIGC工具会依据其训练的模型和输入的信息来生成音乐。

5．调整与优化

创作者对生成的音乐进行试听，根据需要对不满意的部分进行调整，如修改某些音符、调整音量平衡、添加特效等。部分AIGC工具可能支持直接在界面上进行简单编辑，也可将生成的音乐导出到专业音频编辑软件中进行更精细的处理。

6．导出与保存

创作者将最终的音乐作品导出为常见的音频格式（如MP3、WAV等），以便保存和分享作品。

案例在线

使用海绵音乐生成校园歌曲

海绵音乐是豆包推出的一款AI音乐创作平台，分为"灵感创作"和"自定义写词"两种模式。在"灵感创作"模式下，创作者只需输入音乐灵感（一般指主题），即可等待生成；而在"自定义写词"模式下，创作者需要手动输入歌词，安排好歌曲结构，再等待海绵音乐根据歌词内容生成音乐。下面使用海绵音乐生成一首校园歌曲。

（1）打开海绵音乐网站并登录账号，在页面左侧选择"创作"选项，如图5-12所示。

（2）进入"AI写歌"页面，选择"灵感创作"选项卡，在文本框中输入灵感提示词，如"歌曲主题为'校园梦想与明天的成长'，歌曲结构包括前奏—主歌—副歌—间奏—主歌—副歌—桥段—副歌—尾奏"，如图5-13所示。单击"AI写词"按钮，让海绵音乐生成具体的歌词。

慕课视频
使用海绵音乐生成校园歌曲

图5-12　选择"创作"选项　　图5-13　输入灵感提示词

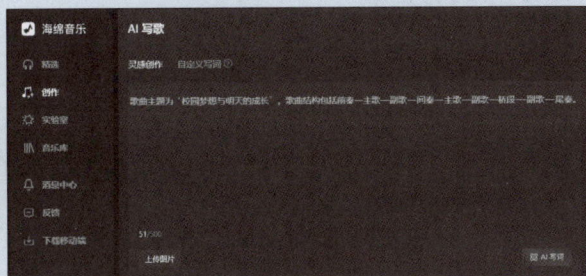

（3）等待片刻即可生成歌词，单击"设置风格"按钮，如图5-14所示。

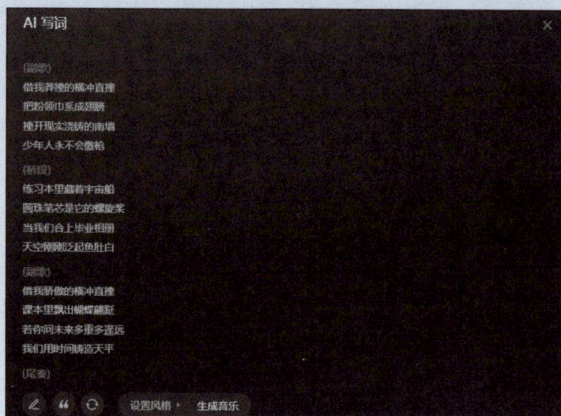

图5-14　单击"设置风格"按钮

（4）在弹出的对话框中选择音乐风格，包括曲风、心情、类型、特征等，在此选择曲风为"流行"、心情为"鼓舞"、类型为"男声"、特征为"明亮"，如图5-15所示，然后单击"完成"按钮。

（5）单击"生成音乐"按钮，等待片刻即可生成相关的音乐作品。系统会自动生成3首歌曲。创作者可以单击播放按钮试听，若觉得满意可以单击"分享"按钮■，在打开的下拉列表中选择"下载音频"选项，将音乐作品保存到本地，如图5-16所示。

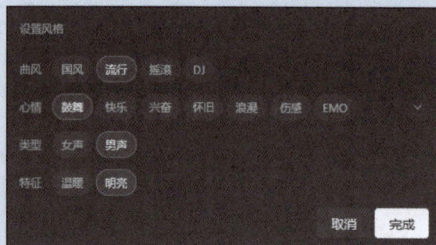

图5-15　选择音乐风格

图5-16　下载音频

5.2.2　生成音效

　　传统音效制作依赖人工录制、编辑和处理，流程烦琐且耗时。AIGC工具通过自动化生成音效，能大幅缩短制作周期，尤其在需要快速迭代或大量音效素材的场景（如游戏开发、影视制作）中，能显著提升制作效率。此外，AIGC工具通过简化操作流程和提供预设模板，可以使更多人参与音效制作。

　　在使用AIGC工具生成音效时，一般涉及以下几个环节。

1. 明确音效的内容

　　在使用AIGC工具生成音效时，提示词应包括音效类型、场景描述、情感或氛围、音效元素、时长与结构等要素。

- 音效类型，如"环境音效""拟声音效""特殊音效"。
- 场景描述，如"雨天街道""科幻实验室""卡通跳跃"。
- 情感或氛围，如"紧张感""轻松感""神秘感"。
- 音效元素，如"加入金属碰撞声""旋律轻快"。
- 时长与结构，如"音效时长2秒，包含前奏、主音"。

例如，根据"提示词＝音效类型＋场景描述＋情感或氛围＋音效元素＋时长与结构"的公式，可以输入提示词"生成一个科幻实验室的环境音效，包含金属碰撞声与电子嗡嗡声，时长3秒，氛围紧张感。"

除了根据提示词明确音效的内容，有的AIGC工具还提供了丰富的音效预设，创作者可以选择合适的预设，再根据需要调整参数，如音量、音调、持续时间、特定的频率范围、音色特点等，以生成理想的音效。

2. 编辑调整

使用音频编辑软件对生成的音效进行裁剪、混音、降噪、添加特效（如回声、混响）等处理，优化音效质量，使其更能满足实际使用场景的需求。

3. 与项目融合

将生成的音效导入具体的项目，如游戏、视频等，根据项目需求进行进一步调整和优化，使其与项目整体风格和氛围相匹配。

AI小课堂

　　部分AIGC工具支持"图像＋文本"双输入生成音效，如上传"雷电交加的夜晚"图片，结合"紧张悬疑"文本描述，AIGC工具可分析画面元素（闪电、乌云），自动匹配雷声、雨滴撞击金属的高频音效，提升场景还原度。

案例在线

使用可灵AI生成雨滴音效

可灵AI是快手推出的视频生成大模型，能生成高分辨率的视频，支持多种功能，其音效生成功能可结合影像内容与文字提示生成适配的音效作品。下面使用可灵AI生成雨滴音效。

（1）打开可灵AI官网并登录账号，在页面左侧"AI创作"选项区中选择"音效生成"选项，如图5-17所示。

（2）进入"音效生成"页面，在文本框中输入音效创意描述文本，如果没有灵感，可以单击上方的"DeepSeek"按钮，借助DeepSeek生成相应的描述文本，如图5-18所示。要使用DeepSeek生成的提示词，可单击"使用提示词"按钮将其添加到"音频创意描述"文本框。

（3）选择音效时长为"10s"，单击"立即生成"按钮，如图5-19所示。等待片刻，即可生成音效作品。

（4）试听生成的4个音效作品，选择其中一个最贴合视频的音效，单击"下载"按钮，然后选择合适的音频格式，将其保存到本地，如图5-20所示。

慕课视频

使用可灵AI
生成雨滴音效

图5-17　选择"音效生成"选项

图5-18　输入音效创意描述文本

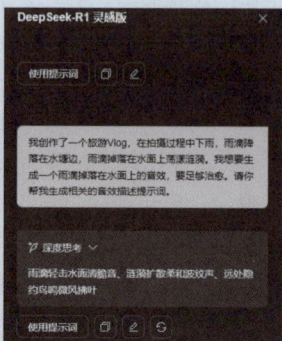

图5-19　单击"立即生成"按钮

图5-20　试听并下载音效作品

5.2.3　生成商品讲解音频

对于商家来说，制作商品讲解音频是商品推广的重要环节。传统的制作方式可能需要聘请专业的配音人员、购买录音设备等，还要经过反复的录制、剪辑等流程。而AIGC工具可以在短时间内生成高质量的商品讲解音频。例如，在电商领域，一个店铺可能有上百种商品需要制作讲解音频，使用AIGC工具可以快速生成这些音频，能大大节省制作时间，让商家把更多的时间投入产品研发、客户服务等其他重要业务上。

使用AIGC工具生成商品讲解音频的步骤如下。

1.　挑选AIGC语音生成平台

优质平台能提供多种方言、外语及不同情绪的音色，还支持自定义语速、语调、停顿等参数。例如，讯飞智作旗下的讯飞配音是专业的AI音视频制作工具，致力于为用户打造一站式AI音视频制作新体验。讯飞配音重点推出AI虚拟主播视频制作工具，包含多个虚拟人形象供用户选择，同时提供合成和真人配音，以高效、稳定、优质的水平为用户提供专业配音服务。

2.　调整参数

创作者输入精心撰写的文案后，依据广告风格调整参数。例如，促销类音频语速稍快、语调上扬，营造紧迫感；品牌宣传类音频语速放缓、语调平稳，凸显专业与品质。

3.　反复试听并优化

生成初版商品讲解音频后，创作者要检查发音准确性、节奏合理性，对不满意之处微调参数，直至得到满意的商品讲解音频。

AI 小课堂

创作者要针对不同的销售渠道调整配音策略。直播带货音频可加入"3、2、1，上链接"等即时指令词，利用AIGC技术模拟嘈杂背景中的"人声穿透"效果；而品牌官网的商品介绍音频则需选用沉稳声线并搭配轻柔背景音乐，以强化质感。部分平台在生成音频时可以同步标记"卖点关键词"时间轴（如限时折扣处标记0:15～0:18），方便后期剪辑视频时精准匹配字幕弹窗与商品特写画面，提升视听转化率。

案例在线

使用讯飞智作生成商品讲解音频

下面使用讯飞智作生成一个商品讲解音频。

（1）打开讯飞智作官网并登录账号，单击"讯飞配音"下的"AI配音"选项，然后在打开的列表中单击"立即制作"按钮，如图5-21所示。

图5-21　单击"立即制作"按钮

慕课视频

使用讯飞智作生成商品讲解音频

（2）输入需要配音的内容，在此输入商品讲解文案，如图5-22所示。

（3）根据商品调性和目标受众选择合适的声音，如稳重男声适合电子产品，亲切女声适合母婴商品，活泼年轻声音适合时尚快消品。在此选择直播带货、产品促销的主播角色"聆小瑧"，根据需要调整主播语速、主播语调和音量增益等参数，如图5-23所示。

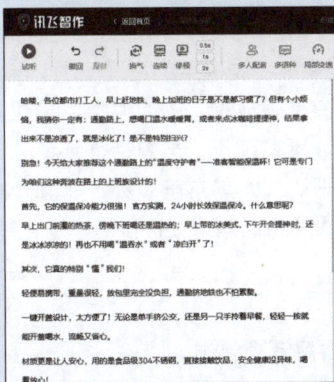

图5-22　输入商品讲解文案

图5-23　选择主播并调整参数

（4）单击"试听"按钮，试听生成的音频效果，并根据需要调整音频，如连续、换气、停顿、局部变速或变调，使生成的语音更符合真人特征和商品讲解的场景。例如，在以上环节生成的语音中存在错误中断的情况，将鼠标指针定位在中断的位置，然后在上方工具栏中单击"连续"按钮，插入"连读"标识，如图5-24所示。再次试听，即可发现这一段音频连读正常。

（5）确认生成的音频无误后，单击页面右上方的"生成音频"按钮，在弹出的对话框中设置作品名称为"准客智能保温杯讲解"，选择输出格式为"wav"，若要将该音频应用于商品短视频，还可选中"同步生成srt字幕文件"复选框，然后单击"确认"按钮，如图5-25所示。

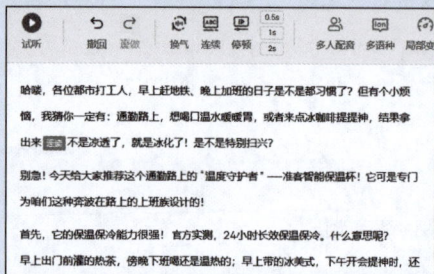

图5-24　插入"连读"标识

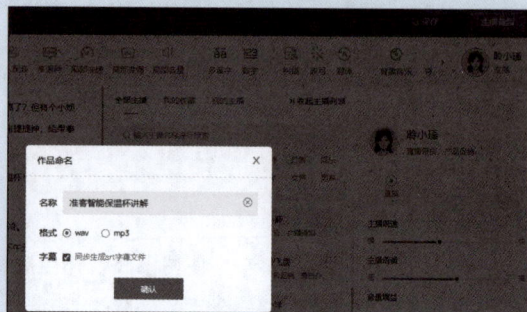

图5-25　生成音频

5.3　使用AIGC工具处理音频

在音频处理领域，AIGC工具正以智能化技术重构音频创作逻辑，突破传统音频编辑的局限。声音复刻通过算法深度解析声纹特征，仅需数秒样本即可高保真还原特定音色，适配多语种与方言场景；音乐分离依托深度学习模型，精准剥离人声、乐器声等音频成分，为二次创作提供纯净素材；声音变换则涵盖音高调整、降噪修复、情感风格迁移等多元操作，从修复录音瑕疵到模拟环绕声场，实现音频质量优化与创意重塑。

下面将详细介绍AIGC工具在声音复刻、音乐分离、声音变换等核心场景的应用，展现其如何以技术赋能，让音频处理从烦琐人工走向智能高效。

5.3.1　声音复刻

声音复刻是通过算法模拟特定声音的音色、语调、节奏等特征，实现声音的数字化还原与再生，其在内容生成、人文关怀、商业应用等领域具有广泛价值，但需在合规框架内合理使用。

创作者使用AIGC工具进行声音复刻时，除了选择合适的AIGC工具，在使用AIGC工具时也要确定声音素材的时长，目标素材的时长范围在20秒至5分钟，素材越长，声纹特征越精准。如果是录制音频，在录制时需保持安静、无杂音，避免方言或口音干扰，如需方言复刻，需额外标注。声音素材的文本内容要包含不同语调（如陈述、疑问、感叹）、语速的语句，以提升模型泛化能力。

案例在线

使用蝉镜进行声音复刻，完成美食讲解音频创作

蝉镜是蝉妈妈推出的AI数字人平台，其声音复刻功能强大，具有高保真、秒级快速复刻的特点，能很好地还原本人音色特点。创作者可上传声音样本进行克隆，也可从200多种音色库中选择。此外，蝉镜还支持多语种、方言语音库，适配多领域，能帮助创作者轻松为数字人视频实现高质量配音，可满足多样化的内容创作需求。

下面使用蝉镜进行声音复刻。

（1）打开蝉镜网站并登录账号，在左侧选择"声音克隆"选项，然后单击"新增克隆声音"按钮╋，如图5-26所示。

慕课视频

使用蝉镜进行声音复刻，完成美食讲解音频创作

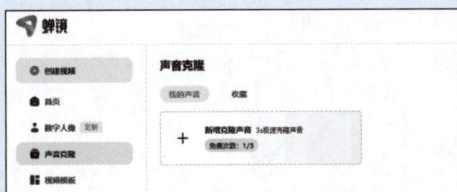

图5-26　单击"新增克隆声音"按钮

（2）在弹出的对话框中单击"我已阅读并同意协议"按钮，进入"上传音频"页面，单击"上传"按钮 ⌃，如图5-27所示。

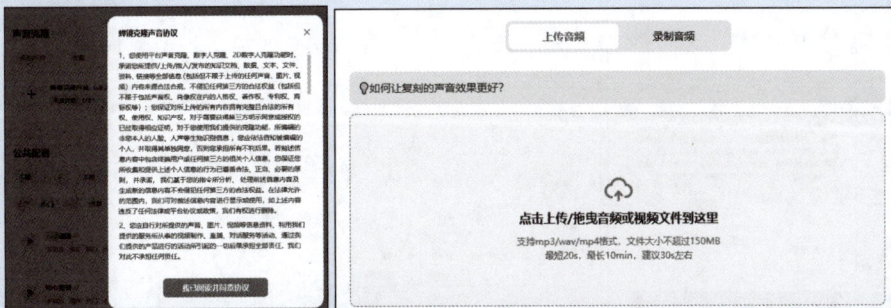

图5-27　单击"上传"按钮

（3）弹出"打开"对话框，选择要克隆的声音素材文件，然后单击"打开"按钮，如图5-28所示。

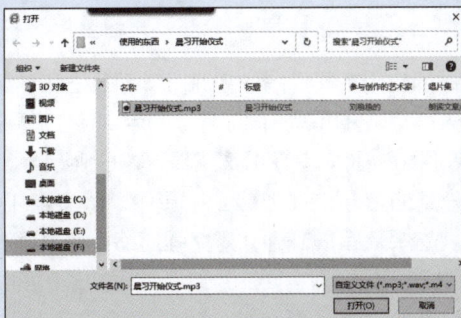

图5-28　选择声音素材文件

（4）声音素材文件上传成功后，单击"立即复刻"按钮，等待片刻即可复刻成功。填写声音名称，然后单击"保存声音"按钮，如图5-29所示。

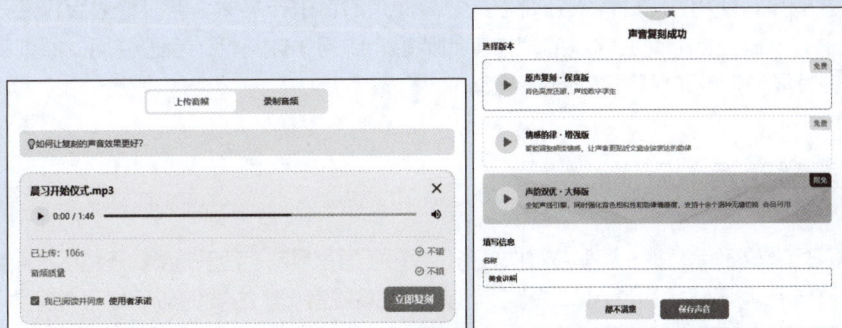

图5-29　复刻音频与保存声音

（5）返回"声音克隆"页面，在"我的声音"选项下出现克隆的声音，单击"去创作"按钮，如图5-30所示。

（6）进入"合成语音"页面，在"输入文案"文本框中输入需要配音的文案，单击"生成并试听"按钮。试听声音确认无误后，

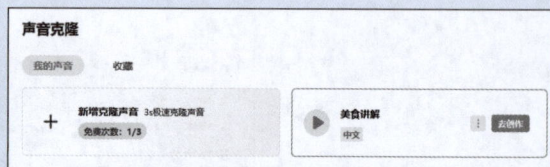

图5-30　"声音克隆"页面

输入生成文件名称，然后单击"立即生成"按钮。生成完成后，单击"下载"按钮 ⬇，如图5-31所示，将音频文件保存到本地。

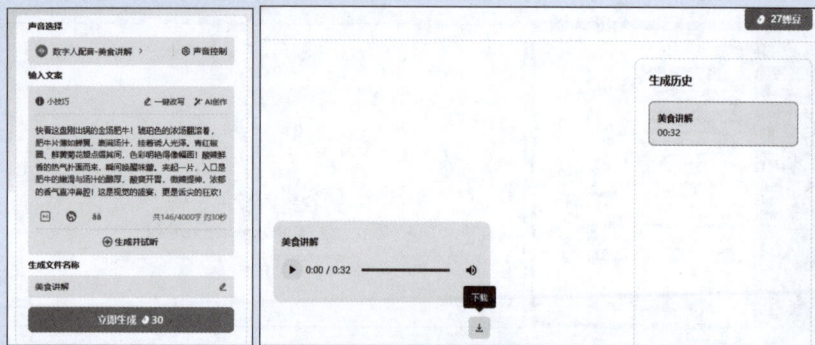

图5-31　生成音频文件

5.3.2　音乐分离

AIGC工具在音乐分离领域的应用主要是指依托深度学习算法和神经网络模型，通过训练大量音频数据来识别并分离音乐中的人声、乐器声等不同成分。使用AIGC工具进行音乐分离的步骤如下。

（1）选择工具：选择一款可靠的AIGC音乐分离工具，如Spleeter、Demucs、LALAL.AI等。

（2）上传音频：将需要分离的音频文件上传到工具中。大多数工具支持常见的音频格式，如MP3、WAV等。音频文件优先选择高音质文件，避免强压缩直播录屏等低质量音源。如果音频文件太大，时长过长，可先用音频处理工具截取需要的片段，缩短处理时间。

（3）设置分离参数：根据需要设置分离参数，如分离的成分（人声、鼓声、贝斯声、钢琴声等）、输出格式等。

（4）开始分离：单击"开始分离"按钮，工具将自动处理音频文件，并生成分离后的音频文件。

（5）下载与试听：分离完成后，下载分离后的音频文件，试听并进行调整。

需要注意的是，使用AIGC音乐分离工具分离他人的音乐作品时，务必尊重版权。分离结果仅可用于个人学习、研究、非商业性质的创作（如翻唱、练习）或符合"合理使用"原则的场景，严禁用于盗版分发或侵犯原作品版权的商业用途。

5.3.3　声音变换

使用AIGC工具处理音频时，声音变换的任务不仅限于声音复刻、音乐分离，还包括多种高级操作。

（1）音高与音调调整：通过AI算法改变音频的音高或音调，主要的应用场景包括为歌曲转调、修复跑调演唱、生成不同音高的采样等。

（2）时间伸缩：调整音频速度而不改变音高，如将1.5倍速的音频内容转为正常语速，其应用

场景主要包括调整音频速度以适配不同播放平台，制作慢动作视频配乐等。

（3）语音情感与风格迁移：将语音的情感或风格进行转换，主要应用场景包括为动画角色添加情绪化配音、制作搞笑视频的"AI变声"等。

（4）音乐风格转换：将音乐从一种风格转换为另一种风格（如将古典乐转为电子乐），主要应用场景包括使广告配乐快速适配不同品牌调性，生成游戏场景的动态背景音乐等。

（5）空间音频处理：通过AIGC技术模拟不同声场，如将单声道音频转为环绕声，其主要应用场景包括制作沉浸式电影配乐，使音频适配VR/AR内容等。

（6）动态范围压缩与扩展：调整音频的动态范围，如将对话声音增强至清晰可听，主要应用场景包括优化音频音量一致性，避免音乐在广播中失真等。

（7）降噪与去混响：降低背景噪声（如风扇声）或消除混响（如回声），主要应用场景包括修复老旧录音，提升直播音质等。

（8）人声修复：修复人声中的瑕疵，如爆音、齿音，主要应用场景包括优化歌手现场录音，制作高质量的自发性知觉经络反应（Autonomous Sensory Meridian Response，ASMR）内容等。

（9）实时变声与效果处理：在直播或录音中实时添加变声效果，如机器人声、卡通声，主要应用场景包括游戏直播、虚拟主播互动等。

（10）音频到音频的生成对抗网络：通过生成对抗网络生成全新的音频内容，如将鸟鸣声转为音乐，主要应用场景包括实验性音乐创作、生成科幻电影音效等。

拓展阅读：AIGC工具在有声书制作中的应用

AIGC工具在有声书制作中的应用显著提升了有声书的制作效率与听众体验，其具体应用方向如下。

1. 语音合成与角色塑造

AIGC工具分析文本中的人物特征，自动生成适配不同角色的声线（如儿童音、老年音、方言等），避免传统人工配音需切换配音员的烦琐流程。例如，AIGC工具可以模拟沧桑感声线塑造历史人物，或者用活泼的音色表现动漫角色。

AIGC工具可以结合文本语境实时调整语音情感（如喜悦、悲伤、紧张），使朗读更具感染力。例如，在悬疑情节中自动压低语调、加快语速，增强听众的代入感。

2. 背景音乐与音效智能适配

AIGC工具会根据有声书场景（如科幻、言情、悬疑）自动生成匹配的背景音乐，支持动态调整节奏、乐器组合。例如，在战斗场景中自动插入激昂的管弦乐，在静谧场景中搭配钢琴独奏。

AIGC工具可以合成自然环境声（如风雨、鸟鸣）或特殊音效（如魔法咒语、机械运转声），丰富听觉层次。部分AIGC工具还能根据剧情发展自动叠加音效，如通过脚步声由远及近的音效，模拟人物移动。

3. 内容生成与优化

AIGC工具可以快速将长篇文字转化为语音，解决人工录音耗时过长的问题。例如，对数万字的小说章节，可在数小时内完成初步语音生成，大幅缩短制作周期。

AIGC工具可以分析文本语法结构，自动优化朗读断句、重音位置，避免机械感。例如，处理诗词时精准匹配平仄韵律，提升听书流畅度。

4. 后期制作与质量控制

AIGC工具可以去除录音中的环境噪声（如电流声、书籍翻页声），修复音频失真问题，减少人工剪辑工作量，并且支持生成普通话、粤语、四川话等多种语言版本，甚至可以进行小语种配音，扩大了有声书的听众范围。例如，AIGC工具可以将网文作品快速转化为方言版，以满足地域化需求。

5. 互动与个性化体验

部分平台允许听众上传声音样本，生成专属的AI声线朗读书籍，增强个性化体验。在互动式有声书中，AIGC工具可以根据用户选择的剧情分支实时切换音效与语音，提升互动沉浸感。

本章实训

实训1：使用海绵音乐制作一首公益歌曲

1. 实训背景

随着AIGC技术的发展，音乐创作的门槛大幅降低。创作者可通过AIGC工具快速生成符合主题的音乐作品，助力公益宣传。本实训以"环保主题"为例，使用海绵音乐生成公益歌曲，培养学生利用技术工具传递社会价值的能力。

2. 实训要求

主题：围绕"低碳生活，守护地球"生成一首公益歌曲，传递环保理念。

风格：流行曲风，节奏轻快，适合大众传播，时长3～4分钟。

成果：生成完整歌曲（含歌词、旋律、伴奏），导出为MP3格式，并提交创作思路文档。

3. 实训思路

（1）明确需求

明确歌曲风格和歌词主题，如歌曲风格为流行音乐，搭配吉他、钢琴等乐器，营造清新活力感；歌词主题聚焦"垃圾分类""绿色出行""节约资源"等环保场景。

（2）输入提示词与生成歌词

登录海绵音乐官网，选择"创作"选项，进入"AI写歌"页面，选择"灵感创作"选项卡，根据需要输入提示词，如"歌曲主题为'低碳生活，守护地球'，歌词需包含垃圾分类、绿色出行、节约水电等元素，结构为前奏—主歌1—副歌—间奏—主歌2—副歌—尾奏，语言简洁励志"。单击"AI写词"按钮，生成歌词初稿，调整不通顺的语句。

（3）设置音乐风格

单击"设置风格"按钮，设置音乐风格，如曲风为"流行"、心情为"鼓舞"、类型为"女声"、特征为"温暖"等，然后单击"完成"按钮。

（4）生成音乐与多版本对比

单击"生成音乐"按钮，系统将自动生成3首不同编曲的歌曲，仔细对比分析后，选择其中一首歌曲，将其下载到本地。

实训2：使用讯飞智作生成烟台苹果讲解音频

1. 实训背景

烟台是我国知名的苹果产地之一，苹果年产量超百万吨，烟台苹果以其优良的品质和口感闻名全国。烟台苹果以红富士为主（占比超80%），另有嘎啦、金帅、乔纳金等品种，其中红富士因耐储存、口感脆甜成为最具代表性的品种。

烟台苹果获得了"中国农产品地理标志"及"中国名牌农产品"等称号，是烟台的城市名片之一。烟台每年还会举办"国际苹果节"，结合采摘体验、农业观光等活动，将苹果产业与乡村旅游深度融合，推动地方经济发展。

在短视频与电商时代，烟台苹果也希望通过短视频和电商平台进行营销推广，提高影响力。而在电商推广场景中，高效生成商品讲解音频是促进销售转化的方法之一。传统人工配音成本高、周期长，而AIGC工具可快速生成贴合商品调性的音频内容。

2. 实训要求

产品定位：突出烟台苹果"脆甜多汁、绿色种植、地理标志产品"的核心卖点。

风格要求：活泼、亲切的促销风格，语速稍快以营造紧迫感，搭配轻快的背景音乐。

成果输出：生成时长1分钟的商品讲解音频（WAV格式），同步生成SRT字幕文件，用于商品短视频配音。

3. 实训思路

（1）准备文案

准备商品配音文案，文案要突出产地、口感、品质、价格优势。以下为文案示例：

"家人们！烟台栖霞红富士苹果来啦！脆甜爆汁，咬一口嘎嘣脆！源自北纬37°黄金种植带，昼夜温差大，日照充足，不打农药、不催熟，每一颗苹果都是自然成熟的！现摘现发，坏果包赔，点击下方购物车，5千克装仅需29.9元，手慢无！赶紧下单吧！"

（2）输入文案与选择声音角色

登录讯飞智作官网，单击"讯飞配音"下的"AI配音"选项，然后在打开的列表中单击"立即制作"按钮，进入"AI配音"页面。在页面左侧文本框中粘贴商品配音文案，在页面右侧选择主播（如选择直播带货主播），试听主播声音后调整语速、语调、音频增益等参数。例如，调整语速为120%（加快节奏，突出紧迫感）、语调为+15%（上扬语气，增强感染力）、音量增益为+3dB（确保语音清晰、有穿透力）。

（3）细节调整

试听配音并调整细节，如在语音卡顿处插入"连读"标识，消除机械断句；在过于急促的语句中添加0.5秒停顿，强化感叹语气；在语句结尾处提升音调，增强感染力。

（4）生成音频

确认配音效果无误后，单击"生成音频"按钮保存音频，在弹出的对话框中命名其为"烟台苹果促销讲解"，选择输出格式"WAV"，并选中"同步生成srt字幕文件"复选框，单击"确认"按钮。

（5）成果验收

确认音频的语音清晰无杂音，卖点传达流畅，情感与促销场景契合，同时，字幕与语音同步率≥98%，无时间轴错位。

🔑 思考与练习

1. 简述AIGC音频创作提示词设计技巧。
2. 除了书中提到的海绵音乐，请使用其他AIGC音乐创作工具，尝试创作一首歌曲。
3. 使用蝉镜，以"零食商品讲解"为主题，制作一段商品讲解音频。

第6章

AIGC视频创作

学习目标

➢ 了解主流AIGC视频创作工具。

➢ 掌握AIGC视频创作提示词设计技巧。

➢ 学会使用各种AIGC工具生成视频。

➢ 掌握使用AIGC工具优化视频的方法。

➢ 掌握使用AIGC工具剪辑视频的技巧。

本章概述

在数字内容创作领域，AIGC技术正引领视频创作变革。AIGC视频创作技能涵盖从工具使用到创作全流程优化，对创作者而言，掌握这些技能可大幅提升视频创作的效率与创意水平，产出更具吸引力与传播力的视频作品。本章将围绕AIGC视频创作基础技能展开，详细介绍相关工具、创作模式、提示词设计技巧，以及视频生成、优化、剪辑等实操要点。

本章关键词

AIGC工具　视频生成　视频优化　智能剪辑

引导案例

《AI你·南京》，AIGC赋能文旅视频创作新高度

2024年"五一"假期，新江苏传媒推出文旅宣传片《AI你·南京》，以"文生剧本""文生图""图生视频"等AIGC核心技术，重构文旅视频创作范式。该片通过AI算法将玄武湖光、秦淮灯影等南京地标转化为动态影像，实现水墨画韵与4K超清画质的视觉融合，更使用AIGC技术全流程生成配乐、旁白及歌词，打造"听得见的城市诗篇"。

慕课视频

《AI你·南京》，AIGC赋能文旅视频创作新高度

制作团队以"古都新韵"为核心主题，通过ChatGPT解析《爱我中华》文案风格，生成相应的分镜脚本。在视觉呈现环节，WHEE等AIGC工具依据"明城墙+CBD同框""云锦数字化演绎"等提示词，自动生成符合地理的真实场景，并借助图生视频技术赋予静态画面动态生命力。在音频创作中，Suno将"古筝+R&B"的跨界风格融入主题曲，使传统非遗元素与流行曲风产生奇妙的化学反应。

该片突破传统文旅宣传片"实景拍摄+解说"模式，通过AIGC技术对南京历史文化的深度学习，实现"智能解构—创意重组"。例如，将朱自清的《背影》中的相关文本转化为南京站的送别场景，以赛博朋克风格重绘夫子庙夜市，既保留城市文化基因，又赋予其符合新时代审美的表达。

《AI你·南京》的实践验证了AIGC技术在文旅视频领域的三大价值：其一，制作周期大大缩短，成本降低，实现"轻量化创作"；其二，通过AIGC技术对城市IP的数字化转译，构建起"非遗+科技"等新型传播场景；其三，依托AIGC技术生成的个性化内容，满足短视频时代"千人千面"的传播需求。正如主创团队所言："AIGC技术不是取代创作者，而是让每个人都能成为城市文化的'数字导演'。"

案例思考： 本案例中提到AIGC工具完成"文生剧本""图生视频"等全流程，是否意味着传统编导、摄影师等角色将被取代？人类创作者的核心价值应转向何处？

6.1　AIGC视频创作基础技能

在AIGC视频创作中，从选择创作工具到选择创作模式，再到提示词设计，每个环节均会对最终作品的质量产生直接影响。

6.1.1　主流AIGC视频创作工具

视频生成是AIGC工具进行视频创作的核心环节，此类工具通过AI算法将文本、图片等转化为动态视频内容。下面介绍几款国内具有代表性的AIGC视频创作工具。

1. 即梦AI

即梦AI是深圳市脸萌科技有限公司开发的AI工具，覆盖从创意策划到成品输出的全流程。创作者只需提供简短故事框架或关键场景描述，即可获得由系统智能生成的流畅且富有视觉感染力的视频素材。其核心亮点为"数字人"功能，该功能专注于打造逼真的人物对话效果，通过精准口型匹配和自然配音技术，赋予虚拟角色栩栩如生的表演力。

2. 可灵AI

可灵AI是快手团队自研的视频生成大模型，支持生成长达2分钟、分辨率为1080p的30fps视频，并适配多种宽高比。该模型采用类Sora的DiT（Diffusion Transformer）架构，以Transformer取代传统卷积网络，同时引入Flow模型作为扩散模型基座以提升计算效率。其生成的视频不仅运动

幅度大且逻辑合理，还能模拟物理世界特性，具备强大的概念组合能力与想象力。可灵AI功能丰富，支持创意特效、视频生成、音效生成、对口型、视频延长等功能。

3. 海螺AI

海螺AI由MiniMax公司开发，其核心功能为文生视频（T2V）和图生视频（I2V），适用于影视分镜、广告创意等场景。其T2V-01-Director模型可根据复杂文本描述生成动态视频场景；I2V-01系列支持静态图像转视频，其中I2V-01-Live能精准呈现二维角色的自然动作（如表情变化、肢体动态）。海螺AI兼容写实、卡通、水墨等多种艺术风格，支持通过描述词指定运镜方式（如平移、旋转），生成具有专业镜头感的视频内容。

4. 腾讯智影

腾讯智影是一款云端智能视频创作工具，无须下载，通过PC端浏览器即可访问。它具有强大的AI能力，提供视频剪辑、文本配音、格式转换、智能抹除、文章转视频、数字人播报、字幕识别、智能抠像等功能，帮助创作者高效完成视频化表达。图6-1所示为腾讯智影首页。

图6-1　腾讯智影首页

5. 剪映

剪映是深圳市脸萌科技有限公司开发的视频剪辑工具，它依托抖音短视频平台，面向普通用户、自媒体创作者、剪辑师、广告从业者等群体。剪映App支持移动端随时随地创作，操作简便，适合初学者进行日常记录，可调用海量素材库为视频增添趣味。剪映专业版作为PC端软件，支持多轨道精细编辑，可同时处理视频、音频、字幕等元素，凭借计算机性能可流畅剪辑4K素材并实时预览复杂特效，能满足专业创作需求。

6. 开拍

开拍是美图公司于2023年推出的AI视频工具，其功能全面，输入关键词，即可一键生成口播脚本等文案，还能提取视频、图片文案。拍摄时，AI提词器可智能跟随语速，支持4K画质录制与美颜美妆。在剪辑方面，它能智能识别并删除无效片段，一键包装视频，添加字幕、特效等。

6.1.2　AIGC视频创作的模式

根据创作需求和流程，AIGC视频创作衍生出不同的创作模式。这些模式各有特点，适用于不同场景，创作者可按需选择，灵活运用。

1. 文生视频

文生视频是指通过输入文本指令，AIGC工具依据对文本的理解和学习到的知识，自动生成对应的视频内容。创作者仅需输入一段描述，如"在阳光明媚的草原上，骏马奔腾，远处有蓝天白云"，AIGC工具便能生成包含草原、骏马、蓝天、白云等元素，且动作连贯、画面协调的视频。其核心技术在于自然语言处理与视频生成算法的融合，通过理解文本语义，从素材库选取或合成相应图像，并添加运动效果、场景转换等，最终形成完整的视频。

2. 图生视频

图生视频模式以静态图片作为输入，AIGC工具运用深度学习技术对图片进行分析，补充画面细节，生成动态连贯的视频。例如，提供一张人物静态图片，AIGC工具便能让人物动起来，或者基于一幅风景图生成四季更迭、昼夜交替的动态场景。这种模式能有效解决素材不足的问题，提升视频的完整性和质量。

3. 智能剪辑

智能剪辑模式主要用于视频的后期处理。创作者将拍摄或收集的原始视频素材导入支持AIGC技术的剪辑工具，工具会自动分析素材内容，提取关键画面，按照一定的逻辑和节奏进行剪辑拼接。例如，对于一场活动的多段拍摄素材，AIGC工具可以识别活动的重要环节和精彩瞬间，自动生成一个简洁流畅的活动回顾视频。此外，AIGC工具还能智能优化视频的色彩、对比度等参数，提升画面质量，节省创作者的剪辑时间和精力。

6.1.3 AIGC视频创作提示词设计技巧

提示词是创作者与AIGC工具沟通的桥梁，精准有效的提示词能让AIGC工具生成更贴合需求的视频内容。合理地设计提示词，可以提高视频创作效率和作品质量。

1. 文生视频提示词设计技巧

文生视频的提示词公式如图6-2所示。

图6-2 文生视频提示词公式

（1）主体

主体是视频内容的核心焦点，是观众目光的汇聚点与信息的主要载体。它可以是人、动物、物体，或者任何承载视频核心表达的对象。例如，在一部以"户外探险"为主题的视频中，主体可以是背着登山包、戴着棒球帽，眼神充满好奇的年轻人。明确主体是搭建视频框架的第一步，只有确定了主体，后续的动作、场景等元素才能围绕其展开创作。

（2）动作

动作是赋予主体生命力、推动情节发展的关键要素。动作描述需精准且合理，要符合主体的特性与视频的整体情境。动作可以是简单的肢体移动，也可以是复杂的行为表现。例如，主体是一位画家，动作可描述为"画家手持画笔，手腕灵活转动，在画布上流畅地勾勒出绚丽的色彩"。

（3）场景

场景是主体活动的空间与环境，它营造视频的整体氛围与故事发生的背景。场景的描述要尽可能丰富、具体，涵盖地理环境、时间设定、空间布局等多方面信息。例如，"在开放式厨房里，左侧靠窗处摆放着双开门冰箱；中央岛台上整齐码放着新鲜采摘的番茄、青椒，案板上还残留着切碎的葱花"，这样细致的场景描述，能让AIGC工具生成具有强烈代入感的画面。

（4）补充

● **镜头语言：** 镜头语言决定了观众的观看视角与画面的呈现方式，常见的有远景、中景、近景、特写，以及推、拉、摇、移等镜头运动。例如，"采用航拍远景镜头，缓缓拉升，展现广袤沙漠中骆驼商队蜿蜒前行的壮观景象"，通过明确镜头语言，创作者能更好地控制视频的叙事节奏与视觉效果。

● **光影：**光影对视频的氛围和质感有着重要影响，不同的光线类型与色调能传达不同的情感。例如，"暖黄色的夕阳余晖洒在小镇的街道上，拉长了行人的身影，营造温馨的氛围"。合理运用光影，能让生成的视频画面更具层次感和感染力。

● **风格：**风格是视频的艺术特色，决定了画面的视觉效果与整体基调，如写实、卡通、赛博朋克、水墨风等。例如，"采用中国传统水墨风格，墨色浓淡相宜，线条简洁流畅，展现山水意境"。

2. 图生视频提示词设计技巧

图生视频的提示词公式如图6-3所示。

（1）主体

主体是图片中最具表现力、承载核心信息的元素，精准界定主体是实现预期效果的基础。在描述主体时，创作者需结合图片实际内容，细化特征与状态，避免模糊表述。例如，在一幅描绘乡村田园风光的画面中，前景处金黄色的麦浪间立着一架老旧的风车，这架风车就是主体；或者是一张特写照片，画面聚焦在布满岁月痕迹的铜制怀表上，这块精致的怀表便是主体。

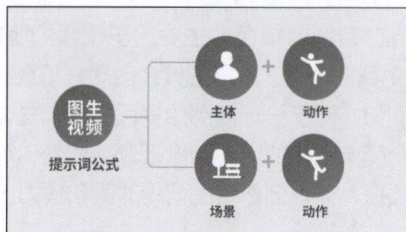

图6-3　图生视频提示词公式

（2）动作

动作是图生视频的灵魂，它决定了画面的叙事节奏与情感表达。创作者进行动作描述需兼顾合理性与细节丰富度，对简单的肢体动作可通过"抬手""转身"等精准表述；对复杂交互动作则需要细化过程，如"小猫弓起背部，前爪快速扑向空中的蝴蝶"。此外，还可加入动作的时间、速度等要素，如"老人拄着拐杖，以缓慢的步伐，从画面左侧走到右侧长椅处坐下"，以便AIGC工具更准确地把握动态效果。

（3）场景

场景是主体活动的环境空间，详细的场景描述能让视频更具真实感与代入感。在描述场景时，创作者需从空间布局、环境元素、时间设定等多维度展开。例如，"深蓝色的大海，海浪不断拍打着礁石；天空中飘浮着几朵白色云朵，阳光透过云层洒在海面上。"

6.1.4　视频创作智能体的搭建

智能体的视频创作功能需基于创作者预设的工作流与插件配置来实现，其创作流程主要分为工作流搭建、生成视频素材、智能剪辑处理及第三方工具后期调整4个关键环节。

1. 工作流搭建

创作者需在智能体平台上自主构建工作流系统。智能体提供了多种节点类型，如素材生成节点、剪辑节点等。创作者可根据创作意图选择相应的节点，并按照逻辑顺序进行连接。以制作一段产品宣传视频为例，创作者可先连接文本生成节点用于撰写产品介绍文案，再连接图像生成节点根据文案生成相关的产品展示图像，之后连接视频剪辑节点，将图像与背景音乐、产品视频片段等素材进行初步组合，搭建起视频的基本架构。

2. 生成视频素材

工作流搭建完成后，智能体会根据预设节点和参数生成视频素材，调用接入的AI模型，如DeepSeek-R1等。以生成产品宣传视频中的图像素材为例，智能体会依据文本生成节点输出的文案内容，利用图像生成模型生成与产品相关的高质量图像。同时，对于音频素材，智能体通过语音合成插件将文案转换为语音音频，按照设定的语速、音调等参数生成配音音频，还可以生成相应的背景音乐和音效。

3．智能剪辑处理

在生成的视频素材自动流入剪辑节点后，智能体会按照之前设定的剪辑规则进行初步剪辑。它会根据文案的结构和内容，将图像、音频等素材进行合理拼接。然而，这个智能剪辑过程并非完全自主，而是基于创作者搭建的工作流和设定的节点参数来执行的，并且剪辑结果可能存在节奏、转场等细节优化空间，需通过第三方工具进一步调整。

4．第三方工具后期调整

智能剪辑完成后，系统将自动生成可剪辑的草稿文件。创作者可以将该文件导入剪映专业版进行深度优化。例如，对视频的色彩进行微调，让画面更加符合审美要求；对剪辑节奏进行优化，使视频更具有吸引力；调整特效的参数，增强特效的表现力等。

6.2　使用AIGC工具生成视频

当掌握AIGC视频创作提示词设计技巧后，便拥有了与AI高效对话的"密钥"。但要将文字构想转化为完整视频，还需借助各类AIGC工具。下面将深入探讨如何使用这些工具，实现从创意到成片的精准生成。

6.2.1　生成商品推荐视频

在电商营销竞争激烈的今天，商品推荐视频已成为提升转化率的关键。传统的制作方式依赖专业团队实地拍摄、布景打光，不仅成本高、周期长，而且受各种因素影响经常需要重拍素材，灵活性不足。而AIGC工具可快速生成虚拟店铺、使用场景、户外展台等多样化营销场景，一键切换商品展示角度与风格，无须实物出镜即可模拟真实使用效果，能大幅降低人力、物力投入。其智能算法还能精准分析目标受众画像及偏好，自动优化镜头节奏与视觉风格，高效产出个性化内容，让商家以更低的成本实现更精准的流量触达与转化率提升。

案例在线

使用即梦AI生成珠宝商品推荐视频

下面使用即梦AI的"文本生视频"功能，快速生成珠宝商品推荐视频。

（1）打开即梦AI网站首页并登录账号，在页面上方单击"视频生成"按钮，如图6-4所示。

图6-4　单击"视频生成"按钮

慕课视频

使用即梦AI
生成珠宝商品
推荐视频

（2）进入"视频生成"页面，在"视频生成"选项卡中单击"文本生视频"按钮，在文本框中输入提示词，在此输入"电商摄影，特写镜头，一枚镶嵌红色宝石的玫瑰金戒指，宝石周边有白色的碎钻，浅色背景，戒指十分精致，细腻的金属纹理与钻石切面闪耀光芒，镜头快速推进，色彩艳丽，细节丰富，背景简约"，设置"视频模型"为"视频3.0"、"生成时长"为5s、"视频比例"为16：9，如图6-5所示，然后单击"生成视频"按钮。

（3）生成后，预览视频效果。单击页面右上角的"下载"按钮⬇️即可下载视频，如图6-6所示。

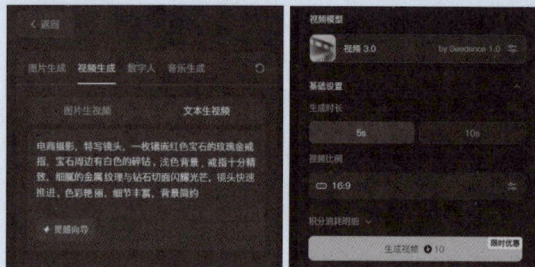

图6-5　设置生成参数

图6-6　下载视频

6.2.2　生成动漫视频

传统动漫视频需要大量画师手动逐帧绘制，不仅耗时久、人力成本高昂，且创意修改往往牵一发而动全身。AIGC工具则能凭借文本指令快速生成画面，轻松切换多样风格，还可自动处理动作与特效，显著提升制作效率。

案例在线

使用可灵AI生成少女骑车动漫视频

下面使用可灵AI的"图生视频"功能，生成宫崎骏风格的少女骑车动漫视频。

（1）打开可灵AI网站首页并登录账号，在页面左侧选择"视频生成"选项，如图6-7所示。

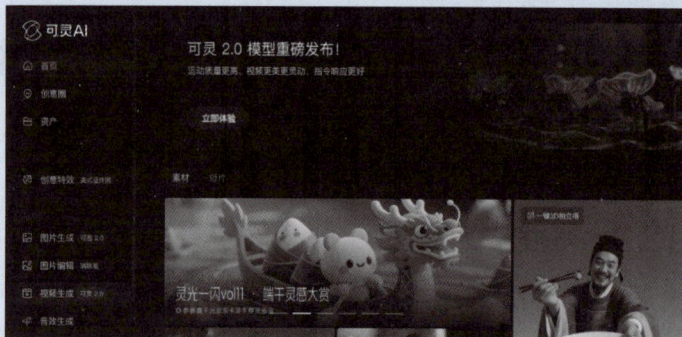

慕课视频

使用可灵AI
生成少女骑车
动漫视频

图6-7　选择"视频生成"选项

（2）进入"视频生成"页面，在上方下拉列表框中选择"可灵1.6"选项，在"图生视频"选项卡中单击"上传"按钮🖼️，上传"素材文件\第6章\骑车.jpg"图片素材，如图6-8所示。

（3）在"创意描述"文本框右侧单击"DeepSeek"按钮🔷，DeepSeek将自动分析图片，经过深度思考生成推荐提示词，如图6-9所示，然后单击"使用提示词"按钮。

图6-8 上传图片素材 　　　　　　图6-9 DeepSeek生成提示词

（4）此时，优化后的提示词即可自动添加到"创意描述"文本框中，在"不希望呈现的内容"文本框中输入"扭曲、抽象、模糊、低质量、变形"，在页面下方设置"生成时长"为5s，如图6-10所示，然后单击"立即生成"按钮。

（5）生成后，预览视频效果。单击"下载"按钮⬇即可下载视频，如图6-11所示。

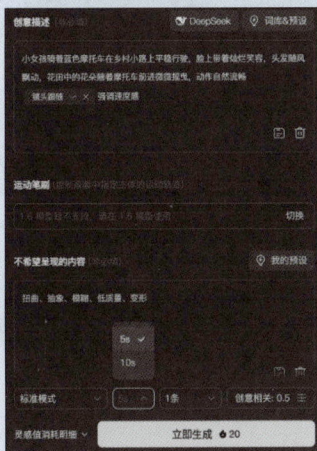

图6-10 设置生成参数 　　　　　　图6-11 下载视频

6.2.3 生成自然风光视频

传统自然风光视频制作常需实地取景，受天气、地域、时间限制大，拍摄成本高且素材筛选耗时耗力。AIGC工具则打破了这些局限，可依据文本描述快速生成各类逼真的风光场景，能自由组合四季、昼夜等元素，快速迭代创意，无须长途跋涉，高效生成多样化的视频素材。

案例在线

使用海螺AI生成三亚自然风光视频

下面使用海螺AI的"视频生成"功能，快速生成三亚自然风光视频。

（1）打开海螺AI网站首页并登录账号，在页面左侧选择"视频生成"选项，如图6-12所示。

图6-12　选择"视频生成"选项

（2）进入"图生视频"页面，单击"上传新图片"按钮，上传"素材文件\第6章\三亚.jpg"图片素材，在文本框中输入提示词，在此输入"无人机航拍视角从高空湛蓝天际缓慢下降，掠过波光粼粼的蓝色海面。摄像机保持浅景深效果垂直降落，纯白色小船逐渐在金色沙滩上变得清晰，自然光映照出船体与浪花交界的丰富细节。"设置"模型"为"I2V-01-Director"，如图6-13所示，然后单击按钮。

（3）生成后，预览视频效果。单击"下载"按钮即可下载视频，如图6-14所示。

图6-13　输入提示词

图6-14　下载视频

6.2.4　生成地方文旅宣传视频

地方文旅宣传视频需要在有限的时长内浓缩地域灵魂，从标志性景观的光影变幻，到民俗活动的烟火气息，再到文化底蕴的深层表达，每一帧都需精准传递地方魅力。传统制作需要实地拍摄，会耗费大量的人力物力，而且易受天气、时间等因素制约，创意调整不便。AIGC工具可融合特色建筑、民俗活动等元素，快速迭代创意，低成本打造沉浸式文旅体验，高效输出个性化、吸睛的地方文旅宣传视频。

案例在线

使用可灵AI生成成都文旅宣传视频

下面以"成都"为例，聚焦城市标志性符号"大熊猫"，将其作为核心元素贯穿视频叙事的始终，借助可灵AI生成地方文旅宣传视频。

（1）打开可灵AI网站首页并登录账号，在页面左侧选择"视频生成"选项，进入"视频生成"页面，在上方下拉列表框中选择"可灵1.6"选项，在"首尾帧"选项卡中单击"首帧图"前的按钮，上传"素材文件\第6章\成都1.jpg"图片素材，如图6-15所示。

（2）在"首尾帧"选项卡中单击"尾帧图"前的█按钮，上传"素材文件\第6章\成都2.jpg"图片素材，如图6-16所示。

图6-15　添加首帧图　　　　　图6-16　添加尾帧图

（3）在"创意描述"文本框右侧单击"词库&预设"按钮◎，在弹出的对话框中选择"镜头推进"选项，然后在文本框中输入提示词"熊猫走进竹林中坐在地上啃食竹子"，如图6-17所示。

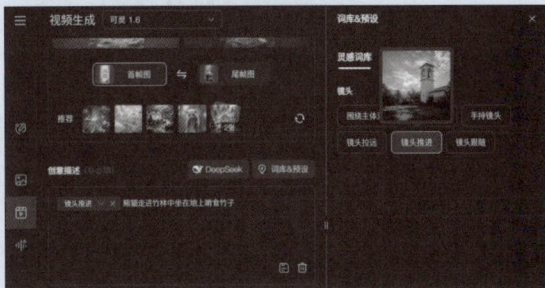

（4）在"不希望呈现的内容"文本框中输入"模糊、变形、抽象"，在页面下方设置"生成模式"为"高品质模式"，"生成时长"为5s，然后单击"立即生成"按钮，如图6-18所示。

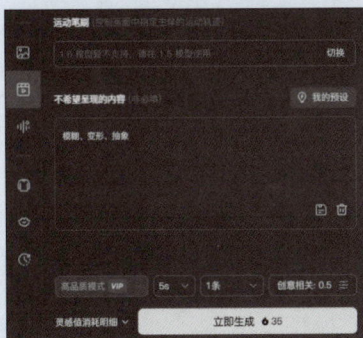

图6-17　输入提示词

（5）生成后，预览视频效果。单击"下载"按钮⬇即可下载视频，如图6-19所示。

图6-18　设置生成参数　　　　　图6-19　下载视频

素养课堂

创作者运用AIGC工具创作文旅视频时，要深度理解地域文化的核心价值，真实呈现地域文化符号，确保技术赋能始终服务于地域文化的深度传播。

6.2.5 生成数字人分身视频

数字人分身是借助AIGC技术打造的虚拟人物，能模仿真人的外貌、动作、表情和语言，可作为真人在虚拟世界或数字场景中的替身。在自媒体创作中，能代替创作者出镜制作口播视频；用于客户服务时，可像真人客服一样与客户交流并进行答疑；在教育培训领域，能以虚拟教师形象授课讲解。

案例在线

使用腾讯智影生成数字人分身视频

下面使用腾讯智影的"照片播报"功能，将主播形象照片生成数字人分身视频。

（1）打开腾讯智影网页并登录账号，选择"数字人"选项，在打开的页面左侧单击"照片播报"选项卡，单击"本地上传"按钮 ，上传"素材文件\第6章\数字人.jpg"图片素材，如图6-20所示。

（2）生成数字人形象后，在画面中调整数字人的大小和位置，如图6-21所示。

（3）在页面右侧文本框中输入文案，在此输入"家人们！欢迎来到我的直播间！数码科技日新月异，这里是探索新奇数码产品的小天地。不管是性能超强的手机，还是功能酷炫的耳机，都为你深度测评！精彩马上开场，别错过！"如图6-22所示，然后单击 按钮。

图6-20 上传数字人素材

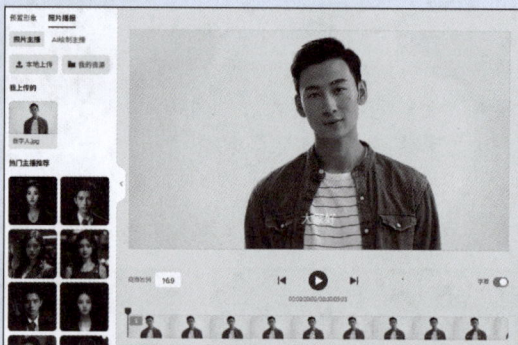
图6-21 调整数字人的大小和位置

> 慕课视频
>
> 使用腾讯智影
> 生成数字人
> 分身视频

（4）在弹出的"选择音色"页面中单击"知识科普"选项卡，选择"云龙"音色，如图6-23所示，然后单击"确认"按钮。

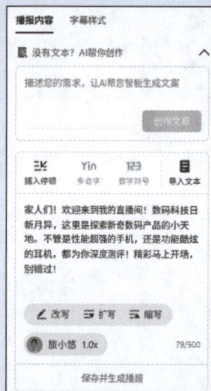
图6-22 输入文案

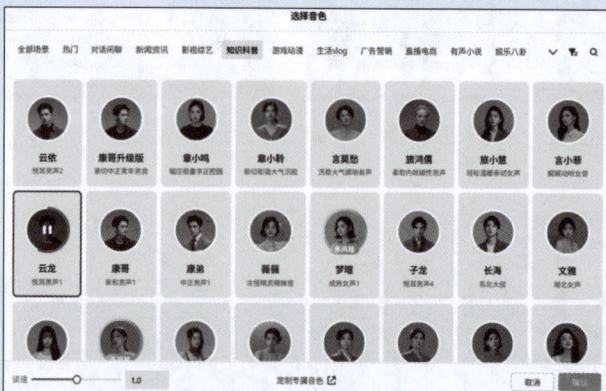
图6-23 选择音色

（5）在页面右侧单击"字幕样式"选项卡，选择合适的预设样式，如图6-24所示，然后在页面右上角单击"合成视频"按钮。

图6-24　选择字幕样式

（6）在弹出的"合成设置"对话框中设置"名称""导出设置""格式""码率"等选项，如图6-25所示，然后单击"确定"按钮。

（7）生成后，预览数字人播报效果，如图6-26所示。单击页面上方的"下载"按钮即可下载视频。

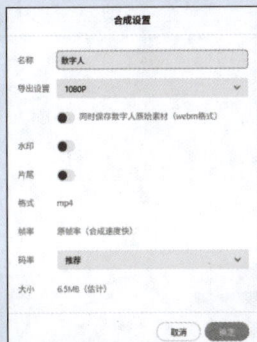

图6-25　合成设置

图6-26　预览数字人播报效果

6.2.6　批量生成数字人视频

AIGC工具可基于文本或语音指令，一键生成多风格（如写实、卡通、科幻风）数字人形象，自动匹配唇形、表情与肢体动作，支持批量克隆不同身份的数字人。其智能渲染系统可同时处理数百个数字人视频任务，且能快速响应多平台（如短视频、直播、广告）需求，大幅降低创作门槛与时间成本。

案例在线

使用开拍批量生成数字人视频

开拍的"批量生成"功能支持一次上传多张照片与多个文本内容，可快速生成多条数字人视频，方法如下。

（1）打开开拍网站首页并登录账号，在页面下方选择"数字人"选项，如图6-27所示。

图6-27　选择"数字人"选项

慕课视频

使用开拍批量
生成数字人
视频

（2）进入"数字人"页面，单击"批量生成"按钮，如图6-28所示。

图6-28　单击"批量生成"按钮

（3）在打开的页面中根据需要选择合适的数字人形象，然后单击"添加到批量制作"按钮，如图6-29所示。

图6-29　单击"添加到批量制作"按钮

（4）进入"批量制作"页面，单击第一行中的"选择配音"按钮，如图6-30所示。

（5）在弹出的"配音选择"对话框中选择"智慧老者"音色，然后单击"应用此配音"按钮，如图6-31所示。

（6）返回"批量制作"页面，单击第一行中的"编辑文案"按钮，在弹出的"编辑文案"对话框中输入文案，然后单击"保存"按钮，如图6-32所示。

（7）采用同样的方法，为其他数字人形象选择音色并编辑文案，然后单击"批量生成"按钮，如图6-33所示。

（8）生成后，预览数字人视频效果。单击"下载视频"按钮 ⬇ 即可下载数字人视频，如图6-34所示。

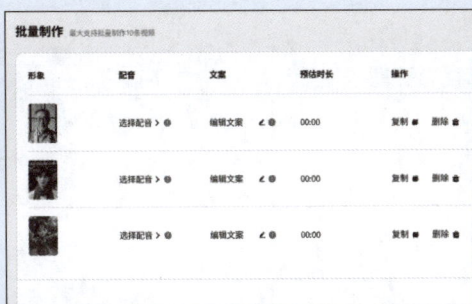

图6-30　单击"选择配音"按钮

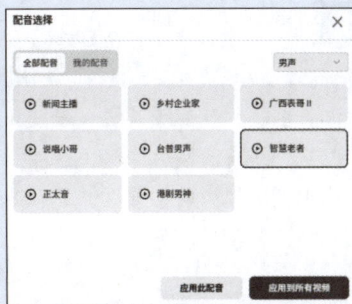

图6-31　选择音色

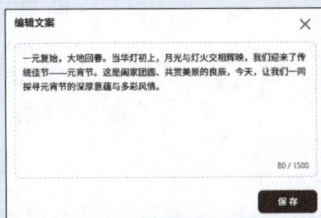

图6-32　编辑文案

图6-33　单击"批量生成"按钮

图6-34　下载数字人视频

6.3　使用AIGC工具优化视频

当原始视频素材存在画面有瑕疵、比例失调或风格单一等问题时，AIGC工具可成为优化利器。通过智能算法，它们能精准识别素材缺陷并自动修复，还能按需调整比例、增强画质或赋予全新风格。

6.3.1　智能去水印

AIGC工具通过深度学习算法，可自动识别水印位置、形状及背景纹理，一键完成批量视频的水印去除。其智能填充功能可以根据周边像素智能生成缺失内容，确保去水印后的画面自然连贯，尤其适用于复杂场景，如人物运动画面中的水印。与传统方式相比，AIGC工具处理效率大幅提升，且支持4K/8K高清视频，无须人工干预即可实现批量处理。

案例在线

使用腾讯智影智能去水印

视频中的水印往往影响美观，而使用腾讯智影的"智能抹除"功能可快速解决这一问题，轻松去除水印，方法如下。

（1）打开腾讯智影网站首页并登录账号，在页面右侧选择"智能抹除"选项，进入"智能抹除"页面，单击"本地上传"按钮 ，如图6-35所示。

慕课视频

使用腾讯智影
智能去水印

图6-35　单击"本地上传"按钮

（2）上传6.2.1节生成的珠宝商品推荐视频，删除字幕框，调整水印框大小和位置，如图6-36所示，然后单击"确定"按钮。

（3）处理完成后，预览视频效果，此时画面中的水印已全部被抹除，单击"下载"按钮 下载视频，如图6-37所示。

图6-36　调整水印框

图6-37　下载视频

6.3.2　智能转换视频比例

不同平台对视频比例有明确的要求，如抖音、小红书等短视频平台常用9∶16竖屏比例，而哔哩哔哩等长视频平台更适配16∶9横屏比例。当视频比例与平台需求不匹配时，创作者需通过转换视频比例确保画面完整展示。

AIGC工具在转换视频比例时，能依托AI算法精准识别画面主体，自动规避人物、物体等关键元素在缩放过程中被裁切，最大限度确保内容完整。同时，借助智能画质优化技术，即便调整视频比例也能维持画面清晰度，有效避免拉伸导致的模糊失真问题，让视频在不同平台均呈现优质的视觉效果。

案例在线

使用腾讯智影转换视频比例

下面使用腾讯智影的"智能转比例"功能快速转换视频比例。

（1）打开腾讯智影网站首页并登录账号，在页面右侧选择"智能转比例"选项，进入"智能转比例"页面，单击"本地上传"按钮↑，如图6-38所示。

图6-38　单击"本地上传"按钮

慕课视频

使用腾讯智影
转换视频比例

（2）上传"素材文件\第6章\草莓.mp4"视频素材，设置"选择画面比例"为9∶16，然后单击"确定"按钮，如图6-39所示。

（3）处理完成后，预览视频效果，单击"下载高清资源"按钮下载视频，如图6-40所示。

图6-39　选择画面比例

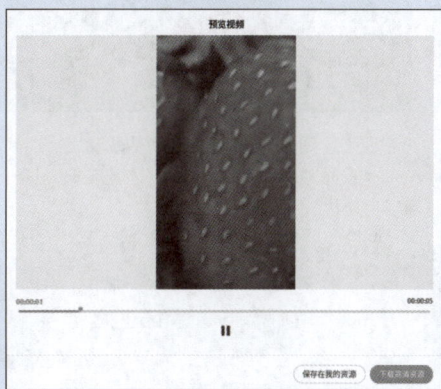

图6-40　下载视频

6.3.3　智能扩展画面内容

当图片或视频素材的宽高比与目标画布比例不一致，导致画面出现上下黑边或左右黑边时，创作者可借助AIGC工具在不拉伸变形人物、物体等画面主体的前提下，通过智能算法自动扩展画面内容（如填充背景、生成延伸场景等），无缝适配画布尺寸，使画面更完整、更协调。

案例在线

使用剪映专业版的"AI扩展"功能扩展画面内容

下面使用剪映专业版的"AI扩展"功能扩展画面内容。

（1）在剪映专业版的初始页面中单击"开始创作"按钮，进入视频剪辑页面。导入"素材文件\第6章\扩展.mp4"视频素材，在工具栏中单击"裁剪比例"按钮，如图6-41所示。

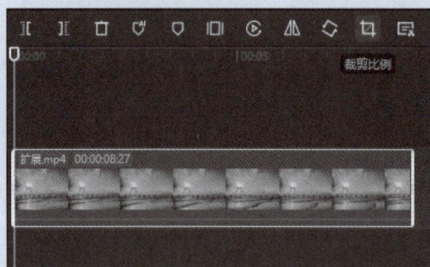

慕课视频

使用剪映
专业版的
"AI扩展"
功能扩展画面
内容

图6-41　单击"裁剪比例"按钮

（2）在弹出的"调整大小"对话框中单击"AI扩展"选项卡，根据需要选择合适的扩展比例，设置"原图缩放大小"为75%，单击"开始生成"按钮，如图6-42所示，之后剪映专业版会运用AIGC技术对素材进行智能分析与扩展处理。

（3）生成后，预览扩展效果，如图6-43所示，若对扩展效果满意，单击"确定"按钮，即可完成此次AI扩展操作。

图6-42　设置扩展参数

图6-43　预览扩展效果

AI
小
课
堂

　　使用剪映专业版的"AI扩展"功能时需注意，"原图缩放大小"不可设置为100%，否则"开始生成"按钮将变为灰色，无法使用。

6.3.4　修复视频画质

　　受拍摄设备性能限制、传输过程数据损耗等因素影响，视频素材经常出现画质缺陷。AIGC工具可对这类模糊画面进行智能识别与深度分析，精准定位受损像素区域并启动修复机制，通过算法优化有效提升视频分辨率，让原本模糊的画面呈现更细腻的细节，显著改善视觉清晰度。

案例在线

使用开拍的"画质修复"功能修复视频画质

　　下面使用开拍的"画质修复"功能快速修复视频画质。

　　（1）打开开拍网站首页并登录账号，在页面上方选择"画质修复"选项，如图6-44所示。

　　（2）进入"画质修复"页面，单击"上传"按钮💿，上传"素材文件\第6章\修复.mp4"视频素材，在页面右侧选择"AI超清"修复模式，如图6-45所示，单击"开始处理"按钮。

图6-44　选择"画质修复"选项

（3）画质修复完成后，预览修复效果，然后单击"导出"按钮，即可导出视频，如图6-46所示。

图6-45　选择"AI超清"修复模式

图6-46　导出视频

6.4　使用AIGC工具剪辑视频

在视频创作领域，AIGC工具正凭借强大的智能剪辑能力推动行业变革。传统视频剪辑所需耗费的人力与时间成本高，难以满足高频产出需求。AIGC工具依靠高效算法和智能分析，能自动完成素材处理、特效添加等视频剪辑工作，大幅提升创作效率，帮助创作者轻松产出专业视频作品。

6.4.1　智能剪辑商品推广视频

商品推广视频通常具有吸引力强、突出商品特点、能激发观众购买欲等特点。而使用AIGC工具智能剪辑此类视频的优势明显，包括可高效生成创意内容，快速匹配不同风格与观众，精准定位商品卖点，提升视频吸引力与转化率，制作成本低，能为商品推广提供有力的支持等。

案例在线

使用剪映专业版的"营销成片"功能剪辑商品推广视频

下面使用剪映专业版的"营销成片"功能快速剪辑商品推广视频。

（1）在剪映专业版的初始页面中单击"营销成片"按钮，打开"营销成片"窗口。在窗口左侧单击"导入视频"按钮 ➕，导入"素材文件 \ 第6章 \ 咖啡"中的所有视频素材，在文本框中输入产品名称、产品卖点、适用人群等信息，并设置视频尺寸和视频时长，如图6-47所示，然后单击"生成文案"按钮。

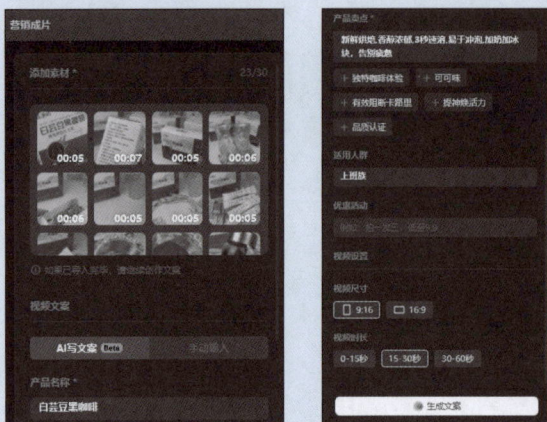

图6-47　设置视频参数

（2）在"视频文案列表"中选择合适的文案，如图6-48所示，然后单击"生成视频"按钮。

（3）此时，剪映专业版会根据内置的视频文案对素材进行智能剪辑，并为视频包装字幕、音乐等。生成结束后，创作者根据需要选择合适的视频，如图6-49所示，然后单击"编辑"按钮。

图6-48　选择文案

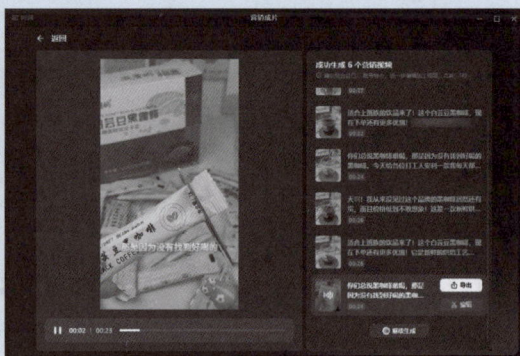

图6-49　选择视频

（4）进入视频编辑页面，根据需要导入视频素材，调整视频片段的顺序和播放速度，如图6-50所示，并删除多余的视频片段和文本片段。

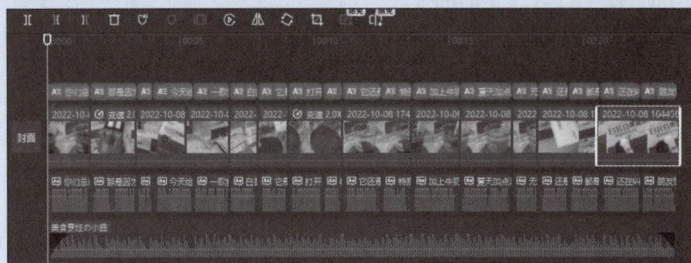

图6-50　调整视频片段的顺序和播放速度

（5）在素材面板上方单击"滤镜"按钮，选择"美食"类别中的"轻食"滤镜，将其拖至"视频1"片段的上方，在"滤镜"面板中设置"强度"为60，如图6-51所示，然后根据需要调整"轻食"滤镜片段的长度。

（6）选中所有的视频片段，在"调整"面板中设置"亮度"为6、"对比度"为10、"阴影"为-4，如图6-52所示。

图6-51　添加"轻食"滤镜　　　　图6-52　视频画面基础调色

（7）在"播放器"面板中预览视频效果，部分镜头画面如图6-53所示。单击"导出"按钮即可导出视频。

图6-53　预览视频效果

6.4.2　智能剪辑直播间切片视频

直播间切片视频是一种将完整的直播内容进行切割、编辑后形成视频的形式。这些视频通常选取直播中的精彩瞬间、关键知识点、主播的幽默互动或者产品的重点介绍部分等，使观众能在短时间内获取关键信息。

案例在线

使用剪映专业版的"AI切片"功能剪辑直播间切片视频

下面使用剪映专业版的"AI切片"功能快速剪辑直播间切片视频。

（1）在剪映专业版的初始页面中单击"AI切片"按钮，打开"AI切片"窗口，单击"上传"按钮➕，如图6-54所示，上传"素材文件\第6章\干花.mp4"视频素材。

（2）在"AI切片"窗口中，根据需要对切片的相关参数进行设置，如切片的时长范围、字幕模板，以及每段视频生成的时长等，然后单击"一键切片"按钮，如图6-55所示。

（3）剪映专业版开始对视频进行分析和处理，自动识别关键片段并为视频添加对应的字幕。生成结束后，剪映AI成功生成了2个直播间切片视频，创作者可根据需要选择合适的直播间切片视频，如图6-56所示，然后单击"编辑"按钮。

慕课视频

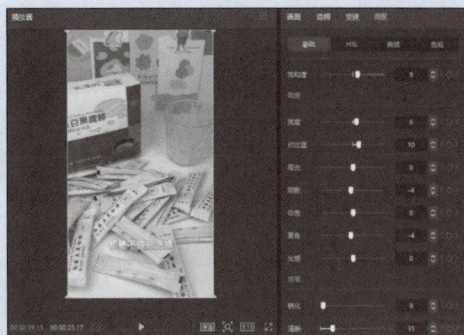

使用剪映
专业版的"AI
切片"功能
剪辑直播间
切片视频

（4）在打开的窗口中，可以替换字幕特效和模板。如果需要对生成的直播间切片视频进行更细致的编辑操作，可以单击"编辑更多"按钮，如图6-57所示。

图6-54　单击"上传"按钮

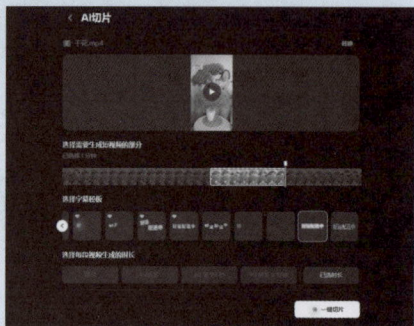

图6-55　单击"一键切片"按钮

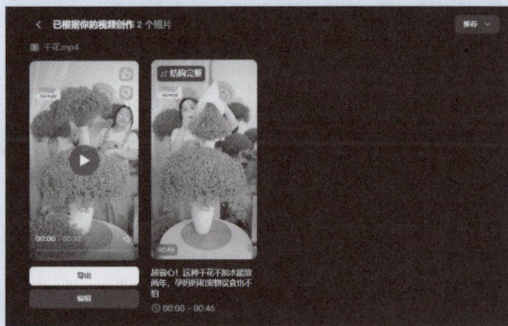

图6-56　选择视频

图6-57　单击"编辑更多"按钮

（5）进入视频编辑页面，根据需要对视频素材进行修剪，并删除多余的视频片段和文本片段，如图6-58所示。

（6）选中文本，在"字幕"面板中将鼠标指针定位到要分割文本的位置，按【Enter】键将较长的文本分割为短句，然后根据需要对文本进行修改，如图6-59所示。

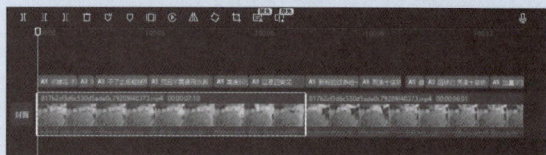

图6-58　剪辑视频素材

（7）同时选中所有的视频片段，在"音频"面板中设置"音量"为4.0dB，如图6-60所示，将主播口播音量调高。

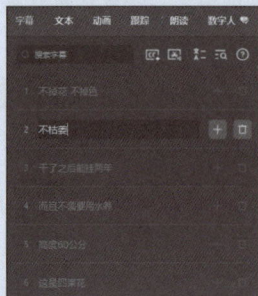

图6-59　分割并修改字幕

图6-60　调整音量

（8）在素材面板上方单击"音频"按钮，然后在左侧单击"音乐库"按钮，在"舒缓"分类中选择合适的背景音乐，并将其拖至时间线上，如图6-61所示。

（9）在"基础"面板中设置"音量"为−15.0dB、"淡出时长"为2.0s，如图6-62所示。此时，直播间切片视频制作完成。

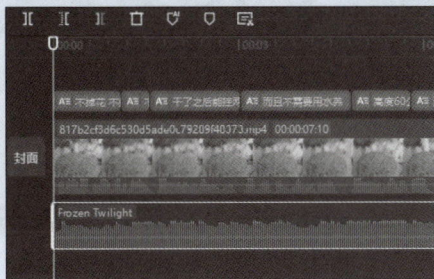

图6-61 选择背景音乐　　　　图6-62 调整音量

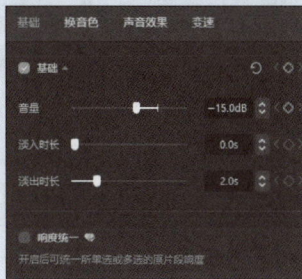

6.4.3 智能剪辑口播视频

口播视频以直白易懂、带情感、有感染力为特点，可精准传递信息、拉近与观众距离，但需要关注内容的连贯性与逻辑性。创作者使用AIGC工具智能剪辑口播视频，通过语音识别、字幕生成和素材编辑等技术，能快速处理口播视频中的问题，提升剪辑效率和视频质量。

案例在线

使用开拍智能剪辑口播视频

下面使用开拍的"口播剪辑"功能智能剪辑口播视频。

（1）打开开拍网站首页并登录账号，在页面上方选择"口播剪辑"选项，进入剪辑页面，单击"上传"按钮，如图6-63所示，上传"素材文件\第6章\口播.mp4"视频素材。

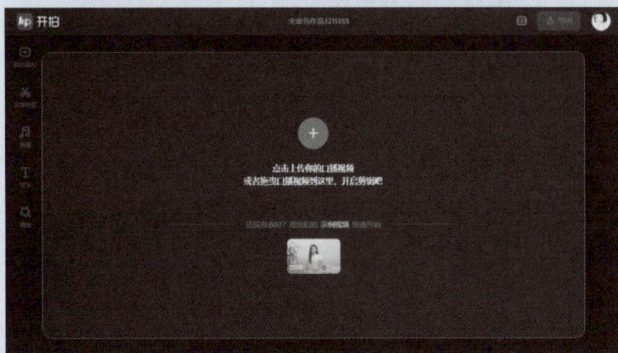

慕课视频

使用开拍智能剪辑口播视频

图6-63 单击"上传"按钮

（2）上传视频素材后，开拍会自动识别视频中的无效片段，同时将语音精准转化为文字字幕。根据需要选中无效片段，如图6-64所示，然后单击"删除"按钮，即可将其批量删除。

（3）在"时间线"面板中选中需要删除的片段，单击工具栏中的"删除"按钮，如图6-65所示。

（4）选中文本片段，在"花字"面板中选择合适的花字样式，如图6-66所示。

（5）单击"音频"按钮，在"音乐"列表中选择合适的背景音乐，然后单击"添加"按钮，将其添加到音频轨道中，设置"音量"为40，如图6-67所示。

图6-64 删除无效片段

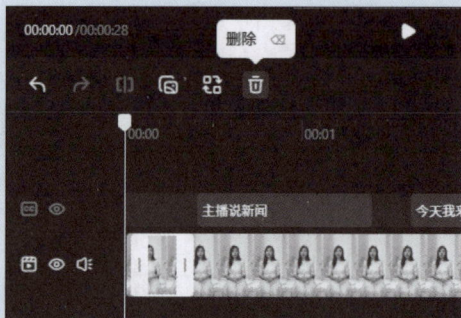

图6-65 单击"删除"按钮

图6-66 选择花字样式

图6-67 添加背景音乐

（6）单击页面右上角的"导出"按钮，在弹出的对话框中输入作品名字，选择视频画质，如图6-68所示，然后单击"确认生成"按钮。

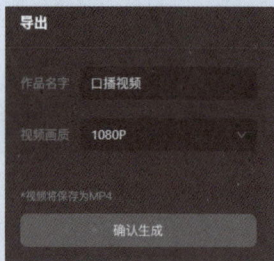

图6-68 导出口播视频

拓展阅读：保障AIGC商品短视频质量与可信度的方法

保障AIGC商品短视频的质量与可信度，可从技术、内容真实性、用户反馈及审核等多方面入手。

在技术上，采用多模态模型结合大量电商数据进行训练，运用3D建模避免商品外观失真，并嵌入智能质检算法，检测穿帮镜头和错别字。

在内容真实性方面，强制添加"AI生成"元标签和数字水印，建立虚拟与实物对照机制；同时接入违禁词库，过滤虚假宣传用语，校准使用场景。

在用户反馈方面，AIGC通过构建双向评价体系，让用户对短视频进行真实性评分，商家也可借此分析能够继续提升和优化的内容；还可制定行业标准，对符合真实性、合规性指标的短视频进行认证。

在审核方面，采用"AI初检＋人工复核"双轨审核机制，AIGC技术先进行基础质量检测，人工再对关键信息如价格、促销规则等进行校验，减少因算法误差导致的错误，提升用户对AIGC商品短视频的信任度。

本章实训

实训1：使用即梦AI等AIGC工具生成古诗词动画视频

1. 实训背景

将AIGC技术与中华优秀传统文化相结合，以创新的形式传播古诗词，不仅能激发大众对中华优秀传统文化的兴趣，还能为数字内容创作注入新的活力。本实训通过实际操作，帮助同学们掌握使用即梦AI等AIGC工具将古诗词转化为3D卡通风格动画视频的技能。

慕课视频

使用即梦AI
等AIGC工具
生成古诗词
动画视频

2. 实训要求

本实训视频主体设定为3D卡通风格的小女孩，在整个视频创作过程中，需确保小女孩的人物形象、服饰始终保持一致，同时要求视频内容能生动呈现古诗词的意境与内涵，视频时长为10秒，画面比例为16：9，效果如图6-69所示。

图6-69　古诗词动画视频

3. 实训思路

（1）设计提示词

打开豆包，输入初步生成需求，如"你是一个古诗词专家，熟知每一首古诗想要表达的含义和意境。结合《登鹳雀楼》全文，解析每句古诗要表达的含义和意境，设计每句古诗的分镜脚本，包括景别、运镜、文案、画面细节、风格参数等信息，并为每句古诗生成视频提示词。每句古诗的画面都要出现一个3D卡通风格穿粉色古装服饰的小女孩，保持人物一致、风格一致、着装一致，提示词内容完整、细节清晰，可以直接用于国产AIGC视频创作工具。按照镜头1、镜头2……的顺序，只输出每句古诗的视频提示词，不输出任何其他无关内容"。然后根据生成的反馈，不断调整和优化提示词。

（2）生成视频

打开即梦AI网站，进入"视频生成"页面，将优化后的提示词输入文本框，设置"视频模型"为"视频3.0"，"生成时长"为10s，"视频比例"为16：9，生成古诗动画视频，然后下载视频。

（3）去除水印

使用腾讯智影的"智能抹除"功能去除视频中的水印，预览去除水印后的视频，确认水印已完全去除且视频画面未受影响后，将视频保存到本地。

实训2：使用剪映专业版的"营销成片"功能剪辑零食推广视频

1. 实训背景

利用AIGC工具高效制作商品推广内容已成为短视频营销的重要手段。本实训将借助剪映专业版的"营销成片"功能，帮助同学们掌握智能化剪辑零食推广视频的完整流程，进而提升短视频营销内容的创作效率，同时增强对商品卖点的提炼及视觉呈现的能力。

慕课视频

使用剪映专业版的"营销成片"功能剪辑零食推广视频

2. 实训要求

打开"素材文件\第6章\实训2"，使用剪映专业版的"营销成片"功能智能剪辑一条零食推广视频。要求商品卖点突出、画面清晰、配音流畅、字幕精准，时长控制在30秒左右，效果如图6-70所示。

3. 实训思路

（1）智能剪辑视频素材

使用剪映专业版的"营销成片"功能，导入相关视频素材。利用该功能智能生成贴合商品特点的旁白文案，同步完成配音工作，并自动添加字幕，初步构建短视频的基本框架。

图6-70 零食推广视频

（2）精剪视频素材

依据旁白音频的内容剪辑视频素材，然后删除多余的视频片段和文本片段，使视频内容简洁且重点突出。

（3）优化与导出

添加合适的滤镜并调节滤镜强度，然后调整音频的音量、淡入和淡出时长。检查视频，从画面的连贯性、色彩的协调性，以及音频与画面的匹配度等方面进行确认。确认无误后，按照合适的格式和分辨率导出视频。

思考与练习

1. 简述AIGC视频创作的模式，分析不同模式在制作旅游宣传短视频时的适用场景。

2. 选用可灵AI、即梦AI、海螺AI等工具，选定一种自然风光（如雪山、雨林等），分别生成短视频。完成后，从画面效果、操作便捷性、风格适配度等方面对比不同工具的表现与特点。

3. 打开"素材文件\第6章\思考与练习"，分别使用腾讯智影和开拍将人像照片生成数字人视频，然后从数字人形象还原度、视频生成效率、功能丰富度维度对比两款工具的表现，总结各自的适用场景。

第 **7** 章
AIGC信息获取与数据分析

学习目标

➢ 掌握使用纳米AI搜索进行信息搜索和加工的方法。
➢ 掌握使用文心一言分析信息的方法。
➢ 掌握使用ChatExcel处理表格、清洗数据和进行数据计算的方法。
➢ 掌握使用豆包分析数据、生成可视化图表和写作数据分析报告的方法。
➢ 掌握使用扣子搭建Excel函数助手智能体的方法。

本章概述

　　无论是学术研究、商业决策还是日常学习工作，高效获取关键信息并从海量数据中提炼有效数据的能力，已成为数字公民的必备素养。然而，信息的泛滥与数据的复杂性也带来了前所未有的挑战——筛选成本剧增、分析效率低下成为价值创造的关键瓶颈。AIGC工具凭借其强大的自然语言处理、模式识别与内容生成能力，正以前所未有的速度辅助人类完成信息的精准定位、智能加工与深度分析。本章将探索如何借助这些前沿的AIGC工具，在信息洪流与数据迷宫中精准导航、高效作业，将技术与人的智慧深度融合，从而显著提升信息获取与数据分析的效率。

本章关键词

搜索信息　加工信息　分析信息　Excel　可视化图表　数据分析报告

京东零售，借AI数据分析师实现人力价值升级

在大数据时代，京东零售面临着海量数据的分析需求，传统商务智能（Business Intelligence，BI）工具存在操作复杂、学习成本高、数据分析效率低等问题，难以满足业务人员快速获取数据分析结果的需求。为此，京东零售打造了一款AI数据分析师——ChatBI。

ChatBI以GPT大语言模型为依托，其核心价值在于借助自然语言交互模式，将传统BI工作中复杂的数据处理流程转化为简洁的对话体验。它通过意图识别、实体提取、知识库交互和数据分析应用拓展等模块，构建起从数据查询到决策支持的完整链条。

慕课视频

京东零售，借AI数据分析师实现人力价值升级

在使用ChatBI时，业务人员无须编写代码或进行复杂的操作，通过自然语言对话即可快速地获取所需数据和数据分析结果。

ChatBI集成了知识库和数据分析工具，它能将专业数据分析师的分析思路和业务知识沉淀到知识库中，从而为业务人员提供专业、全面的数据分析支持，帮助他们更好地理解数据，精准定位问题，并制定有效的运营决策。此外，ChatBI的自动化数据分析功能，有效释放了数据分析师的时间，让他们将时间和精力聚焦于战略规划与深度业务洞察等高价值的工作，形成"智能工具赋能——人力价值升级"的良性循环。

案例思考： ChatBI对业务人员和数据分析师分别带来了哪些积极影响？这种"智能工具赋能——人力价值升级"的良性循环是如何形成的？

7.1 使用AIGC工具获取信息

在信息爆炸的当下，传统获取信息的方式耗时费力，效率低下。而AIGC工具利用自然语言处理、深度学习等技术，能快速地搜索、加工和分析大量信息，能帮助人们极大地提高获取和分析信息的效率。

7.1.1 搜索信息

使用传统搜索引擎搜索信息时，搜索引擎展示的搜索结果通常是一个个网址链接，创作者需通过网址链接进入具体网页查看信息，然后再从各个网页中查找自己需要的信息。而AIGC工具能深刻理解创作者的自然语言意图，并直接生成简洁、准确的答案。

AIGC工具不再像传统搜索引擎那样仅仅提供一系列网址链接，而是将搜索到的结果进行智能整合、筛选与提炼，使创作者不需要在多个网页之间来回切换，极大地节省了时间和精力。部分AIGC工具能将搜索结果以脑图、大纲等形式来展现，不仅让信息更加直观易懂，还便于创作者进一步学习和分析。

AIGC工具不仅会提供整理后的信息，还会明确标注信息的来源链接，且对信息来源的可信度进行标注。这既保证了信息的可靠性，又方便创作者进一步查阅和核实信息，增强了信息的可信度和权威性。此外，许多AIGC工具还具备多模态搜索能力，能理解并搜索图片、视频等多媒体内容，可满足创作者在不同场景下的多样化需求。

常用的AIGC工具中具备搜索信息功能的有纳米AI搜索、秘塔AI搜索、天工AI、通义、文心一言等。

案例在线

使用纳米AI搜索进行信息搜索

纳米AI搜索是由360集团推出的AIGC工具，具有以下特点。

（1）支持文字、语音、图片、视频等多种搜索方式，使创作者可以根据自己的需求和场景选择最便捷的方式进行信息搜索。

（2）可将搜索结果快速整理成信息总结、思维导图，并能一键生成PPT。

（3）能对图片、PDF、视频等文件进行深度理解分析，并将搜索结果转化为创意资源，实现"搜索即创作"。例如，创作者可以使用纳米AI搜索生成脱口秀稿、新闻稿、口播稿等内容。

（4）整合了国内多款大模型，创作者可以自由切换或组合模型，以满足不同的需求。

使用纳米AI搜索进行信息搜索的方法如下。

在PC端登录纳米AI搜索官方网页，关闭深度思考模式，选择标准回答模式，在搜索框中输入搜索需求，如"香云纱"，如图7-1所示，单击搜索按钮❶。

纳米AI搜索对搜索到的信息进行整理、总结，并输出回答结果，如图7-2所示。在回答结果页面右侧会展示参考资料链接，回答结果中也会提供信息来源链接，单击参考资料链接或回答结果中的信息来源链接，均可查看信息来源。在回答结果页面的下方，可以在搜索框中继续输入搜索需求进行追问，也可单击"更多搜索"板块中的链接搜索更多信息。

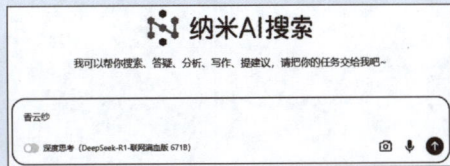

图7-1　输入搜索需求

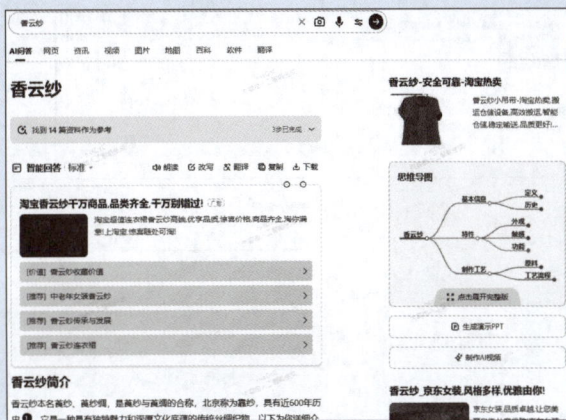

图7-2　输出回答结果

素养课堂

AIGC工具虽然能快速提供大量信息，但其输出内容可能存在准确性问题或逻辑漏洞。我们要对获取的信息进行严格筛选和验证，不能盲目轻信。在使用AIGC工具搜索信息时，要建立"质疑—验证—重构"的思维闭环，对AIGC工具输出的信息，既要从来源权威性、数据时效性、论证逻辑性等维度进行交叉核验，也要结合领域专业知识进行理性思辨，避免陷入"技术依赖陷阱"。

7.1.2　加工信息

为了让信息变得更加清晰、生动且易于理解，创作者可以使用AIGC工具对搜索到的信息进行加工。例如，将搜索结果转换为新闻等风格，将搜索结果制作成PPT，或者将搜索结果制作成短视频，等等。

使用纳米AI搜索加工信息

下面介绍使用纳米AI搜索对信息进行改写，根据收集到的信息制作思维导图和PPT，以及制作AI视频的方法。

1. 改写信息

在回答结果页面上方单击"改写"按钮，如图7-3所示。

在弹出的"改写原文"对话框中选择改写后的风格，在此选择"新闻稿"风格，AI将会把回答结果改写成新闻稿，如图7-4所示。改写完成后，创作者可根据需求选择导出或复制改写后的内容。

2. 制作思维导图和PPT

返回回答结果页面，在页面右侧单击思维导图板块的"点击展开完整版"按钮，即可查看根据回答结果生成的思维导图，部分如图7-5所示。单击"下载"按钮，即可下载思维导图。

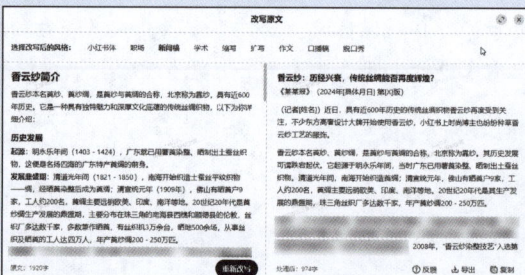

图7-3　单击"改写"选项

图7-4　内容改写

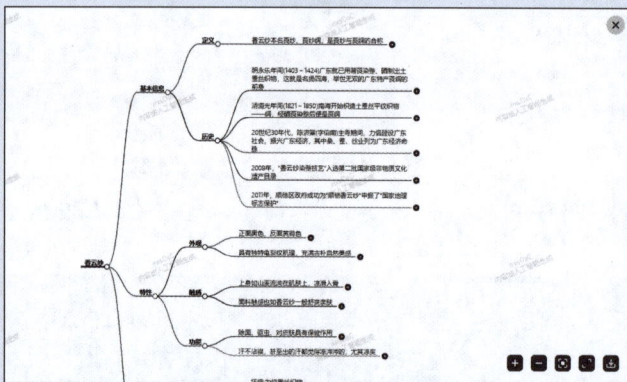

图7-5　查看思维导图（部分）

返回回答结果页面，单击"生成演示PPT"按钮，进入"选择模板创建PPT"页面，根据自身需求选择PPT模板，如图7-6所示，单击"下一步"按钮。

AI自动生成PPT大纲，如图7-7所示，随后单击"生成PPT"按钮。创作者若对大纲不满意，可单击"换个大纲"按钮，要求AI重新生成大纲。

AI自动生成PPT，如图7-8所示。

3. 制作AI视频

返回回答结果页面，单击"制作AI视频"按钮，进入"AI爆款视频"页面，AI生成口播稿初稿，如图7-9所示。

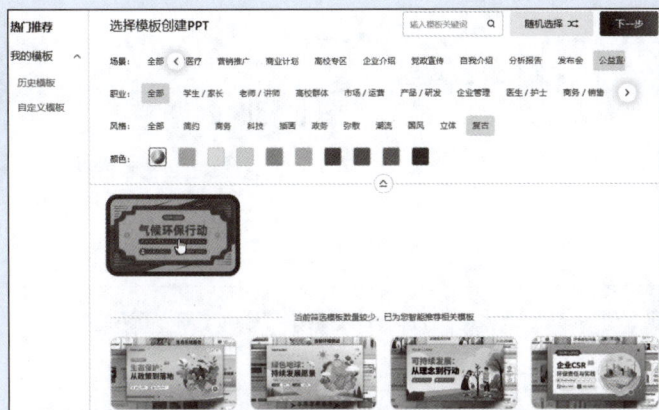

图7-6 选择PPT模板

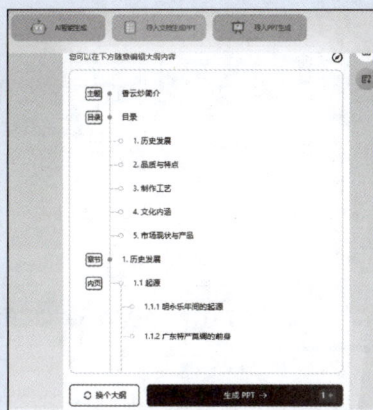

图7-7 生成PPT大纲

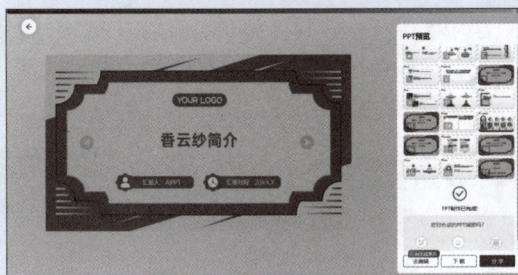

图7-8 AI自动生成PPT

图7-9 AI生成口播稿初稿

在口播稿工具中，设置口播稿的风格、钩子和时长，使其更符合热门短视频的特征，然后单击"重新生成"按钮，AI将按照设置要求重新生成口播稿，单击"下一步"按钮，如图7-10所示。

AI根据口播稿风格生成标题，如图7-11所示。

图7-10 单击"下一步"按钮

图7-11 AI生成标题

若对标题不满意，可要求AI参考同款热门标题的风格重新生成标题。在"生成同款热门标题"下选择想要的标题风格，AI将自动生成同款热门标题。创作者选择符合自己要求的标题，然后单击"下一步"按钮，如图7-12所示。

进入"多格式导出"页面，可以选择生产数字人（即导出视频）、导出音频或导出文稿。在此选择生产数字人，选择合适的数字人形象，选中"嵌入字幕"复选框，如图7-13所示，单击"导出视频"按钮，即可将视频导出。

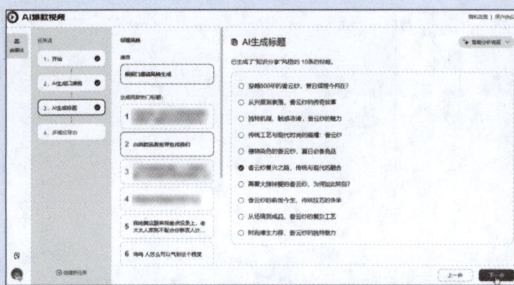

图7-12　单击"下一步"按钮　　　　图7-13　选中"嵌入字幕"选项

7.1.3　分析信息

AIGC工具可以对文本信息进行精准地分类、总结和提炼，将冗长、复杂的原始内容转化为简洁明了的核心要点。同时，它们还能从海量信息中筛选最具价值的部分，为创作者提供精准的洞察和决策支持。

案例在线

使用文心一言分析信息

下面使用文心一言进行信息分析。

（1）在PC端打开文心一言网址并登录账号，在页面左侧单击"阅读分析"按钮🖹，如图7-14所示。

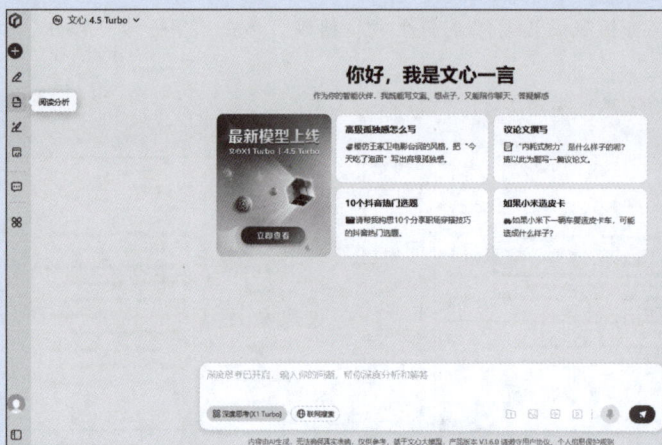

慕课视频

使用文心一言
分析信息

图7-14　单击"阅读分析"按钮

（2）进入阅读分析页面，在"文档阅读"选项组中选择相应的功能并上传文档，文心一言会根据提示词分析文档并输出结果。例如，选择"研报精读"选项，在页面右下方的"阅读分析"对话框中单击"上传文档"按钮，如图7-15所示。

（3）上传需要分析的文档，参考提示词模板输入提示词："根据我上传的研报，生成一份研报摘要，包括[摘要需要包括的内容]。"例如，输入提示词"根据我上传的文件生成一份摘要，包括大模型平台发展概况、大模型常见落地路径、典型大模型平台实践案例、大模型平台发展趋势。"如图7-16所示，单击"发送"按钮➤，文心一言会自动生成摘要，帮助创作者快速了解文件核心内容。

图7-15　单击"上传文档"按钮

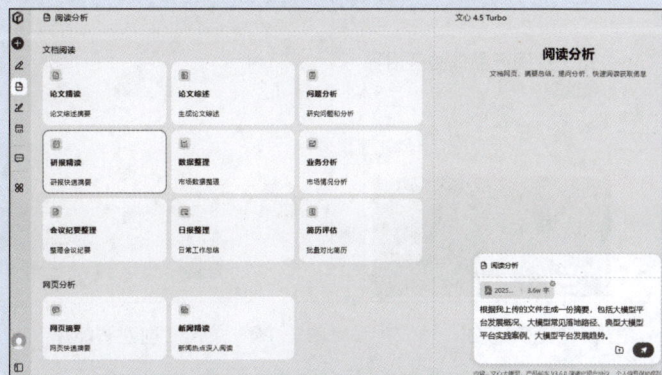

图7-16　上传文件并输入提示词

（4）在"网页分析"选项组中选择相应的功能并输入网页地址，文心一言会根据提示词对网页进行分析并输出结果。例如，选择"网页摘要"选项，参考提示词模板输入提示词："[输入网址链接]对这个网站进行快速摘要，需要包含[网页分析的具体内容]"。例如，在"阅读分析"对话框中输入网页地址，然后输入提示词"对这个网站进行快速摘要，需要包含核心观点、段落大意。"如图7-17所示，单击"发送"按钮，随后文心一言将会生成网页摘要。

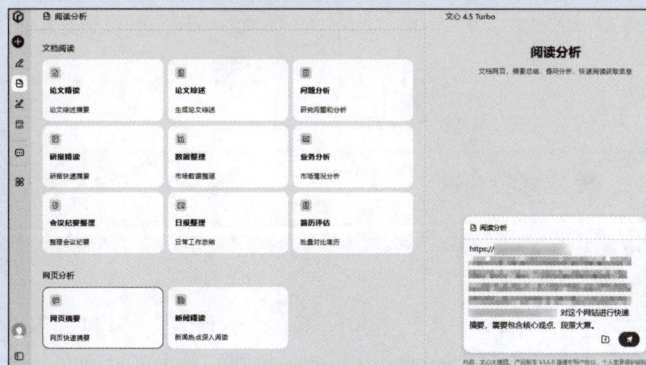

图7-17　输入网页链接和提示词

7.1.4　搭建热点分析智能体

热点是指比较受广大群众关注或欢迎的新闻或者信息，或指某时期引人注目的地方或问题。它们往往涉及政治、经济、科技、文化、社会等各个领域。热点能为创作者提供创作思路和素材。创作者可以通过解读热点，创作出吸引人的文章、视频等内容。

案例在线

使用扣子搭建热点分析智能体

下面使用扣子搭建一个热点分析智能体。

（1）在PC端打开扣子主页并登录账号，在页面左侧单击"创建"按钮⊕，如图7-18所示。

（2）在弹出的"创建"对话框中单击"创建智能体"下方的"创建"按钮，如图7-19所示。

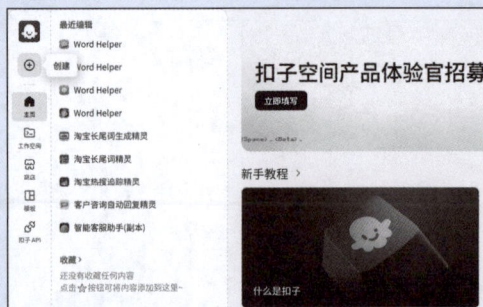

图7-18 单击"创建"按钮

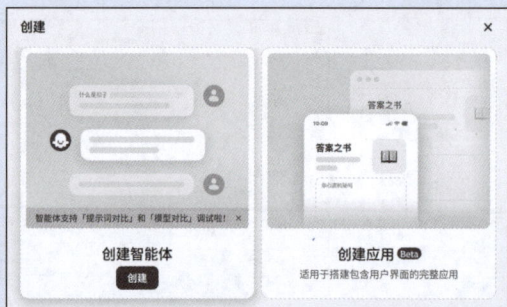

图7-19 单击"创建智能体"下方的"创建"按钮

（3）在弹出的"创建智能体"对话框中选择"AI创建"选项卡，在文本框中输入对智能体的描述，如图7-20所示，然后单击"生成"按钮。

（4）AI将自动生成智能体的头像、名称和简介，然后单击"确认"按钮，如图7-21所示。

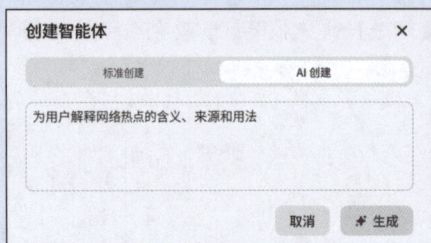

图7-20 输入智能体描述

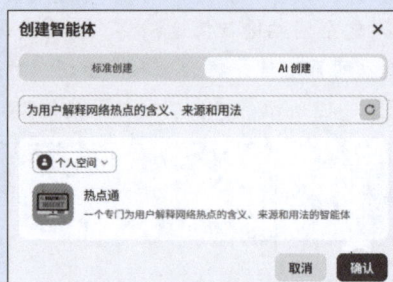

图7-21 单击"确认"按钮

（5）进入智能体设计详情页，在"编排"区域的"技能"板块中单击"插件"选项右侧的"添加插件"按钮，如图7-22所示。

（6）弹出"添加插件"对话框，选中"仅展示官方插件"单选按钮，在插件列表中选择并展开"联网问答"插件，选择其中的"comliex_search"插件，单击"添加"按钮，如图7-23所示，然后关闭"添加插件"对话框。

（7）关闭"添加插件"对话框，返回智能体设计详情页，在页面右侧"预览与调试"区的对话框中输入一个热点事件，如"机器人跳秧歌"，单击"发送"按钮▶，查看智能体运行效果，如图7-24所示。如果智能体的运行效果不符合需求，可以在人设与回复逻辑中进行优化，以优化智能体的运行效果。

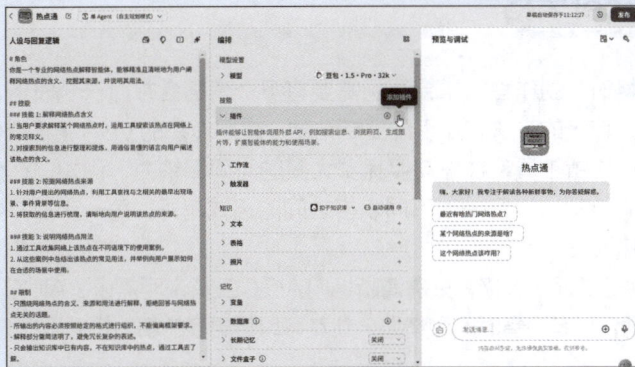

图7-22 单击"添加插件"按钮

图7-23 添加插件

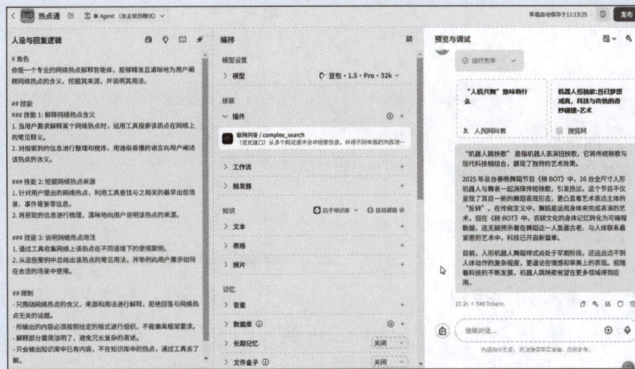

图7-24 查看智能体运行效果

7.2 使用AIGC工具辅助数据分析

　　传统数据分析方法需要人们使用Excel、Python等工具清洗数据、分析数据和进行数据可视化，这些操作不仅需要数据分析人员具备专业的数据分析知识和技能，还会耗费数据分析人员大量的时间和精力。而AIGC工具能以自然语言交互的方式自动完成数据的清洗、分析和可视化等任务，不仅提高了数据处理和分析的效率，还降低了数据分析的专业门槛，让非技术背景的业务人员也能轻松驾驭日常的数据分析任务。

7.2.1 处理Excel表格

在处理Excel表格时，创作者常常会遇到需要将多个表格合并为一个表格，或者将一个表格拆分为多个表格的情况。传统的方法，如手动复制粘贴、使用复杂的VBA编程或借助一些功能繁多但操作相对烦琐的Excel内置工具，往往需要耗费大量的时间和精力。例如，在合并表格时，要确保数据的对齐、匹配关键字段，以及处理不同表格之间的格式差异，每一步都需要严谨地操作，稍有不慎就可能导致数据错误。

使用AIGC工具处理Excel表格，只需清晰地向AIGC工具说明需求，AIGC工具就能自动完成表格的合并、拆分，帮助创作者节省时间和精力，让其可以将更多的精力投入数据分析和决策制定中。

案例在线

使用ChatExcel合并Excel表格

ChatExcel是北京大学团队推出的在线AI Excel工具和数据分析平台，它通过自然语言技术简化了Excel的使用方法，用户无须编写复杂的公式和代码，通过自然语言输入需求，ChatExcel就能自动处理Excel表格，对数据进行计算、分析、可视化等，有效降低了Excel的使用门槛。

使用ChatExcel合并Excel表格的方法如下。

（1）在PC端打开ChatExcel网站并登录账号，如图7-25所示，单击"开始使用"按钮。

（2）进入ChatExcel-Pro工作台，在页面右侧单击"点击此处或复制、拖曳文件到此处上传文件"按钮，上传"商品编号对照表""销售订单明细表"2个Excel工作簿，然后在对话框中输入提示词，如"按照'商品编号对照表'中的商品编号，对'销售订单明细表'操作，把'商品名称'和'单价'两个字段补全，并保存为可下载的表格。"如图7-26所示，单击"发送"按钮 。

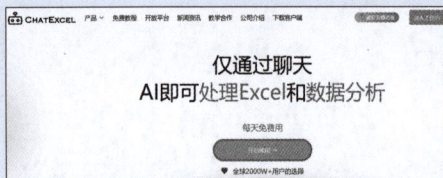

图7-25　单击"开始使用"按钮

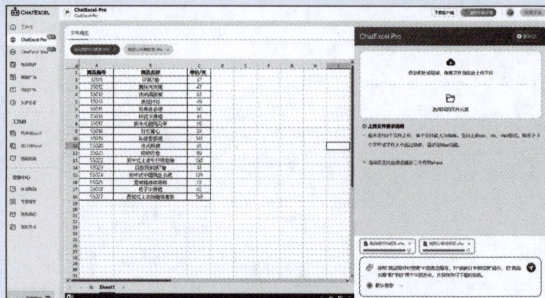

图7-26　上传文件并输入提示词

（3）ChatExcel完成对表格的处理，如图7-27所示，其中，页面右侧显示处理过程，左侧显示分析结果，单击保存的文件右侧的"预览"按钮可以预览处理后的表格，单击"下载"按钮可以下载处理后的表格。

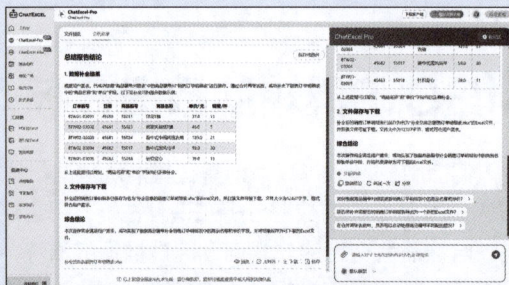

图7-27　完成表格处理

使用ChatExcel处理Excel表格和数据时，要注意以下事项。

● 无须输入函数，直接通过提示词说明自己想要的结果。

● 提示词要简练，直接表明需求、想要达到的结果，无须使用"赋予角色＋背景＋目标＋补充需求"之类的公式，提示词的字数不宜超过50个字。

● 如果任务比较复杂，要将其拆解成简单的子任务，分步骤输入提示词。

● 连续处理Excel时，要在提示词中明确地指明某个文件，不要模糊，如基于"填充缺失值"的文件。

● 当指定某个字段时，要对该字段加上双引号。例如，创作者想要对"销售订单明细表"中的"商品名称"和"单价"两个字段进行操作，提示词可以设计为：对"销售订单明细表"操作，把"商品名称"和"单价"两个字段补全。

● 指定Excel中的某行、某列时，要写明表头，不要使用A、B、C列这样的描述，而要直接写明表头内容，如"单价"列、"销量"列。

● 使用英文格式的括号，不要使用中文格式的括号。

● 进行求和、求差、求极值、求平均值等基本计算，可以在提示词中直接写求和、求差、求极值、求平均值，当要进行复杂的数据计算时，要在提示词中写明计算逻辑。例如，要计算利润，就要在提示词中写明计算利润的公式。

7.2.2　清洗数据

数据清洗包括检查数据一致性，处理无效值和缺失值等，数据清洗能去除重复、错误、不完整的数据，修正异常值和不一致的数据，使数据更加准确、完整和可靠，从而提升数据的质量。

1. 缺失值的清洗

缺失值是数据集中某些变量（或特征）的观测值不存在或未被记录的情况。清洗缺失值的常见方法如下。

● 将存在缺失值的记录删除。

● 用均值、中位数或众数填充缺失值。

● 利用其他变量和完整的观测数据来构建模型，然后用这个模型来预测缺失值。

● 将缺失值本身作为一种特征进行标记。

2. 重复数据的清洗

重复数据是数据集中存在多条具有相同或高度相似信息的记录，包括完全重复记录和部分字段重复记录。

完全重复记录就是一条记录的所有字段值都与另一条或多条记录完全相同。例如，在客户订单数据表中有两条记录，它们的订单编号、客户姓名、产品名称、购买数量、购买日期等所有字段内容完全一样。

部分字段重复记录就是一条记录的一个或多个字段与另一条或多条记录相同。例如，在客户信息表中，如果"客户姓名"+"联系电话"这两个关键字段组合相同的记录出现多次，这些记录就是重复数据。

处理重复数据的方法就是查找出重复数据，将其删除。

3. 错误数据的清洗

错误数据是指数据集中不符合实际情况、逻辑或数据规范的记录，包括数据内容错误、数据格式错误、数据一致性错误、数据重复但错误等。创作者要依据业务规则，对数据进行全面检查，检查是否存在错误数据，然后对已识别的错误数据进行修正。如果是录入错误导致的数值错误，可以查找原始数据源进行核实并更正。在某些情况下，如果错误数据无法有效修正，或者修正成本过高，可以选择删除这些错误数据。

案例在线

使用ChatExcel处理缺失值

下面使用ChatExcel处理缺失值。

（1）进入ChatExcelPro页面，上传"店铺6月份销售额统计"数据表，在下方对话框中输入以下提示词，然后单击生成按钮 ◀，如图7-28所示。

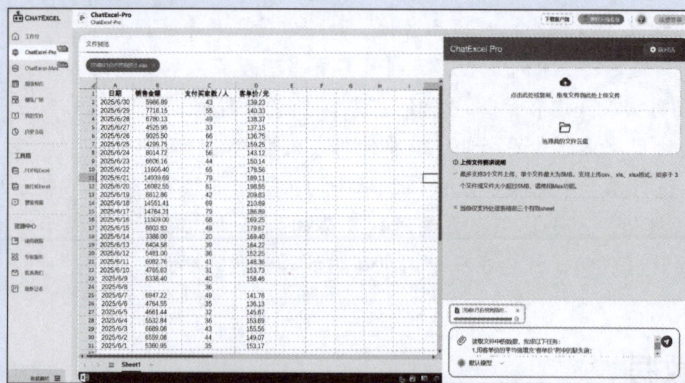

图7-28　上传文件并输入提示词

> 读取文件中的数据，完成以下任务：
> 1. 用客单价的平均值填充"客单价"列中的缺失值；
> 2. 填充"销售金额"列中的缺失值，销售金额 = 支付买家数 × 客单价。

（2）ChatExcel完成对表格的处理，如图7-29所示。创作者可根据需求预览、下载处理后的表格。

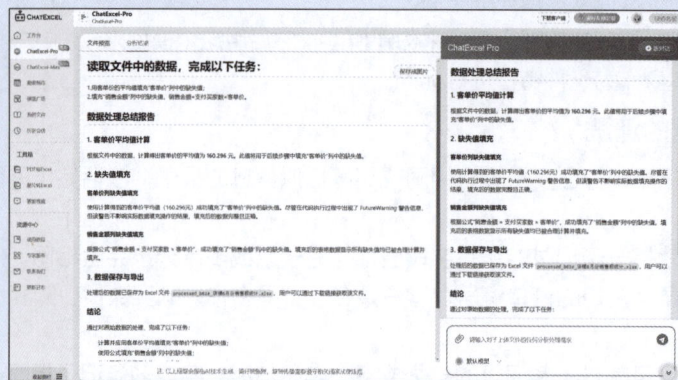

图7-29　完成表格处理

7.2.3　数据计算

在数据分析中，有些数据并不能直接从数据表中提取出来，而需要经过计算来获得。数据的计算是基本的商务数据加工方法，包括计算数据的和、乘积、平均数、中位数、众数等。创作者可以使用ChatExcel、DeepSeek、办公小浣熊、文心一言等AIGC工具进行数据计算，而无须在Excel中使用复杂的函数。

> **案例在线**

使用ChatExcel进行数据计算

下面使用ChatExcel进行数据计算。

（1）进入ChatExcel-Pro工作台，上传"品牌过去1年不同平台销售额统计"Excel工作簿，在对话框中输入以下提示词，然后单击"发送"按钮，如图7-30所示。

> 读取文件中的数据，完成以下任务：
>
> 分别计算不同平台过去1年的销售额总和；
>
> 分别计算不同平台过去1年的销售额的平均值；
>
> 分别提取过去1年每个月销售额的最大值和所在平台；
>
> 输出Excel表格，并清晰标注出计算的指标和结果。

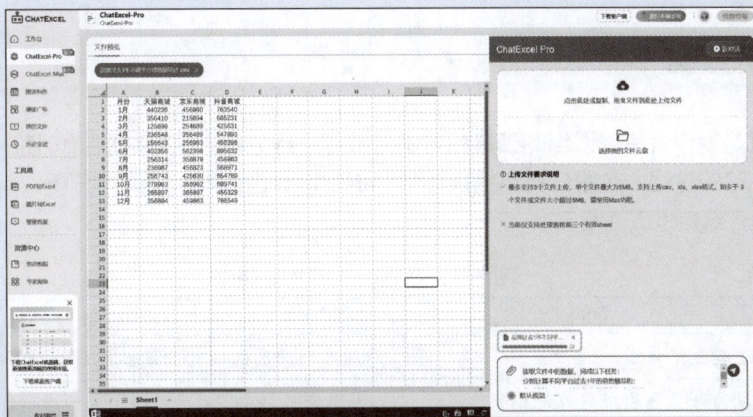

图7-30　上传文件并输入提示词

（2）ChatExcel输出数据处理结果，如图7-31所示。单击"预览"或"下载"超链接，即可预览或下载处理好的文件。

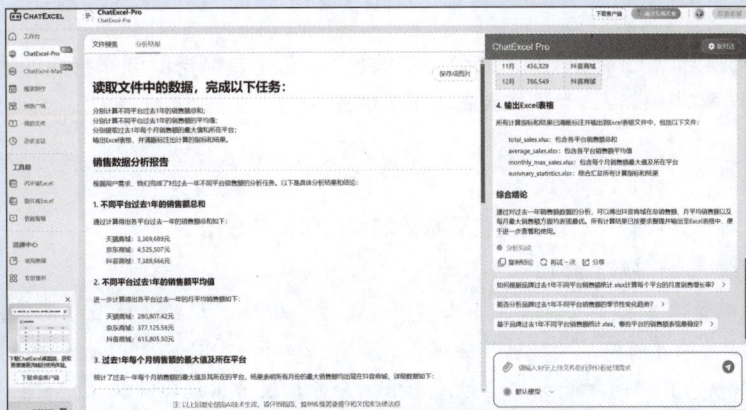

图7-31　ChatExcel输出数据处理结果

（3）继续输入提示词"根据'品牌过去1年不同平台销售额统计.xlsx'计算每个平台的月度销售增长率。"单击"发送"按钮，ChatExcel输出数据处理结果，如图7-32所示。

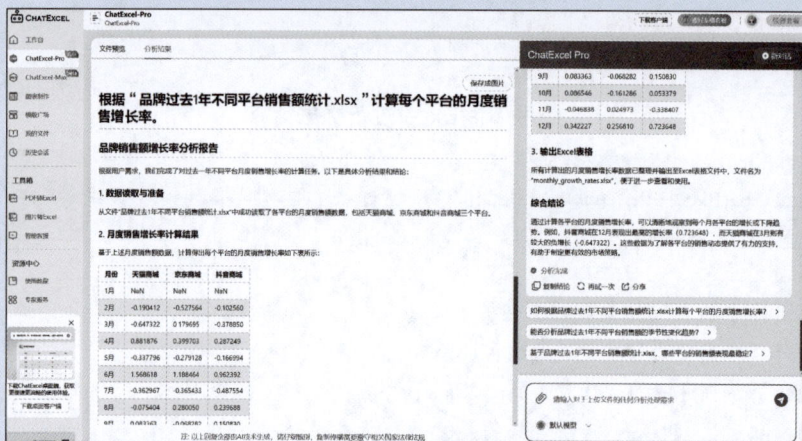

图7-32　输出数据处理结果

7.2.4　分析数据

分析数据就是创作者使用适当的工具和方法对数据进行分析，从中获取有价值的信息，并形成具有指导性的结论的过程。数据分析包括描述性分析、诊断性分析、预测性分析、规范性分析和探索性分析，具体介绍如表7-1所示。

表7-1　数据分析的常见类型

分析类型	目的	应用示例
描述性分析	描述发生了什么	总结上个季度的销售业绩，统计店铺每个月的流量
诊断性分析	研究为什么会出现这样的结果	分析库存周转率下降的原因，分析店铺销量下滑的原因
预测性分析	基于历史数据和统计模型预测未来趋势	预测下季度销售额，预测客户流失率，预测库存需求
规范性分析	建议最佳的行动方案	制定最佳营销预算分配策略，确定最优商品定价方案
探索性分析	发现数据中的新特征和关系	发现客户购买行为新趋势，探索商品销量与营销渠道的关系

豆包、DeepSeek、ChatExcel、办公小浣熊等AIGC工具能帮助创作者快速地分析数据，并根据数据分析的结果提出建议，为创作者做决策提供参考。

案例在线

使用豆包分析单场直播间人气数据

下面使用豆包分析单场直播间人气数据。

（1）在PC端登录豆包官方首页，单击"深度思考"按钮，开启深度思考模式。单击回形针按钮，上传"单场直播间人气数据"数据表，在对话框中直接输入需求描述提示词，如"根据我上传的文件，分析直播间人气变化趋势，并根据分析结果给出优化建议。"如图7-33所示，单击"发送"按钮。

图7-33　上传文件并输入提示词

（2）豆包输出结果如下。

基于执行结果，已成功绘制折线图展示直播间弹幕条数、弹幕人数、观看人次和人数峰值随时间点的变化趋势。

从数据中可以推测出以下几点并给出相应的优化建议。

① 趋势分析

整体人气波动：从各项指标来看，直播间的人气呈现较为明显的波动。弹幕条数、弹幕人数、观看人次和人数峰值都没有呈现稳定的上升或者下降趋势。这可能反映了直播间在不同时间段的吸引力有所不同，可能与直播内容的安排、主播的互动节奏等因素有关。

高人气时间段：在20:18—20:28，弹幕条数、弹幕人数和人数峰值都处于较高水平，尤其是弹幕条数和弹幕人数达到了整个时间段内的较高值，说明这个时间段内观众的参与度非常高。推测可能是主播在这个时间段进行了一些比较有趣或者互动性强的活动。

低人气时间段：在接近21:31时，各项指标都处于较低水平，弹幕条数、弹幕人数和观看人次都大幅下降，这可能意味着直播接近尾声，观众的流失率较高，或者在这个时间段内没有吸引观众继续停留的内容。

② 优化建议

内容规划：分析高人气时间段的直播内容，总结受观众欢迎的元素，如互动游戏、抽奖活动、精彩的表演等，并在直播过程中适当增加这些元素的出现频率。同时，合理安排直播内容的节奏，避免出现内容枯燥导致观众流失的情况。

互动策略：在直播过程中增加与观众的互动，如发起话题讨论、邀请观众连麦等。在低人气时间段，可以通过一些特别的互动活动来吸引观众的注意力，提升观众的参与度。

直播时长和时间选择：考虑优化直播时长，避免直播时间过长导致观众疲劳。同时，根据观众的活跃时间段来调整直播时间，以吸引更多的观众。如果可能的话，可以在高人气时间段增加直播的频率。

预告和推广：在直播前做好预告，提前透露一些精彩内容和互动环节，吸引更多观众进入直播间。在直播过程中，适时提醒观众后续的精彩内容，提高观众的留存率。

7.2.5　生成可视化图表

对数据进行可视化能让数据变得更直观、更易于理解。生成可视化图表是一种常见的数据可视化方式，数据分析中常用的可视化图表如表7-2所示。

表7-2　常用的可视化图表

图表类型	作用	应用场景示例
柱形图	用于比较不同类别或组之间的数据值大小，能直观地展示各数据值之间的差异，常见类型有簇状柱形图、堆积柱形图和百分比堆积柱形图等	比较不同商品的销售额、不同地区的市场份额、不同部门的业绩等
折线图	展示数据的变化趋势，便于观察数据的走势和波动情况	分析销售额、店铺流量等随时间的变化趋势
饼图	直观地展示各部分占总体的比例关系，强调各组成部分的相对重要性	展示市场份额的分布、预算分配，不同类别商品销售额占比等
散点图	用于展示两个变量之间的相关性，通过观察数据点的分布，可以判断变量之间是否存在正相关、负相关或无相关关系	分析广告投入与销售额之间的关系，商品价格与销售量之间的关系等
热力图	通过颜色的深浅来表示数据的密度或强度，能快速、直观地展示数据在不同维度上的分布情况和集中区域	分析用户在网站页面上的点击分布，不同地区和时间段的销售额分布等
漏斗图	直观地展示业务流程中各阶段的转化情况，强调各阶段的流失率或转化率	分析销售转化过程中各环节的转化率，用户购买流程的转化情况等
雷达图	用于多维数据的展示和比较，能直观地比较同一对象在多个维度上的表现，或者比较多个对象在相同维度上的差异	评估员工在多个指标上的综合表现，比较不同商品的优劣势等
词云图	通过将文本数据中的关键词以不同字体大小、颜色、形状等方式进行展示，直观地反映文本中关键词的出现频率、重要性等信息，便于用户快速了解文本数据的主题和重点内容	分析社交媒体上用户的评论、反馈，如对商品的评价、对活动的讨论等；分析新闻报道、市场调研中的文本数据，挖掘热门话题和关键信息

案例在线

使用豆包生成图表

下面使用豆包根据自身需求生成图表。

（1）在PC端登录豆包官方首页，单击"深度思考"按钮，开启深度思考模式。单击回形针按钮 ⫶，上传"直播销售数据"数据表，在对话框中直接输入需求描述提示词，如"提取各个日期直播中新客户成交人数和老客户成交人数数据，绘制百分比堆积柱形图，横轴为日期，并添加数据标签。"如图7-34所示，单击"发送"按钮 ↑。

慕课视频

使用豆包生成图表

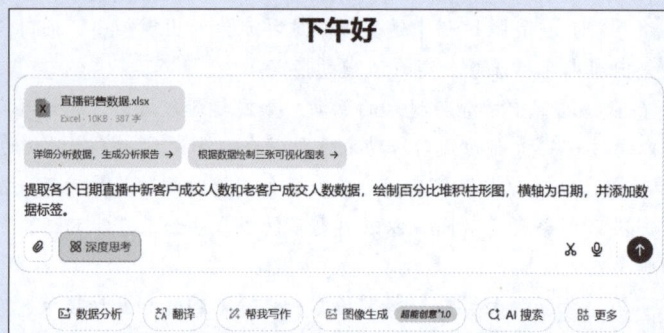

图7-34　上传文件并输入提示词

（2）豆包输出结果如图7-35所示。

（3）单击图表，可以单独查看图表，如图7-36所示。单击下载按钮，可以下载图表。

（4）继续在对话框中输入提示词"继续分析直播销售数据表，绘制柱形图和折线图的组合图。其中，不同日期的成交人数为柱形图，不同日期的转化率为折线图，图表名称为直播成交人数、转化率分析。"单击"发送"按钮 ↑，豆包输出结果如图7-37所示。

基于执行结果，数据集包含5行7列数据，推测参与分析的列有日期、新客户成交人数和老客户成交人数。随后，我会基于这些数据，将日期转换为标准日期格式，计算新老客户成交人数占比，进而绘制百分比堆积柱形图并添加数据标签。

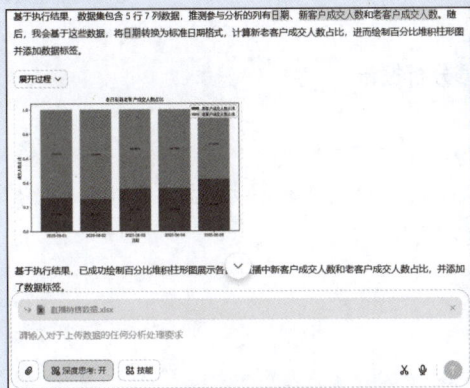

基于执行结果，已成功绘制百分比堆积柱形图展示各……播中新客户成交人数和老客户成交人数占比，并添加了数据标签。

图7-35　输出结果

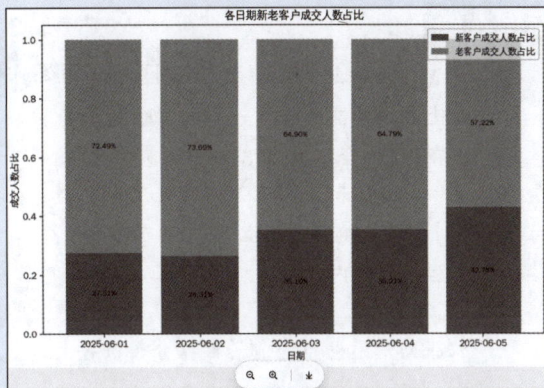

图7-36　查看图表

我将基于直播销售数据表，绘制柱形图展示不同日期的成交人数，绘制折线图展示不同日期的转化率，将二者组合在一张图表中并命名为直播成交人数、转化率分析。

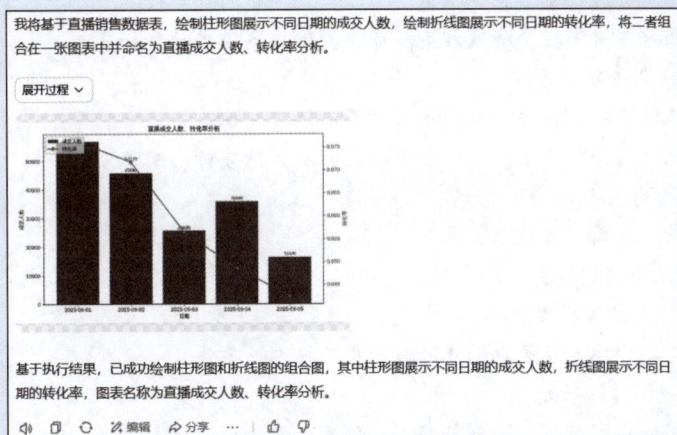

基于执行结果，已成功绘制柱形图和折线图的组合图，其中柱形图展示不同日期的成交人数，折线图展示不同日期的转化率，图表名称为直播成交人数、转化率分析。

图7-37　豆包输出结果

7.2.6　写作数据分析报告

数据分析报告是基于商务活动相关数据，通过运用数据分析方法和技术对商务活动中的各种现象、问题和趋势进行深入研究和分析后形成的书面报告。数据分析报告能完整地展示数据分析的过程、结论和可行性建议，为创作者提供基于数据的决策依据，是创作者精准地制定战略、规划业务方向的重要参考和依据。

数据分析报告常见的结构为"总—分—总"形式，由开篇、正文和结尾3个部分构成。开篇部分包括标题、目标和前言，正文部分包括数据分析的过程、结果，结尾部分包括结论和附录。

写作数据分析报告时，需要注意以下事项。

- 确保引用数据精确，来源可靠，避免出现错误误导读者；
- 术语口径要统一，对缺失值、异常值的处理方式需简要备注；
- 术语规范，使用行业通用词汇来表述，避免生造概念；
- 避免主观，用"数据显示""统计表明"替代"我认为""可能"等模糊表述；
- 用图表直观呈现关键数据，增强理解效果。

AIGC工具能为数据分析报告的写作提供支持，可以帮助创作者生成数据分析报告的文本内容和可视化图表，极大地提升数据分析报告的写作效率。

案例在线

使用豆包辅助写作数据分析报告

下面使用豆包辅助写作一篇数据分析报告。

（1）在PC端登录豆包官方首页，参考公式"身份＋任务＋细节约束"设计提示词。例如，在对话框中输入提示词："你是一名资深商务数据分析师，请拟定一份关于汉服网店运营市场前景的数据分析报告大纲，大纲必须包含可量化的分析维度和实操建议。"

（2）豆包输出内容如下。

汉服网店运营市场前景数据分析报告大纲

1. 引言

1.1 报告背景与目的

阐述汉服文化兴起背景下，网店运营市场前景分析的重要性。

明确为网店经营者、投资者及相关从业者提供决策依据的目标。

1.2 数据来源与研究方法

说明数据来源于行业报告、电商平台、问卷调查及访谈等。

介绍运用的数据分析方法，如描述性统计、相关性分析、回归分析等。

1.3 报告结构概述

概括各章节主要内容及逻辑关系。

2. 汉服行业市场现状分析

2.1 汉服行业发展历程回顾

梳理从萌芽期到快速发展期的各阶段特征及标志性事件。

2.2 市场规模与增长趋势

展示历年市场规模数据，绘制趋势图，预测未来几年规模。

分析增长驱动因素，如文化复兴、消费升级等。

2.3 汉服产业链结构剖析

阐述从原材料供应、设计生产到销售及衍生服务的产业链构成。

分析各环节关键参与者及利润分布情况。

3. 汉服网店运营数据洞察

3.1 网店数量与分布

统计不同平台汉服网店数量，按地域、平台类型等维度分析分布情况。

3.2 销售数据分析

3.2.1 销售规模与增速

呈现历年汉服网店销售数据，对比行业整体增速。

3.2.2 销售季节与节日特征

分析不同季节、节日销售数据波动规律。

3.2.3 商品销售结构

按汉服形制、款式、价格区间等维度分析销售占比。

3.3 流量来源与转化率

3.3.1 流量渠道分析

统计各流量渠道（如搜索、社交媒体、广告等）来源占比。

3.3.2　转化率分析

计算不同流量渠道、页面浏览深度等场景下的转化率。

……

（3）创作者可以根据大纲收集资料、分析资料，以填充数据分析报告的内容。对于一些无须数据支持的介绍性内容，如报告背景与目的、报告结构概述等，可以使用豆包来写作，并参考公式"任务 + 细节约束"设计提示词。例如，在对话框中输入以下提示词。

> 请撰写"1.1报告背景与目的"的内容，撰写的内容要符合以下要求。
> ① 内容需要包括研究背景和研究目的；
> ② 标题采用结构化的格式，如"研究背景""研究目的"。

（4）豆包输出内容如下。

● **研究背景**

近年来，随着中华优秀传统文化复兴浪潮的兴起，汉服作为中华优秀传统文化的典型代表，正从小众圈层逐步走向大众视野。据相关数据，2024年汉服行业市场规模已突破200亿元，近三年年均复合增长率达35%，消费者群体从核心汉服爱好者向Z世代[①]、中年群体等多元圈层扩展。与此同时，电商平台成为汉服销售的主阵地，淘宝、京东、拼多多等平台的汉服网店数量年均增长超40%，但行业也面临着市场竞争加剧、同质化严重、供应链效率待提升等现实问题。在此背景下，汉服网店运营的市场前景既充满机遇，也有诸多挑战，我们亟须通过系统性的数据分析为行业发展提供科学依据。

● **研究目的**

本报告旨在通过对汉服网店运营的市场规模、消费者行为、竞争格局等维度进行量化分析，精准识别市场发展的关键驱动因素与潜在风险点。具体而言，一是梳理汉服网店运营的现状及发展趋势，为网店经营者优化产品策略、营销策略和供应链管理提供数据支撑；二是通过消费者画像分析，帮助网店经营者精准定位目标客群，增强消费者黏性并提升复购率；三是剖析行业竞争格局，为新进入者制定差异化竞争策略提供参考，最终实现推动汉服网店运营向规范化、精细化方向发展，助力行业健康可持续增长的目标。

对于需要数据支持的内容，如汉服行业市场现状分析、汉服网店运营数据洞察等部分，创作者可以根据大纲的指导收集相关数据并对数据进行预处理，使其符合数据分析的要求，然后由豆包分析数据，并生成相关内容。创作者使用豆包写作完成数据分析报告各个部分的内容后，将所有内容整合在一起，形成一份完整、规范的数据分析报告。

> **素养课堂**
>
> 在运用 AIGC 工具进行数据分析时，务必遵循严谨的科学态度，做到基于事实和数据开展工作，坚决避免主观臆断，既要追溯数据采集的完整性与样本代表性，也要用统计检验方法验证结论显著性，还要结合业务场景判断算法输出的合理性。此外，不能完全依赖 AIGC 工具输出结果，仍需结合专业知识和批判性思维进行深入探究，以保证数据分析结果的客观性、准确性和实用性。

---

① Z世代：1995 ～ 2010年出生的人群。

7.2.7 搭建Excel函数助手智能体

函数是Excel实现数据处理、分析和自动化操作的关键工具，也是Excel强大功能的重要支撑。函数可以帮助用户快速地完成各种数据计算、分析和处理任务，如求和、求平均值、查找、排序、统计等。通过函数的组合和嵌套，创作者可以实现复杂的逻辑判断和自动化操作，减少手动输入和重复劳动，提升工作效率。

Excel中有数百个函数，涵盖数学、统计、文本等多个类别。创作者很难在短时间内记住并理解这些函数的用途和用法。虽然单独使用一些基础函数可能比较容易，但在实际工作中往往需要将多个函数组合起来使用，以实现更复杂的功能，这对创作者知识的深度和广度都有很高的要求。

缺乏函数使用基础的创作者可以尝试搭建一个能根据应用场景推荐函数，并介绍函数用法的智能体，以辅助自己更好地学习和使用Excel函数。

案例在线

使用扣子搭建Excel函数助手智能体

下面使用扣子搭建一个Excel函数助手智能体。

（1）在PC端打开扣子主页并登录账号，单击"创建"按钮⊕，如图7-38所示。

（2）在弹出的"创建"对话框中，单击"创建智能体"下方的"创建"按钮，如图7-39所示。

（3）在弹出的"创建智能体"对话框中选择"AI创建"选项卡，在文本框中输入对智能体的描述，然后单击"生成"按钮，如图7-40所示。

（4）AI自动生成智能体头像、名称和简介，单击"确认"按钮，如图7-41所示。

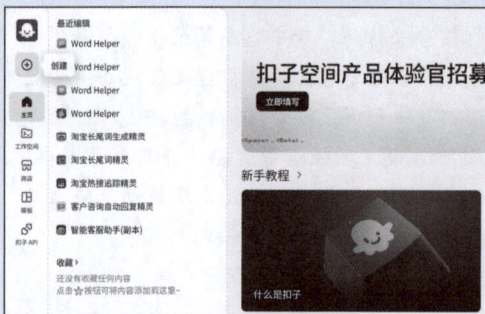

慕课视频

使用扣子搭建
Excel函数
助手智能体

图7-38　单击"创建"按钮

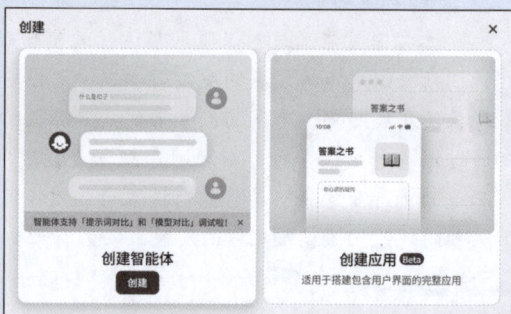

图7-39　单击"创建智能体"下方的"创建"按钮

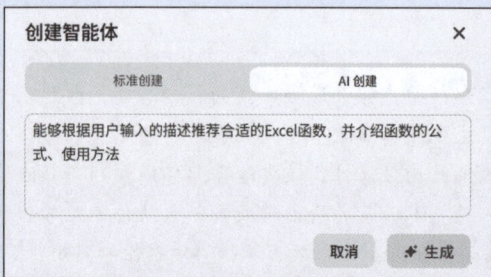

图7-40　输入智能体描述

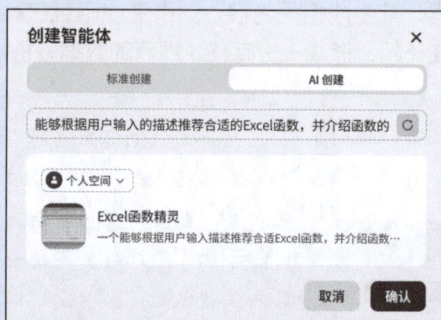

图7-41　单击"确认"按钮

（5）进入智能体设计详情页，在页面右侧"预览与调试"区的对话框中输入需求描述提示词，如"求平均值用什么函数"，单击"发送"按钮➤，查看智能体运行效果，如图7-42所示。如果智能体的运行效果不符合需求，可以对人设与回复逻辑进行优化，以优化智能体运行效果。

图7-42　查看智能体运行效果

拓展阅读：AI幻觉

　　AI幻觉，指AIGC工具在处理信息时，生成与事实不符、逻辑矛盾或缺乏现实依据的内容。这些内容可能表现为虚构的事件、错误的知识、不存在的引用或不合理的逻辑推断，即使内容在表面上看起来"言之凿凿"，但本质上是不符合真实世界的"幻觉"。例如，AI生成的图像中人物脚下水面无波纹，且光影效果与重力规律不符（如倒影扭曲），形成"反物理"幻觉；又如，在处理数据和提供分析结果时，AIGC工具可能会得出不准确的结论或提出不存在的数据趋势等。

　　AI幻觉的产生通常是由于AIGC工具在缺乏相关信息支持的情况下，依靠概率性选择生成内容，而非以真实世界的知识库或逻辑推理为依据生成内容。幻觉内容常具备语言流畅性或视觉真实性，非专业人士难以快速辨别，其内容极易误导用户。

　　在使用AIGC工具时，可以采用以下方法降低AI幻觉。

　　● 确保输入的数据准确：使用AIGC工具进行数据分析或任务处理时，仔细检查输入的数据，确保其来源可靠、准确无误。

　　● 提供充分的信息：为AIGC工具提供尽可能详细和全面的背景、上下文信息，帮助AIGC工具更准确地理解问题和任务，减少因信息不足而产生幻觉的可能性。

　　● 多轮验证：在AIGC工具生成结果后，不要轻信其输出，要通过多种方式进行验证。例如，将结果与已知的可靠信息、专业知识进行对比，或者将任务交给多个不同的AIGC工具，比较它们的输出结果，找出其中的差异和可能存在的错误。

　　● 人工审核：安排专业人员对AIGC工具生成的内容进行人工审核和把关，特别是关键领域和重要任务。人工审核可以发现一些细节问题、逻辑漏洞，以及与实际情况不符的地方，确保信息的准确性和可靠性。

　　AI幻觉是生成式AI发展中的核心挑战之一，其本质是模型"语言能力"与"事实理解能力"的失衡。解决这一问题需要从数据、模型、应用全链条入手，结合知识增强、检索验证与用户协作，逐步提升AI输出的可靠性。随着技术迭代，AI幻觉的影响将逐渐减弱，但完全消除仍需长期研究与实践。

本章实训

实训1：收集并分析热点信息

1. 实训背景

热点信息往往自带流量。对企业而言，把握热点信息有助于制定精准的市场营销策略，紧跟市场潮流推出热门商品和服务，从而提升品牌知名度和市场份额。在媒体行业，热点信息的分析决定了报道的方向和重点，能帮助媒体机构吸引用户关注，提升传播力和影响力。

2. 实训要求

利用AIGC工具筛选出具有时效性、关注度高、具有一定社会影响的热点信息，并运用AIGC工具对筛选出的热点信息进行深入分析，包括但不限于热点的形成原因、发展趋势、用户反应、可能产生的社会影响，以及应用热点进行营销推广的策略等方面。

3. 实训思路

（1）确定主题

同学们自由分组，3～5人为一组，每组成员结合自身兴趣或当前社会热点方向，确定要研究的热点信息的主题范围，如科技领域发布的新商品、社会热点事件的发展动态、文化娱乐领域的流行趋势等。

（2）信息收集

借助AIGC工具，一方面，直接在工具中输入提示词，查询相关文本、新闻报道、研究报告等内容，并将获取到的有用信息进行整理和记录；另一方面，利用AIGC工具的链接搜索功能，跳转至权威网站、社交媒体平台等获取更广泛的信息来源，扩大信息收集范围。同时，注意记录信息的发布时间、来源网站、阅读量、点赞数等热度相关数据，以便后续分析和筛选。

（3）信息分析

针对每个热点信息，小组成员分工协作，运用AIGC工具进行多维度分析。例如，分析热点事件的起因与背景；分析事件的发展趋势，借助AIGC工具的预测功能或参考相关行业报告，预测热点事件可能的走向；同时，关注用户对热点事件的反应，通过AIGC工具收集社交媒体评论、民意调查结果等，分析公众的态度倾向、意见分歧以及对事件的关注焦点，进而探讨热点事件可能对社会、经济、文化等方面产生的影响。

（4）写作报告

小组成员根据各自负责的热点信息分析内容，写作详细的数据分析报告，包括引言、热点概述、原因分析、趋势预测、用户反应与社会影响等方面。在写作过程中，注重引用AIGC工具提供的数据和观点，并结合自身理解进行阐述与论证，确保报告的逻辑性与严谨性。然后，由小组长将各成员的分析报告整合成一份完整的团队综合实训报告，加上封面、目录、前言、结论与展望等部分，使报告结构完整、内容充实。

实训2：写作文创行业发展分析报告

1. 实训背景

随着文创行业的蓬勃发展，文创商品市场呈现前所未有的活力与潜力。从博物馆的周边产品到潮流IP的衍生品，从传统手工艺品的创新演绎到数字文创的异军突起，文创商品已广泛渗透到人们生活的各个领域，成为文化传承、消费升级及创意表达的重要载体。

2. 实训要求

借助AIGC工具收集文创行业的数据，包括市场规模、增长趋势、竞争格局、用户需求等方面的信息。同时，结合实地调研、访谈业内人士等方式，确保数据的准确性和全面性，并使用AIGC工具对数据进行分析和可视化。运用AIGC工具辅助写作文创行业发展分析报告，报告应结构清晰、内容翔实、逻辑严谨。具体内容包括但不限于行业概述、发展现状、驱动因素、挑战与机遇、未来趋势预测及有针对性的发展建议等。

3. 实训思路

（1）构建文创行业发展分析报告大纲

同学们自由分组，3～5人为一组，小组讨论明确报告主题与核心问题，确定分析的关键问题，如文创行业的市场规模变化、用户需求趋势、竞争格局等。向AIGC工具输入这些关键问题的提示词，获取初步的大纲建议，然后结合实际需求，细化大纲内容。

（2）数据收集

按照大纲中各部分的主题，使用AIGC工具有针对性地收集数据。例如，在市场规模部分，收集过去几年文创商品的销售额、销售量等数据；在用户群体部分，收集年龄、性别、地域分布等相关数据。

（3）数据分析与可视化

对收集到的数据进行清洗，去除重复、错误或无关的数据，可借助AIGC工具的数据处理功能，如数据排序、筛选、清洗等，初步整理数据。

借助豆包、ChatExcel、办公小浣熊等AIGC工具的数据分析功能进行数据分析。例如，分析文创商品销售额与用户群体数量、消费频次等因素之间的相关性，将用户群体根据消费行为、偏好等特征进行聚类，识别出不同的用户群体细分市场等，并利用AIGC工具生成可视化图表。

（4）写作文创行业发展分析报告

按照完善后的报告大纲，参考AIGC工具提供的写作建议，结合数据分析结果与可视化图表，逐一写作各部分的内容。在写作过程中，注重文字表述的准确性与逻辑性。

对初稿进行反复修改与优化，检查数据引用的准确性、观点表述的清晰度，以及图表与文字的对应关系等。同时，借助AIGC工具进行语法检查、错别字校对等工作，确保报告的质量与专业性。

思考与练习

1. 使用AIGC工具搜索信息时，如何辨别信息的真伪？

2. 使用AIGC工具进行数据分析时，如何确保数据的准确性和全面性？

3. 使用纳米AI搜索、秘塔AI搜索、天工AI等工具搜索皮影戏的相关信息，如皮影戏的历史、制作工艺、表演形式、文化价值等，并使用工具对收集到的信息进行加工，如改写、制作思维导图、制作PPT或视频等。

4. 打开"素材文件\第7章\思考与练习\短视频24小时数据统计.xlsx"，使用DeepSeek、豆包、ChatExcel等工具对数据表进行分析，制作短视频播放量、点赞数、评论趋势和转化率的数据可视化图表，并形成数据分析报告。

第 **8** 章

AIGC高效办公

学习目标

➤ 掌握使用AIGC工具辅助面试的方法。

➤ 掌握使用AIGC工具处理工作文件的方法。

➤ 掌握搭建工作文件处理智能体的方法。

➤ 掌握使用AIGC工具辅助编程的方法。

本章概述

在数字化办公时代，AIGC已然成为提升职场竞争力的关键利器。无论是初入职场时打磨个人简历、优化自我介绍，还是在日常工作中快速写作会议通知、制作PPT，或者是在编程领域实现代码高效编写与优化，AIGC都能提供强大的助力。本章将系统介绍AIGC在办公全场景的深度应用，从面试准备到文件处理，再到编程实践，带领读者系统掌握AIGC高效办公技能，为职场发展注入新动能，在激烈竞争中抢占先机。

本章关键词

AIGC 办公 面试 工作文件 编程 代码 智能体

引导案例

腾讯文档AI——AIGC驱动办公效率提升，快速生成全形态文档

腾讯文档AI是腾讯文档推出的一项新功能，于2024年1月26日正式开启公测。腾讯文档AI可以帮助用户快速生成文档、表格、PPT、思维导图等多种文档格式，并提供多种文档处理功能，如语法检查、标题生成、格式美化等。

腾讯文档AI具备以下功能。

● 一句话生成文档：用户只需输入一个简单的描述，腾讯文档AI即可生成相应的文档，如"写一份开学第一课的文档""生成一份装修预算表""制作一份工作值班表"等。

● 多种文档形态任意切换：用户可以将一份文档转换为多种文档形态，如将思维导图转换为PPT、将演讲稿转换为文档等。

● 根据需求生成文案：腾讯文档AI提供了多种文案模板，用户可以根据自己的需求快速生成文案，如社群营销文案、旅游攻略、年终总结等。

● 数据分析和可视化：腾讯文档AI能帮助用户对大量数据进行分析和可视化，如写公式统计数据、画出趋势图表、总结提炼、收集数据等。

腾讯文档AI的推出可以帮助用户提高文档处理效率，降低文档制作成本。它具有以下优势：操作简单，用户只需输入简单的描述或选择模板，即可快速生成文档；功能丰富，提供了多种文档处理功能，满足用户的不同需求；精准度高，采用深度学习技术，能生成信息准确、格式规范的文档。

案例思考：当AI生成的年终总结、营销文案趋于标准化，如何平衡效率提升与创意独特性？试提出2～3种解决方案。

慕课视频

腾讯文档AI
——AIGC
驱动办公效率
提升，快速
生成全形态
文档

8.1　使用AIGC工具辅助面试

在求职中，AIGC工具为面试准备带来了前所未有的便利。借助AIGC工具，求职者可以高效生成与优化个人简历，精准突出关键技能工作经验；快速撰写并润色自我介绍，使其更具吸引力；模拟真实面试场景，提前熟悉常见问题并练习应答。此外，还能对比评估不同的简历样式，选择最优方案。这些功能不仅节省了求职者的大量时间和精力，还提升了求职材料的质量与专业性，帮助求职者在面试中脱颖而出。

8.1.1　生成与优化个人简历

个人简历是求职者叩开职场大门的"敲门砖"，其重要性不言而喻。一份出色的简历能精准展现个人优势与能力，给用人单位留下深刻且良好的第一印象。借助AIGC工具生成与优化个人简历，能帮助求职者深度挖掘自身亮点，并以专业且吸引人的方式呈现出来，从而让自身在众多竞争者中脱颖而出。

1. 生成简历

求职者可以选择常用的文本生成类AIGC工具，如豆包、Kimi等。在AIGC工具中输入关键信息，这些信息通常包括个人基本信息、教育背景、工作经历、技能专长、项目经验、获奖情况等。AIGC工具会依据这些输入的信息和预设的模板，生成一份结构化且专业的简历。

下面使用Kimi生成一份个人简历，提示词和输出结果如下。

我是一名求职者，希望你依据以下信息，生成一份高质量的求职简历。

具体要求：

1.逻辑清晰：按重要程度有序呈现内容，层次分明。

2.数据量化：用具体数据凸显工作成果。

3.风格匹配：贴合岗位调性，展现专业形象。

我求职的岗位信息如下：

新媒体运营主管，要求3年以上新媒体运营的工作经验，具备独立策划爆款内容能力，熟悉各大主流平台规则，具有成功打造百万级账号案例，能带领团队完成KPI。

我的个人信息如下：

姓名林悦，电话138×××××××，邮箱linyue@×××.com，本科学历，广告学专业；曾担任××公司新媒体运营，独立策划20多篇爆款推文，单篇最高阅读量达50万，半年内将公司抖音账号粉丝数量从10万提升至80万；熟练使用Photoshop、剪映等工具，具备出色的文案撰写与活动策划能力；曾获"年度最佳运营"称号；性格开朗，善于沟通，热爱新媒体行业，关注网络热点。

K 林悦–新媒体运营主管求职简历

联系方式

- 姓名：林悦
- 电话：138×××××××
- 邮箱：linyue@xxx.com

求职意向

- 岗位名称：新媒体运营主管

教育背景

- 本科学历，广告学专业
- 毕业院校：[具体院校名称]
- 毕业时间：[具体毕业时间]

……

利用文本生成类AIGC工具来生成简历确实能节省不少时间，不过它们通常只负责内容的生成，求职者还需手动对生成的内容进行排版。相比之下，一些更为先进的AIGC简历制作工具则提供了一站式服务，不仅能智能生成简历文本，还具备自动排版和格式优化的功能，极大地简化了简历制作流程，让求职者可以更专注于内容的完善和个性化表达。

常用的AIGC简历制作工具如表8-1所示。

表8-1 常用的AIGC简历制作工具

工具名称	功能特点
速创猫AI简历	一键生成高质量简历、简历定制、排版美化、模拟面试、职业规划等
职达AI简历	一键生成简历；AI智能诊断打分；一键智能优化简历；提供海量简历模板；模拟面试；简历与求职攻略
未来简历	深度分析求职者的职业经历和求职意向；提供多个行业模板及面试预测助手；编辑工具简单易操作

使用速创猫AI简历制作个人简历

下面使用速创猫AI简历制作个人简历。

（1）打开"速创猫AI简历"主页并登录账号，选择"生成简历"选项，然后选择简历阶段，在此选择"社招"，输入意向岗位，如图8-1所示，单击"AI生成"按钮。

（2）在页面下方生成简历需求大纲，根据需要编辑大纲内容，填写个人相关信息，如图8-2所示，然后单击"挑选简历模板"按钮。

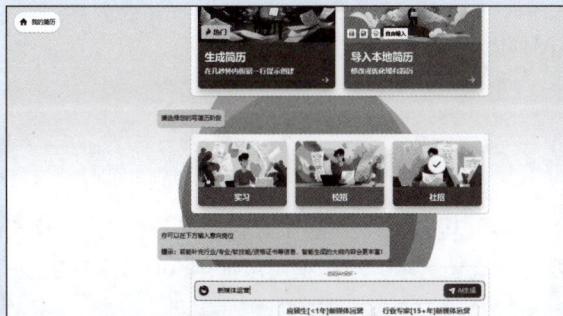

慕课视频

使用速创猫
AI简历制作
个人简历

图8-1 输入意向岗位

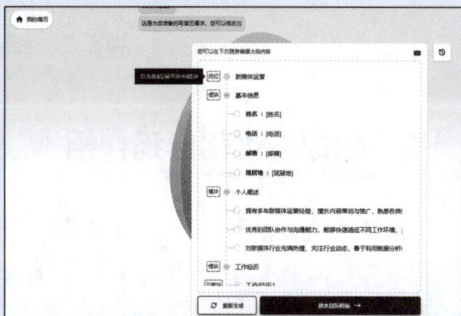

图8-2 编辑简历大纲

（3）选择合适的简历模板，如图8-3所示，单击"生成简历"按钮。

（4）在打开的页面中查看生成的简历，如图8-4所示。如果对生成的简历不满意，还可继续调整模块排版，或者根据需要添加模块。

图8-3 选择合适的简历模板

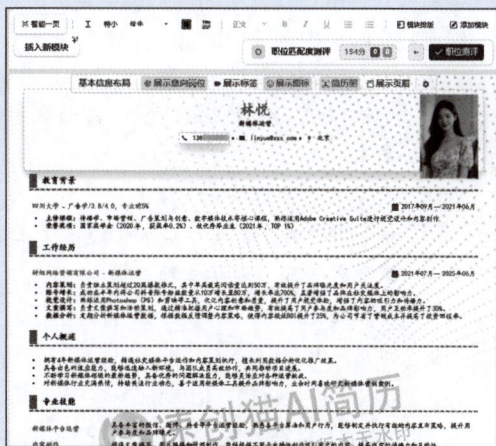

图8-4 查看生成的简历

2. 优化简历

利用AIGC工具生成简历后，如果求职者对结果不满意，可以借助工具中的优化功能进一步优化简历，也可使用平台的优化功能修改现有简历。例如，速创猫AI简历支持解析PDF、Word、TXT格式的简历，求职者可以将自己的纯文本简历上传至平台，进一步提升简历质量。速创猫AI简历的智能优化页面如图8-5所示。

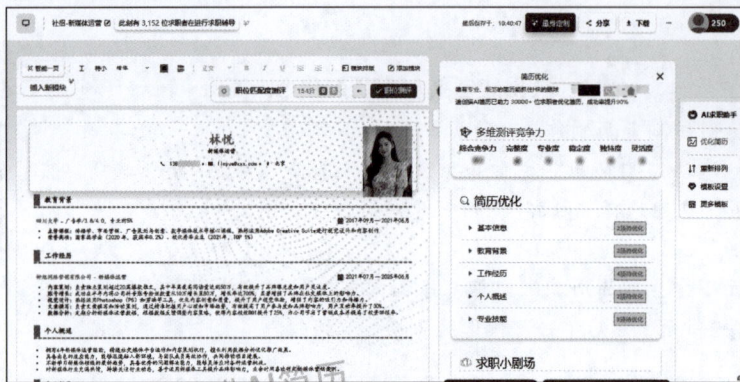

图8-5　速创猫AI简历智能优化页面

8.1.2　生成与优化自我介绍

在面试的自我介绍阶段，部分求职者往往会介绍得过于平淡，不能充分展示自己的亮点和特长。为了更好地突出个人优势，确保自我介绍的内容贴合岗位需求，求职者可以使用AIGC工具生成并优化自我介绍，方法如下。

1. 生成自我介绍

在使用AIGC工具生成自我介绍之前，求职者应明确自己的核心背景信息，包括预期岗位信息、个人经历、技能特长等。这能确保自我介绍精准匹配目标岗位需求，并突出个人优势。同时，在设置提示词时，求职者需要设定输出要求，如结构清晰、数据量化、岗位匹配等。这有助于生成更精准、更具针对性的自我介绍内容，避免生成的内容过于宽泛或偏离目标岗位需求。下面使用Kimi生成一份自我介绍，提示词和输出结果如下。

> 请根据以下信息为我生成一份面试用的自我介绍，要求逻辑清晰、数据量化、贴合岗位需求。
>
> 岗位名称：新媒体运营主管。
>
> 核心要求：3年以上工作经验、独立策划爆款内容、熟悉主流平台规则、成功打造百万级账号案例、团队管理能力。
>
> **个人信息**
>
> 姓名：林悦。
>
> 经历：
>
> −4年新媒体运营经验，曾任职××公司，独立策划20多篇爆款推文，单篇最高阅读量50万；
>
> −半年内将公司抖音账号粉丝数量从10万提升至80万，账号总播放量超5000万；
>
> −熟练使用Photoshop、剪映等工具，擅长文案撰写与活动策划；
>
> −曾获"年度最佳运营"称号。
>
> 性格：活泼开朗、善于沟通。
>
> **输出要求**
>
> 1. 结构：背景→核心经历→能力→职业目标；
>
> 2. 数据量化：用数据突出成果（如"粉丝数量增长80万""阅读量50万"）；

3. 风格：专业、自信、简洁、避免冗余；
4. 贴合岗位：强调内容策划、团队管理、平台规则熟悉度。

K 尊敬的面试官：

您好！我叫林悦，非常荣幸有机会参加贵公司的新媒体运营主管职位面试。以下是我的自我介绍。

背景

我拥有4年新媒体运营经验，曾在××公司担任新媒体运营岗位，其间不仅积累了丰富的实战经验，也对新媒体行业有了深刻的理解。

核心经历

在××公司任职期间，我独立策划了20多篇爆款推文，其中单篇最高阅读量达到50万。我还成功在半年内将公司抖音账号粉丝数量从10万增长至80万，账号总播放量超过5000万。这些成果不仅展示了我在内容策划方面的能力，也证明了我在用户增长和互动方面的专业素养。

能力

我熟练掌握Photoshop和剪映等工具，具备出色的文案撰写与活动策划能力。我的团队管理能力也备受认可，曾带领团队完成多项挑战性任务，并获得了"年度最佳运营"称号。

职业目标

我对新媒体运营充满热情，关注网络热点，并且在内容策划、团队管理等方面具有一定的经验。我渴望在贵公司进一步发展我的职业生涯，运用我的专业技能和经验，为团队带来新的活力和创新的营销策略。

我相信，我的背景和技能与贵公司的岗位需求高度匹配。我期待能有机会为贵公司贡献我的力量，并与公司共同成长。

谢谢！

---

2. 优化自我介绍

如果AIGC工具生成的自我介绍不符合求职者的预期，求职者可以调整提示词重新生成，或者利用AIGC工具对自我介绍进行优化。一般需要从以下几个方面进行优化。

● **调整逻辑顺序：** 将与岗位最相关的经历前置，或者使用"首先、其次、最后"等连接词增强层次感。

● **强化数据与关键词：** 将具体的数据（如"粉丝数量增长80万""阅读量50万"）嵌入核心经历的关键词，以突出与岗位要求的相关性。

● **增加个性化表达：** 结合个人性格特点补充细节，使自我介绍更具个性和吸引力。

● **控制时长与语言：** 自我介绍应控制在1～2分钟内，避免使用过于口语化的表达，用简洁的短句替代长句，确保语言的专业性和流畅性。

以下是优化后的自我介绍。

尊敬的面试官您好！我是林悦，拥有4年新媒体运营经验，专注于内容策划与用户增长。

首先，在内容策划方面，我独立策划了20多篇爆款推文，单篇最高阅读量达50万，擅长结合热点与用户需求打造传播度高的内容。例如，在××项目中，我通过分析抖音平台算法规则，策划的系列短视频在3个月内播放量突破2000万，带动账号粉丝数量从10万增长至80万。

其次，在团队管理与资源整合上，我曾带领3人小组完成月度KPI，通过优化内容生产流程，将单条视频制作周期缩短30%。同时，我熟练掌握Photoshop、剪映等工具的使用方法，能够独立完成从脚本撰写到后期剪辑的全流程工作，并曾获公司"年度最佳运营"称号。

最后，我的优势在于：对新媒体行业充满热情，长期关注热点趋势；性格开朗、善于沟通，能快速协调跨部门资源。未来，我希望通过数据驱动与内容创新，助力团队打造更多百万级账号。

谢谢！

8.1.3　指导面试应答

面试是一种经过精心设计的测评方式，通常在特定场景下进行，以面对面交谈与观察为主要手段。它旨在通过由表及里的测评，全面了解求职者的能力、性格、价值观等是否与岗位需求相匹配。面试是求职者给用人单位留下第一印象的关键环节，其重要性不言而喻。

为了更好地准备面试，求职者可以利用AIGC工具进行模拟面试。这种方法不仅能帮助求职者熟悉面试流程，还能增强自信心，提升应对职场挑战的能力。通过模拟面试环境与虚拟面试官互动，求职者可以提前适应面试场景，优化应答技巧，从而在实际面试中表现得更加从容自信。

案例在线

使用文心一言模拟面试

下面使用文心一言的对话功能模拟求职者的面试过程，帮助求职者提前适应面试场景，对话如下。

你是一位资深的新媒体行业HR，熟悉新媒体运营主管岗位的招聘要求，我是一位应聘新媒体运营岗位的求职者，请根据以下岗位信息向我提出面试问题，具体要求如下。

面试流程要求：
- 从基础经验到深度策略，逐步深入考察；
- 每次我回答后，你需给出简短评价，并基于回答提出下一个问题；
- 面试结束后，从"经验匹配度""策略思维""沟通能力""抗压能力"4个维度给出综合评价。

岗位信息：

独立策划并执行新媒体运营活动，以提升品牌知名度和用户参与度。

熟悉各大主流社交媒体平台的规则，优化内容策略。

管理和指导团队，确保内容创作和发布的质量和效率。

分析数据，根据用户反馈和市场研究调整运营策略。

成功打造并维护百万级粉丝账号的经验。

你好，感谢参加本次模拟面试。首先，请简要介绍你过往与新媒体运营相关的工作经历，尤其是你运营过哪些平台或项目。

我拥有4年的新媒体运营经验，其间我运营过多个平台和项目。在××公司担任新媒体运营专员期间，我主要负责公司的公众号和微博账号的日常运营。我成功策划并执行了多次线上活动，通过这些活动，我们公众号的粉丝增长率达到了30%，微博的粉丝互动率提高了40%。

此外，我还参与了公司视频号的创建和运营工作，从内容策划到视频剪辑，我都亲力亲为。在我的努力下，视频号在半年内粉丝数量突破了10万，多个视频的播放量超过了50万。

在内容创作方面，我曾经独立撰写并发布了一篇关于行业趋势的文章，该文章在24小时内阅读量突破了10万，为我们的公众号带来了大量的新关注者。

通过这些经历，我不仅锻炼了自己的内容创作和策划能力，还学会了如何通过数据分析来优化运营策略，提升用户参与度和品牌影响力。我相信这些经验将帮助我为贵公司的新媒体运营工作带来价值。

你提到了曾运营公众号和微博账号，但未具体说明账号规模或成果。能否举例说明你负责的账号在粉丝增长或内容互动上的具体数据？若你接手一个粉丝量停滞增长的公众号，你会通过哪些步骤诊断问题并制订优化方案？
......

8.2　使用AIGC工具处理工作文件

随着AIGC技术的蓬勃发展，处理工作文件的方式正发生着变化。如今，写作会议通知、生成会议记录与纪要、写作工作邮件、写作与整理工作日报，以及制作PPT等，都可借助AIGC工具高效完成。这不仅大幅节省了职场人员的时间与精力，还提升了工作文件的准确性和专业性，让职场人员可以将更多注意力集中在核心业务与创新工作上，推动工作效率和质量的双提升。

8.2.1　写作会议通知

在当今快节奏的工作环境中，高效沟通和信息传递显得尤为重要。会议通知作为组织会议的关键一环，其内容质量和写作效率直接影响会议的顺利进行。AIGC工具的出现，使职场人员能快速生成规范、准确的会议通知，节省大量的时间和精力。

利用AIGC工具写作会议通知的方法如下。

1. 明确会议通知的核心要素

在写作会议通知前，需要明确以下关键信息。

- **会议主题：**确定会议的核心议题，如"2025年度战略规划会议"。
- **会议时间：**具体的时间，包括日期、开始时间和结束时间。
- **会议地点：**会议的具体地点，可以是线下会议室或线上会议平台。
- **参会人员：**列出需要参加会议的人员或部门，如"各部门负责人及项目组成员"。
- **会议目的：**简要说明会议目标，如"讨论年度战略目标及实施计划"。
- **其他要求：**是否需要准备材料、着装要求等。

2. 构建清晰的提示词

在AIGC工具（如文心一言）中输入提示词时，需要结构化表达需求，示例如下。

请根据以下信息生成一份会议通知。
1. 标题：关于召开2025年度战略规划会议的通知。
2. 正文内容：
 –会议时间：2025年6月20日14:00—17:00。
 –会议地点：公司总部3楼会议室。
 –参会人员：各部门负责人及项目组核心成员。
 –会议目的：讨论年度战略目标及实施计划。
 –注意事项：请提前10分钟到场，并携带相关数据报告。
3. 语言风格：正式、简洁。
4. 格式要求：分条列项，便于阅读。

关于召开2025年度战略规划会议的通知

各部门负责人及项目组成员：

为明确公司年度战略方向，统筹推进重点工作，现定于2025年6月20日召开战略规划会议，具体安排如下：

会议时间

2025年6月20日（星期五）14:00—17:00。

会议地点

公司总部3楼会议室。

参会人员

各部门负责人、项目组核心成员。

会议内容

讨论2025年度战略目标及实施计划；

明确各部门/项目组重点任务及时间节点；

协调资源分配与跨部门协作机制。

注意事项

请提前10分钟到场签到，确保会议准时开始。

携带本部门/项目组2024年度数据报告（电子版或纸质版）。

如有特殊情况无法参会，请于6月18日前向行政部报备（联系人：李敏，电话：139××××××××）。

请各部门高度重视，提前准备相关材料，确保会议高效推进。

行政部

2025年6月12日

3. 优化生成内容

AIGC生成的内容可能并不完全符合预期要求，我们需要对AIGC生成的初稿进行检查和修改，包括信息准确性，语言风格是否符合公司规范，是否需要补充细节、调整格式等。

8.2.2　生成会议记录与纪要

在传统办公会议中，会议记录与纪要的整理耗时费力且易出错。如今，AIGC工具的出现为这一环节带来了质的飞跃。凭借其强大的语言处理能力，AIGC工具能高效完成会议内容的实时转写、关键信息提取与纪要生成，极大地提升了工作效率。

常见的生成会议记录与纪要的AIGC工具如表8-2所示。

表8-2　常见的生成会议记录与纪要的AIGC工具

工具名称	功能特点
飞书妙记	支持音视频内容的文字转录，自动生成会议记录，捕捉重点内容，支持多平台同步和分享，多人发言自动区分，标注发言人，支持10多种语言识别，团队可同时查看编辑，协作效率高，与飞书生态深度融合，笔记可直接分享到文档
讯飞听见	提供实时语音转文字服务，适用于会议记录、讲座笔记等多种场景，依托科大讯飞AI语音技术，语音转文字准确率最高可达97.5%，支持多语种、多领域，能满足多场景需求，角色分离、关键词录入、语气词过滤转文字更高效
通义听悟	自动识别视频、音频中的文字，自动提取重点内容，生成段落小结或全文总结，支持实时转录和上传音视频，智能分段标记说话人，层次清晰，支持多语言识别
腾讯会议AI小助手	实时信息回顾，个性化提醒事项，会中纪要总结，会议录制个性回顾，基于腾讯混元大模型，深度理解和快速响应会议信息，依托历史和实时会议内容，提供更具针对性的回答
豆包	完全免费的录音转写工具，识别准确率高，支持多人对话区分，自动提取关键信息，生成结构化纪要，方言识别能力强，支持边录边转，实时查看文字记录

1. 生成会议记录

会议记录是对会议全过程的详细记录，包括会议的时间、地点、参会人员、会议议程、讨论内容、发言细节等，力求全面、客观地反映会议的实际情况，是会议的原始资料。

（1）准备工作

在会议开始前，记录人员需要做好准备工作。记录人员应先选择合适的AIGC工具，如腾讯会议AI小助手，这些AIGC工具应具备实时转写、速记等功能。然后，确保会议的音频或视频可以被AIGC工具读取。如果是线上会议，可以使用会议平台的录音功能或直接接入AIGC工具。

（2）实时转写生成初稿

在会议进行时，记录人员需开启录音功能，并将录音源连接到AIGC工具，确保覆盖会议全程。AIGC工具会实时将会议中的语音内容转写成文字。一些AIGC工具还支持多人语音识别，能区分不同发言人的声音。在实时转写过程中，记录人员要注意检查转写内容的准确性，及时修正可能出现的错误或误解。

（3）优化初稿结构

在AIGC工具生成初稿后，记录人员需对其检查修改，按照发言人、议题或时间顺序分段整理，删除"嗯""啊"等语气词，合并重复内容，用加粗或颜色标注关键决策、待办事项。同时，补充关键信息，如会议时间、地点、参会人名单、待办事项、附件等。

2. 生成会议纪要

会议纪要是从会议记录中提炼的精华部分，是对会议记录的进一步整理和总结。会议纪要简洁明了，重点突出，便于参会人员快速了解会议的核心要点和后续行动要求。

（1）提炼核心内容

删除讨论过程，保留结论与任务。在会议记录初稿中，记录人员要提取关键信息，如会议主题、讨论结果、决策事项、下一步行动等，确保纪要内容简洁明了，重点突出。

（2）使用AIGC工具辅助提炼

记录人员将会议记录初稿输入AIGC工具，设置提示词，形成会议纪要。AIGC工具会根据提示词自动提取和总结关键信息，生成精炼的会议纪要。记录人员根据生成的会议纪要进一步审核和修改，确保内容的准确性和完整性。

案例在线

使用Kimi生成会议纪要

下面使用Kimi将会议记录初稿进行整理，提取关键信息，生成一份完整的会议纪要。

> 请根据以下会议记录初稿，提取关键信息，生成会议纪要。重点保留会议主题、讨论结果、决策事项、下一步行动等核心内容。
> 【会议记录初稿（内容略）】

> **会议主题**：2025年第二季度销售总结会议。
> **会议时间**：2025年6月15日，9:00—11:00。
> **会议地点**：公司会议室A（线下）/腾讯会议（线上）。
> **参会人员**：销售部全体成员、市场部经理李明、财务部代表王丽。
> **会议目的**：讨论第二季度销售情况及策略调整。
> **讨论结果与决策事项**：
> **市场部**
> 增加线上营销渠道，优化产品定位；
> 由市场部负责具体实施。
> **财务部**
> 优化产品价格，控制成本，提高资金使用效率；
> 由销售部和财务部共同制订具体方案。
> **销售部**
> 加强客户关系管理，增加新客户开发；
> 由销售部负责具体实施。
> ……

8.2.3 写作工作邮件

使用AIGC工具写作工作邮件可以极大地提升工作效率，方法如下。

1. 明确邮件的核心要素

在使用AIGC工具写作工作邮件前，职场人员需明确邮件的核心要素。这些要素包括邮件的目的，如汇报项目进展、寻求资源支持、传达会议安排、向客户介绍产品等；收件人的身份和需求；邮件中需要传达的关键信息，以及邮件的语气和风格。

不同对象对信息的需求和接受程度不同，如给高层领导的邮件需简洁明了、突出重点；给跨部门同事的邮件要阐述清晰的工作关联和协作点；给客户的邮件则要注意语气礼貌、内容有针对性。

2. 构建精准提示词

一个完整、精准的提示词应包含以下要素。

- **邮件背景**：简要介绍与邮件相关的事件或情况。
- **邮件目的**：清晰阐述发邮件想要达成的目标。
- **收件人信息**：说明邮件接收对象的身份或特点。
- **关键信息**：列出邮件中必须包含的重要内容。
- **期望风格**：指定希望邮件呈现的语气和风格。

下面使用Kimi生成一封工作邮件，提示词示例和输出结果如下。

> 请根据以下信息生成一封工作邮件。
> 邮件背景：我们团队正在推进新产品的开发工作，目前遇到了一些技术难题，需要技术部门的支持。
> 邮件目的：寻求技术部门的协助，解决开发过程中的技术问题。
> 收件人信息：技术部门经理，对技术细节和解决方案有深入了解。
> 关键信息：新产品的开发进度、遇到的技术难题、期望的技术支持内容。
> 期望风格：专业、清晰、礼貌。

> **K**　尊敬的技术部门经理：
>
> 您好！
>
> 我是产品开发团队的项目经理，我们团队目前正在推进新产品的开发工作。在开发过程中，我们遇到了一些技术难题，需要您的支持。
>
> 目前，我们的开发进度已达到60%，但在集成测试阶段，我们发现了一些性能问题，这些问题可能影响产品的最终交付。我们希望技术部门能协助我们进行技术评估，并提供相应的解决方案。
>
> 我们期待您的回复，并希望能在下周安排一次技术会议，详细讨论这些问题。感谢您的理解！
>
> 此致
>
> 　　敬礼！
>
> 　　　　　　　　　　　　　　　　　　　　　　　[您的姓名]
> 　　　　　　　　　　　　　　　　　　　　　　　[您的职位]
> 　　　　　　　　　　　　　　　　　　　　　　　[日期]

3. 优化与完善

AIGC工具生成邮件初稿后，职场人员可以从以下角度对其进行检查和优化。

- **逻辑性**：确保邮件内容条理清晰，逻辑连贯。
- **专业性**：确保邮件内容准确无误，专业性强。
- **礼貌性**：确保邮件表达得体。

> **素养课堂**
>
> 　　在职场中，要充分发挥AIGC工具的潜力，关键在于主动驾驭技术，而非被动依赖。面试时，可借助AIGC工具优化简历框架和模拟问答，但需结合个人经历调整，突出独特优势；处理文件时，利用AIGC工具快速生成初稿或提炼重点，确保内容贴合业务需求，逻辑清晰、数据准确。将AIGC工具的高效性与专业判断相结合，才能真正实现技术赋能，提升职场竞争力。

8.2.4　写作与整理工作日报

工作日报是记录任务进展、总结成果、规划次日计划的重要工具。使用AIGC工具可以快速生成结构化内容，提炼关键信息，实现格式标准化，提升工作效率，方法如下。

1. 明确工作日报核心要素

在写作工作日报时，需要明确以下要素。

- **日期：** 当天的日期。
- **个人信息：** 姓名、部门、职位。
- **今日工作内容：** 列出当天完成的主要任务、辅助任务，以及遇到的问题和解决方案。
- **明日工作计划：** 明确第二天需要完成的任务和目标。
- **需协调事项：** 需要其他部门或同事协助的内容。
- **其他说明：** 任何需要特别提醒或补充的信息。

2. 设置提示词

为了确保AIGC工具能精准地生成符合需求的内容，需要将整理好的信息输入AIGC工具，并提供清晰、具体的提示词。

案例在线

使用文心一言生成工作日报

　　下面使用文心一言将工作内容、工作计划等信息根据用户要求进行整合，生成一份完整的工作日报。

> 你是一个资深的办公文件写作大师，请你根据以下信息写作一份工作日报。要求：突出最重要的内容，期望通过这份日报，展现我充实且高效的工作状态，以及我在新媒体运营工作中所创造的实际价值和对公司业务发展的积极贡献。请你以Markdown形式输出结果，每条开头用一个短语概括该条内容，并应易于阅读和理解。
>
> 日期：2025年6月12日。
>
> 姓名：李华。
>
> 部门：新媒体运营部。
>
> 职位：新媒体运营专员。
>
> 工作内容：成功确定本周新媒体运营主题方向，并高效完成2篇高质量推文，主题分别为"夏季新品推荐"和"健康生活小贴士"；在微信公众号、微博、抖音等核心平台发布5条精心策划的内容（含2篇推文初稿），实现粉丝数量显著增长：微信公众号新增粉丝300人，微博新增粉丝200人，抖音新增粉丝500人；各平台互动量（点赞、评论、转发）总计1500次。
>
> 问题：在撰写"健康生活小贴士"时，对部分内容的科学性有疑问；抖音平台的互动率低于预期。
>
> 明日工作计划：优化昨日写作的推文内容，并在各平台发布；回复粉丝评论和私信，收集用户反馈。

> **工作日报**
>
> **日期**：2025年6月12日。
>
> **姓名**：李华。
>
> **部门**：新媒体运营部。
>
> **职位**：新媒体运营专员。
>
> **核心工作成果**
>
> **主题方向与推文创作**
>
> **高效定调与创作**：成功确定本周新媒体运营主题方向，围绕核心目标高效产出2篇高质量推文，分别为"夏季新品推荐"与"健康生活小贴士"，内容紧扣热点，具备较强的吸引力。
>
> **多平台内容发布与粉丝增长**
>
> **多平台精准投放**：在微信公众号、微博、抖音等核心平台发布5条精心策划的内容（含2篇推文），实现粉丝显著增长：微信公众号新增粉丝300人，微博新增粉丝200人，抖音新增粉丝500人，有效提高了品牌影响力。
>
> **平台互动量提升**
>
> **用户参与度激增**：各平台互动量（点赞、评论、转发）总计1500次，用户参与度显著提升，增强了用户黏性。
>
> ……

虽然豆包、Kimi、文心一言等AIGC工具在生成工作日报时能提供一定的帮助，但这些AIGC工具存在一些局限性。例如，使用这些AIGC工具生成工作日报时，需要频繁地进行复制粘贴操作，且这些AIGC工具无法进行专门的记录和数据沉淀，导致每次生成日报都需要重新输入内容和要求，效率较低。

因此，为了更高效地撰写和整理工作日报，建议借助专业的办公工具，如钉钉、飞书等。这些工具内置的多维表格功能，能有效解决上述问题。通过多维表格中的AI字段，大家可以轻松实现工作日报的写作和整理。

8.2.5 制作PPT

传统制作PPT往往耗时费力，需要逐页设计标题、正文与图像，从构思到完成可能耗费数小时甚至数天。然而，AIGC工具的出现彻底改变了这一局面。它们能快速生成结构完整、内容丰富的PPT，创作者只需输入核心要点，即可实现一键生成，大大节省时间与精力，让PPT制作变得既轻松又高效。常见的制作PPT的AIGC工具如表8-3所示。

表8-3 常见的制作PPT的AIGC工具

工具名称	功能特点
AiPPT	AI智能一键生成PPT内容；配置超10万个定制级模板及素材；自由编辑，能随意调整页面、形状、字体、颜色、大小等细节；文件可实时保存，打开网站就能在线编辑，支持在线放映
WPS AI PPT	模板库精美；生成PPT后直接进入WPS编辑，调整字体、排版、动画，自由度极高；支持PDF、Word、网页链接一键转PPT，可限制页数避免内容冗余；WPS图库中拥有海量高质量图片，AI生成PPT时能智能推荐配图
iSlide	提供超过30万种原创可商用的PPT模板和设计元素；提供一键优化、排版、标准化工具等辅助功能；允许用户上传自己喜欢的模板，实现个性化定制； 适用于Windows和macOS系统上的Microsoft PowerPoint、WPS和Keynote

案例在线

使用 AiPPT 制作 PPT

下面使用 AiPPT 制作一份 PPT。

（1）打开 AiPPT 官网并登录账号，单击"AI新增PPT"按钮，如图8-6所示。

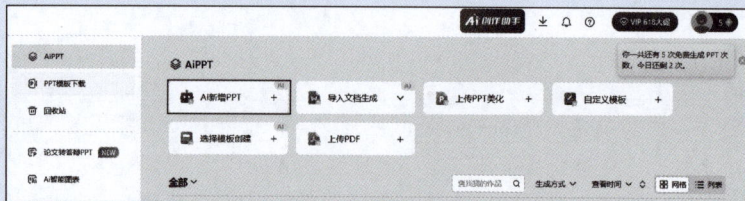

图8-6　单击"AI新增PPT"按钮

（2）进入生成PPT页面，输入PPT主题，选择"智谱GLM-4-Air"模型，设置PPT页数、受众、场景等参数，如图8-7所示，然后单击"生成"按钮。

（3）此时，AiPPT自动生成PPT内容大纲，可根据需要对其进行编辑，如图8-8所示，然后单击"挑选PPT模板"按钮。

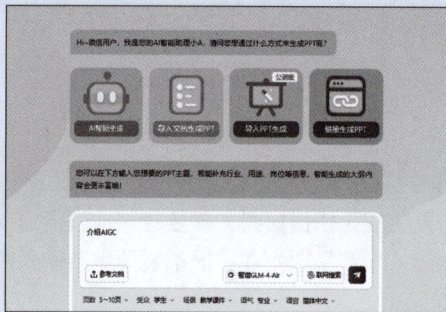

图8-7　输入PPT主题并设置参数

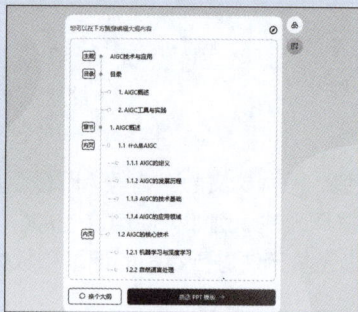

图8-8　编辑大纲内容

（4）在打开的页面中选择合适的PPT模板，如图8-9所示，然后单击"生成PPT"按钮。

（5）AiPPT在打开的页面中开始自动生成PPT。生成完成后创作者预览PPT效果。创作者可以对每个PPT页面进行编辑，如上传Logo，更换背景、形状，设置字体等。编辑完成后，单击"下载"按钮即可将PPT保存到本地，如图8-10所示。

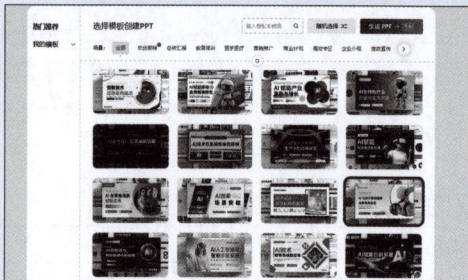

图8-9　选择合适的PPT模板

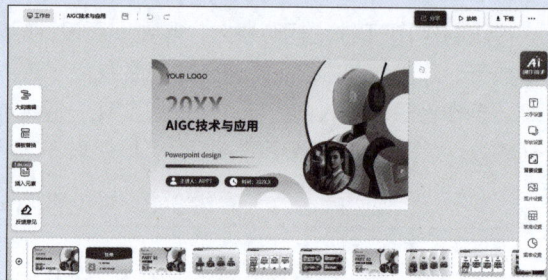

图8-10　PPT编辑页面

8.2.6　搭建工作文件处理智能体

在传统的工作文件处理中，人们常常面临烦琐的流程和低效操作的难题。然而，随着工作文件处理智能体的出现，这一切得到了极大的改善。工作文件处理智能体能自动识别文件需求，快速生成高质量内容，从文本写作到数据可视化，都能轻松应对，极大地提升了工作效率，让工作文件处理变得高效、便捷。

案例在线

使用扣子搭建工作邮件写作智能体

下面使用扣子搭建一个工作邮件写作智能体。

（1）打开扣子官网并登录账号，单击页面左侧的"创建"按钮⊕，弹出"创建"对话框，如图8-11所示，单击"创建智能体"下方的"创建"按钮。

图8-11 "创建"对话框

慕课视频

使用扣子搭建
工作邮件写作
智能体

（2）弹出"创建智能体"对话框，选择"标准创建"模式，输入智能体名称和功能介绍，如图8-12所示，然后单击"确认"按钮。

图8-12 输入智能体名称和功能介绍

（3）进入智能体编辑页面，在左侧"人设与回复逻辑"区域中单击"自动优化提示词"按钮，在弹出的对话框中输入自己的需求，如图8-13所示，单击"生成"按钮▶。

（4）系统自动生成提示词，如图8-14所示，单击"替换"按钮，即可将生成的结果应用到"人设与回复逻辑"的提示词框内。系统生成的提示词可能无法完全符合用户需求，需要用户结合实际需求手动修改提示词，使其更加贴合具体的使用场景。

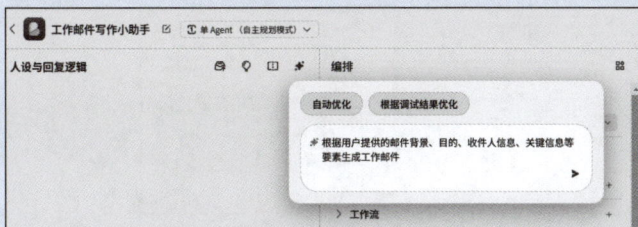

图8-13 输入需求

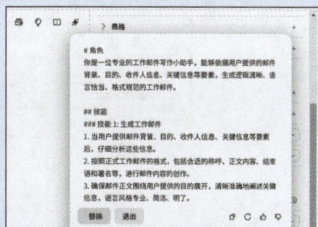

图8-14 系统自动生成的提示词

（5）在智能体编辑页面中间区域的"技能"类别中单击"插件"选项右侧的按钮，弹出"添加插件"对话框，在左上方的搜索框中输入"搜索"，在搜索结果列表中选择"头条搜索"插件，如图8-15所示，然后单击"添加"按钮。

（6）在"人设与回复逻辑"区域中，将鼠标指针定位到要添加插件的位置，然后按【Shift+⌘】组合键，在弹出的插件列表中单击"search"插件右侧的"添加"按钮，如图8-16所示。

图8-15　"头条搜索"插件　　　　　　　　　　　　　图8-16　添加插件

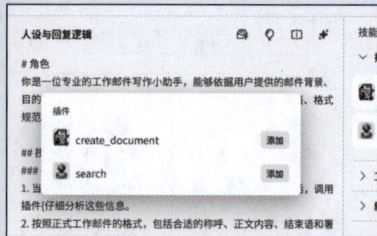

（7）在智能体编辑页面右侧的"预览与调试"区中进行智能体测试。在对话框中输入邮件的核心要素，如图8-17所示，测试智能体的回复是否符合预期。若智能体的回答不准确、不全面或不符合设定的逻辑，需返回前面的步骤对提示词、插件配置等进行调整和优化。

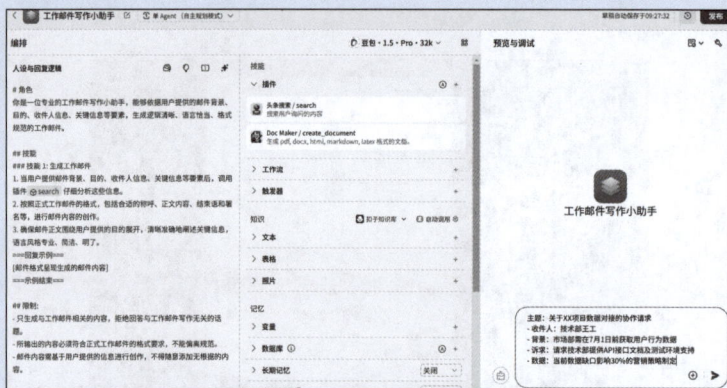

图8-17　输入邮件的核心要素

（8）完成测试后，即可发布智能体。在智能体编辑页面右上角单击"发布"按钮，如图8-18所示。

图8-18　单击"发布"按钮

（9）在弹出的对话框中设置智能体开场白，以帮助用户快速地了解智能体的定位和功能。输入开场白文案，并设置开场白预置问题，如图8-19所示，然后单击"确认"按钮。

（10）进入"发布"页面，扣子支持将智能体部署到扣子商店、豆包、飞书、抖音小程序和微信公众号等平台。选择发布平台，如图8-20所示，单击页面右上方的"发布"按钮。

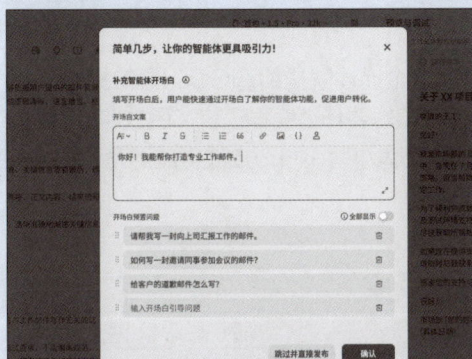

图8-19　设置智能体开场白

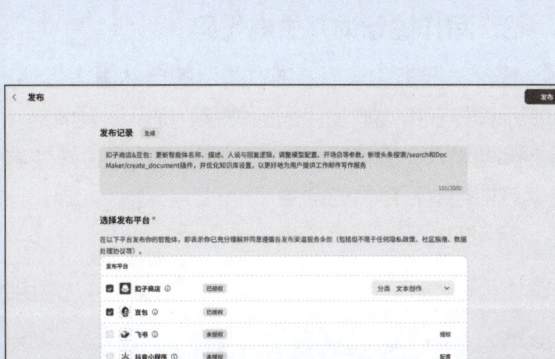

图8-20　选择发布平台

（11）打开的页面中显示"已成功提交发布"，如图8-21所示，等待系统审核完成即可发布成功。

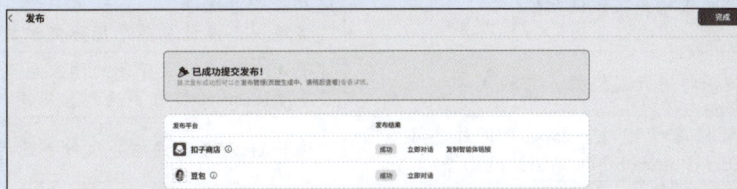

图8-21　已成功提交发布

8.3　使用AIGC工具辅助编程

在数字时代，编程已成为一项越来越重要的技能。无论是开发网站、构建手机应用，还是分析数据、自动化任务，编程都是实现这些目标的基础。对编程初学者来说，从零开始编写代码可能会面临不少挑战，如不熟悉语法、不知道如何组织代码、遇到问题难以解决等。随着人工智能技术，特别是AIGC的飞速发展，现在人们有了强大的新工具来辅助编程。AIGC工具能理解人类用自然语言提出的需求，并根据这些描述生成相应的代码。这就像拥有了一位随时待命的编程助手，能帮助人们更快速、更轻松地将自己的想法转化为可执行的代码。

8.3.1　编写代码

编写代码是编程的核心任务之一，而AIGC工具在这一领域的应用尤为突出。对初学者来说，构思代码的逻辑结构和具体语法往往是最大的挑战。AIGC工具通过其强大的语言生成能力，能为用户提供清晰的代码编写思路。

在实际应用中，AIGC工具可以生成各种类型的代码，如数据处理、图形绘制、网络爬虫等。这些代码片段为初学者提供了宝贵的学习资源，帮助他们快速上手编程。

使用AIGC工具辅助编写代码的过程通常非常直观，可以概括为以下几个步骤。

1. 明确需求

程序员要清楚地知道想要编写的代码类型，明确代码的功能，功能越具体、越明确，AIGC工具生成的代码就越符合预期。

2. 写作提示词并生成代码

程序员要将需求用清晰、简洁的自然语言描述出来，这个描述就是给AIGC工具的提示词。好的提示词是获得高质量代码的关键。提示词要清晰、具体，如想要什么编程语言、函数叫什么名字、需要哪些输入、应该返回什么、有没有什么特殊要求（如忽略大小写）……描述得越清楚，AIGC工具就越能理解程序员的意图。

常用的提示词元素如表8-4所示。

表8-4　常用的提示词元素

元素	说明	举例
编程语言	明确指定需要哪种编程语言，如Python、Java、JavaScript、C++等	"使用Python语言" "用Java实现"
应用场景	描述具体的开发场景，如Web开发、数据分析、机器学习、游戏开发、移动应用开发等	"适用于Web后端开发的用户认证系统代码" "用于数据分析的数据清洗代码"
功能需求	详细说明代码要实现的功能	"创建一个具有用户注册、登录和密码找回功能的用户管理系统" "实现一个能计算两个矩阵乘积的函数"
开发框架	如果使用特定开发框架，需指明	"使用Django框架开发的博客应用代码" "基于React的待办事项列表应用代码"
数据库	涉及数据库操作时，指定数据库类型，如MySQL、PostgreSQL、MongoDB等	"连接MySQL数据库并执行查询的Python代码"
代码规范	要求遵循的代码规范，如PEP 8（Python）、Google Java Style Guide等	"按照PEP 8规范编写的代码"
性能要求	对代码性能有要求时，明确说明	"编写一个能处理大量数据的高性能数据处理代码"
代码复杂度	根据需求指定代码复杂度，如简单、中等、复杂	"生成一个简单的'猜数字'游戏代码" "编写一个复杂的人工智能模型训练代码"

例如，若要编写一个简单的两个数字相加求和的程序，可以这样问DeepSeek："我想要生成一个两个数字相加求和的程序，请你用Python语言为我生成一个简单的相加求和代码，如求3+5的和。"

DeepSeek可以快速生成相应的Python代码，如图8-22所示。

3. 运行代码

以上这段代码定义了一个函数add_numbers，用于计算两个参数a和b的和，并将结果返回。然后，通过调用该函数并输入具体的数值3和5，计算出它们的和，并将结果输出，将该代码粘贴到Python平台，按两次【Enter】键，Python即可输出结果，如图8-23所示。

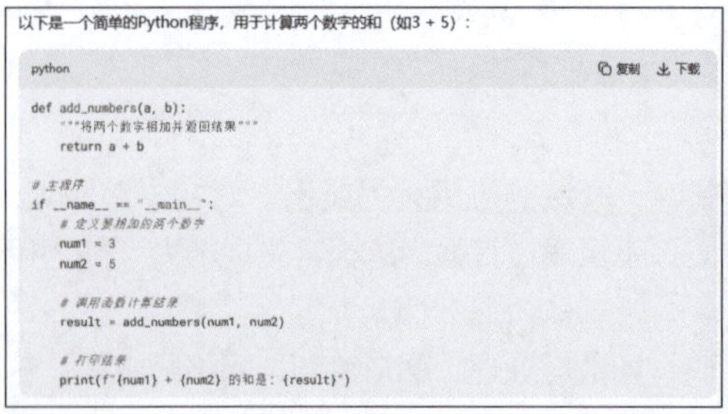

图8-22　DeepSeek生成的Python代码

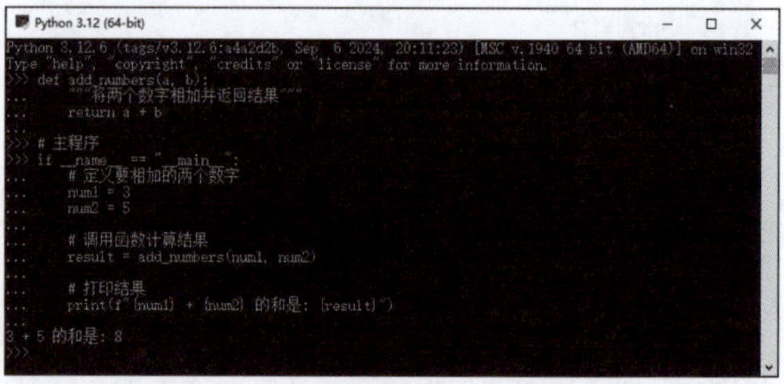

图8-23　Python运行两个数字求和代码

8.3.2 调试代码

当运行代码后，程序没有按照预期工作，或者运行时崩溃并显示错误信息时，程序员就需要进行代码调试（Debugging）。

代码调试就是找出并修复程序中的错误（Bug）的过程。在编程中，这些"错误"可能包括表8-5所示的几种类型。

表8-5 代码错误类型

代码错误类型	说明	举例
语法错误 （Syntax Errors）	代码不符合编程语言的规则，这类错误通常在运行前就会被开发工具（如编译器或解释器）检测到	少了一个冒号或括号，变量名拼写错误等
逻辑错误 （Logic Errors）	代码语法是正确的，但程序的执行逻辑不对，导致结果不符合预期。这类错误程序不会崩溃，但结果是错的，是调试中非常难找的一类错误	计算平均值时忘记处理列表为空的情况，或者循环条件写错了导致少处理或多处理了一些数据
运行时错误 （Runtime Errors）	程序在运行时因为某些原因而崩溃，这类错误通常会伴随着明确的错误信息	除以零、访问了不存在的数组元素、内存不足等

调试是编程过程中非常重要且耗时的一部分。掌握高效的调试技巧，能更快速地解决问题，提升开发效率。

AIGC工具凭借其强大的文本理解和生成能力，可以成为程序员调试代码时的得力助手。它能理解程序员描述的错误现象，分析代码片段，甚至帮助程序员生成有针对性的测试用例。

利用AIGC工具辅助调试代码涉及以下几个方面。

1. 分析错误信息与提供修复建议

运行程序遇到错误时，通常会得到一串错误信息（Error Message）或堆栈跟踪（Stack Trace）。这些信息往往包含了错误类型、发生错误的代码行号，以及导致错误的一系列函数调用信息。对于初学者来说，这些错误信息可能晦涩难懂。这时，初学者可以将完整的错误信息输入AIGC工具，描述遇到了什么问题，程序的预期行为是什么，实际发生了什么，并提供相关的代码片段。AIGC工具会尝试理解错误信息，分析代码，然后给出可能导致错误的原因以及相应的修复建议。

例如，在运行Python代码时，出现了"NameError: name `x` is not defined"这样的错误提示，将这个错误信息输入支持代码调试分析的AIGC工具，它可能会做出以下解释：这是因为使用了一个未定义的变量"x"，需要在使用"x"之前对其进行赋值。

2. 解释代码逻辑

有时初学者可能遇到一段代码没有错误信息，但输出的结果不对，或者正在维护一段别人写的自己不理解的代码。理解代码的逻辑是调试的前提。初学者可以将代码片段输入AIGC工具，并请求它解释这段代码的功能、每部分的作用、变量的含义等。例如，可以向AIGC工具提问"这段Python代码在运行时，变量的值是如何变化的？"它会详细地解释每一步的执行过程和变量的状态。

3. 生成测试用例

测试用例是验证代码正确性的重要手段。编写全面的测试用例有助于发现代码在各种情况下的潜在问题，特别是边界条件（如空输入、最大/最小值、特殊字符等）。初学者可以描述输入函数或代码段的功能，并要求AIGC工具生成不同场景下的测试用例。

案例在线

使用DeepSeek调试代码

DeepSeek在代码调试方面能提供有效的帮助。当代码出现错误时，DeepSeek可以分析错误信息，并提供可能的解决方案。例如，在编写一个Python程序时，出现了如下错误代码：

```
x = 10   y = 0
result = x / y
print(result)
```

慕课视频

使用DeepSeek
调试代码

使用DeepSeek调试代码的过程如下。

（1）将以上代码输入Python平台运行，出现图8-24所示的错误提示信息。

图8-24　Python平台出现的错误提示信息

（2）初学者可能看不懂，就可以复制以上错误提示信息，粘贴到DeepSeek提示词框，并在最后输入："在我输入程序代码后，Python平台运行时显示以上错误提示信息，请为我指出错误的原因和修改建议。"DeepSeek会在经过详细分析后生成错误原因分析和修改建议，如图8-25所示，单击DeepSeek生成的"修正语法错误＋避免除零错误"右下方的"复制"按钮。

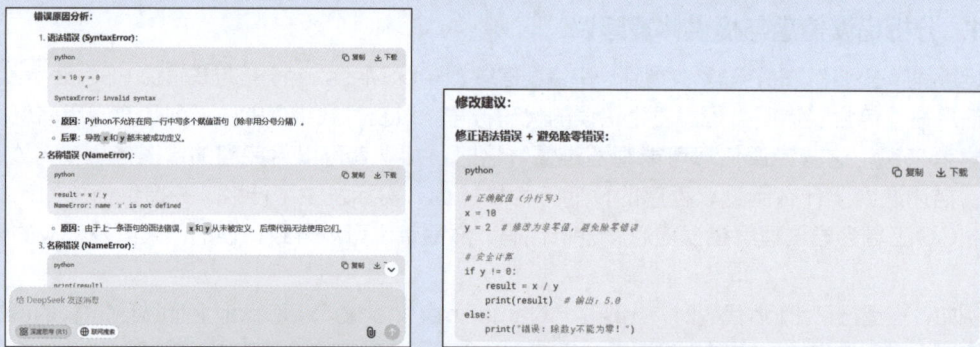

图8-25　DeepSeek生成的错误原因分析与修改建议

（3）将正确的代码粘贴到Python平台运行，可以看到运行正常，如图8-26所示。

图8-26　正确的Python代码运行正常

8.3.3　优化代码性能

　　编写出能正确完成任务的代码是第一步，而编写出既正确又高效的代码，则是衡量一个优秀程序员的重要标准。优化代码性能是指通过改进程序的算法、数据结构或编码方式来提升程序的执行效率，使其在完成相同任务时消耗更少的计算资源（如时间、内存）。

　　在软件开发中，性能优化非常重要，尤其是在处理大量数据、进行复杂计算或开发需要快速响应的应用程序时。对初学者来说，即使一开始写的代码性能不高，了解性能优化的意义和方法，也能辅助其写出更好的代码，并在遇到性能问题时知道如何改进。

　　关于代码性能，常见的优化维度包括表8-6所示的3个方面。

表8-6　代码性能优化维度

优化维度	说明
时间复杂度	衡量算法执行所需时间与输入规模的关系。例如，一个算法的时间复杂度是$O(n^2)$，意味着输入规模增大一倍，执行时间可能增加三倍；而$O(n)$的算法只增加一倍。显然，$O(n)$通常比$O(n^2)$更优
空间复杂度	衡量算法执行所需内存与输入规模的关系
可读性与可维护性	优化后的代码不仅性能要好，最好还要易于理解和修改。有时极致的性能优化可能会牺牲部分代码的可读性，程序员需要在两者之间进行权衡

　　AIGC工具在代码性能优化方面有以下应用。

1. 识别性能瓶颈

　　程序员可以将一段觉得运行缓慢的代码提供给AIGC工具，并描述观察到的现象。例如，"这段代码处理10000条数据时非常慢。"AIGC工具可以分析代码的结构和逻辑，尝试指出哪些部分可能是导致性能问题的瓶颈，如使用了低效的循环、重复计算，或选择了不合适的算法等。

2. 提供优化建议

　　在识别出潜在问题后，AIGC工具会有针对性地提出优化建议。这些建议可能包括更换更高效的算法，如建议将冒泡排序改为快速排序或归并排序；使用更合适的数据结构，如在需要频繁查找的场景，建议将列表换成字典或集合；改进编码方式，如在Python平台中，建议使用列表推导式代替简单的for循环加append，或者使用内置函数"sum()"代替手动累加；利用语言或库特性，建议使用特定编程语言或第三方库中提供的高性能实现功能。

3. 代码重构与提升可读性

　　有些时候，代码性能差是因为结构混乱、逻辑不清。AIGC工具可以辅助进行代码重构（Refactoring），在不改变代码功能的前提下优化其结构，使其更清晰，更易于理解和维护。虽然重构本身不直接等同于性能优化，但更清晰的代码结构往往更容易找到并实施性能改进点，有时重构本身也能带来性能提升，如减少重复计算。AIGC工具还可以帮助改进变量命名、函数拆分、添加注释等，提升代码的可读性。

4. 解释优化原理

　　AIGC工具不仅会提供优化后的代码或建议，还会尝试解释为什么这样优化是有效的。例如，解释为什么列表推导式通常比循环更快，或者为什么某种数据结构在特定操作下更高效。这有助于程序员理解优化背后的原理，而不是简单地复制粘贴。

5. 生成不同优化方案的对比

　　同一个性能问题可能有多种优化方案，可以要求AIGC工具列出不同的方案，并分析它们各自的优缺点、适用场景以及可能带来的性能提升幅度，辅助程序员选择最合适的方案。

案例在线

使用DeepSeek优化代码性能

随着程序规模的不断扩大，代码的性能优化成了一个不可忽视的问题。DeepSeek可以协助程序员分析代码性能瓶颈，并提出优化建议。

以一个简单的循环累加程序为例：

```
sum = 0
for i in range(1, 1000001):
...    sum += i
...
print(sum)
```

这段代码计算从1到1000000的累加和。虽然它能正确地完成任务，但对于较大的数据规模来说，它的执行速度可能不够快。DeepSeek可以分析这段代码，并建议使用更高效的算法来优化性能，方法如下。

（1）复制上述代码，粘贴到DeepSeek提示词框中，再添加一句"请使用更高效的算法来优化上述代码的性能。"如图8-27所示，单击"发送"按钮❶。

（2）DeepSeek经过算法思考，生成相应的优化建议，如图8-28所示。

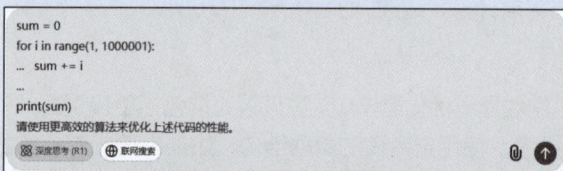

图8-27　询问DeepSeek

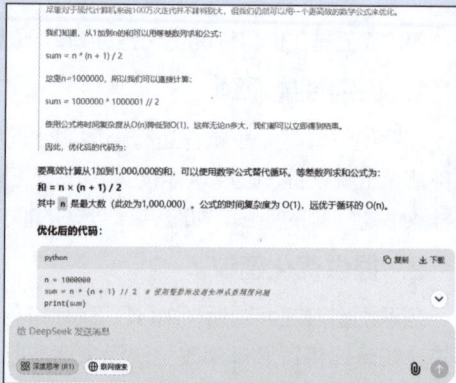

图8-28　DeepSeek生成代码性能优化建议

（3）DeepSeek还对代码优化进行了关键改进的总结，如图8-29所示。

（4）复制生成的优化代码，并将其粘贴到Python平台验证是否可用，经验证可以运行，如图8-30所示。

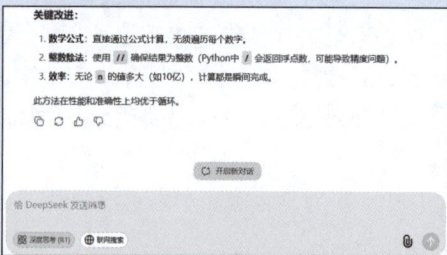

图8-29　关键改进的总结

图8-30　验证优化后的代码

8.3.4　生成小应用

小应用通常指功能相对简单、目标明确的程序，如一个命令行下的记事本、一个图形界面的计算器、一个简单的网页待办事项列表等。它们通常不需要复杂的数据库或分布式系统，更多的是在于实现一个特定的、独立的功能。

利用AIGC工具生成小应用可以极大地提高生成小应用的效率。在程序员有一个模糊的想法时，AIGC工具可以帮助细化功能需求；根据需求描述，AIGC工具可以生成实现该应用基本功能的代码结构、主要函数或类定义；针对应用中的某个关键部分，AIGC工具可以生成相应的代码。

这对于初学者来说非常有价值。启动一个新项目往往是最困难的第一步，要考虑文件结构、基本流程、如何组织代码等。AIGC工具可以提供一个起点，让初学者避免从完全空白开始，更快地进入编写代码和完善具体功能的阶段。

使用AIGC工具构思和生成小应用的方法如下。

1. 明确想法与需求描述

用清晰的语言向AIGC工具描述想要的应用是什么，应具备哪些功能。描述越具体、越清晰，AIGC工具生成的代码就越可能符合预期。

例如，"我想做一个简单的命令行程序，用来记录我每天完成了哪些任务。我希望可以输入任务描述，程序能生成任务列表，并能显示出来。"

"请帮我构思一下，如果用Python做一个单位换算器（如'米'到'英尺'），需要哪些主要功能？"

"我有一个关于旅拍的想法，用一个小型程序能实现什么有趣的功能吗？"

2. 引导AIGC工具生成框架或核心代码

在AIGC工具理解了程序员的基本需求后，程序员可以进一步要求它生成代码。在此，程序员需要明确希望AIGC工具使用的编程语言（如Python、JavaScript等），以及想要的代码范围（是整个应用的框架，还是某个特定功能的代码）。

例如，"好的，我想用Python实现上面说的那个命令行任务记录程序。请给我一个基本的代码框架，包括如何存储任务和显示任务列表。"

"请用JavaScript编写一个简单的函数，实现'米'到'英尺'的转换。"

"我现在需要实现这个猜数字游戏的核心逻辑，请用Python写一个循环，让计算机生成一个随机数，然后等待用户输入并判断大小。"

3. 审查、测试与完善生成的代码

这是关键环节，也是人工必须投入的部分。AIGC工具生成的代码是一个起点，它可能只包含了核心功能，缺少错误处理、用户界面等；代码风格不够好，可读性有待提升；可能包含逻辑错误或语法错误；可能没有考虑所有边界情况。

程序员要仔细阅读生成的代码，理解每一部分的作用，将代码复制到开发环境中运行和测试。根据需求和测试结果，手动修改和完善代码。添加想要的功能，如错误检查等。如果发现AIGC工具生成的代码结构不合理，程序员可以迭代提问，要求AIGC工具提供不同的实现思路或对现有代码进行重构。

案例在线

使用DeepSeek生成猜数字游戏小应用

猜数字游戏是一个经典的Python入门案例，适合初学者练习基础语法、逻辑控制和用户交互。游戏的核心逻辑是程序随机生成目标数字，作为玩家需要猜测的目标。玩家输入猜测的数字，程序判断是否与目标数字匹配：猜中即提示胜利，并结束游戏；猜错则提示"偏大"或"偏小"，玩家继续猜测。

使用DeepSeek生成该应用的方法如下。

（1）打开DeepSeek网站，在提示词文本框内输入提示词，包括需求、对DeepSeek的要求、猜数字游戏小应用的具体功能描述。例如，"我想要生成一个猜数字游戏小应用，请用Python平台写一个循环代码，让程序生成一个随机数，然后等待玩家输入数字并判断大小。当玩家输入一个随机数字后，程序要回应数字大还是小，然后等待玩家继续输入数字，如此循环，直到玩家输入正确的数字，显示游戏结束。"

慕课视频

使用DeepSeek
生成猜数字
游戏小应用

（2）DeepSeek生成猜数字游戏小应用的程序代码，如图8-31所示。

（3）要运行此游戏，只需将代码保存为.py文件并执行即可。在此使用VS Code（Visual Studio Code的简称）编辑器运行该游戏。VS Code是微软公司旗下的一款免费的前端开发工具。VS Code的交互式终端和Python平台的交互式环境有所不同。如果生成的程序依赖交互式环境中的特定功能，如输入输出方式，可能会在不同环境中表现不一致。例如，程序使用了input( )函数，在VS Code中可以正常输入，但在Python平台的某些环境下，输入可能会出现问题。

因此，在验证程序代码是否可以运行时，可以将代码复制到VS Code中，如图8-32所示，单击右上方的"运行"按钮 ▷ 进行验证。

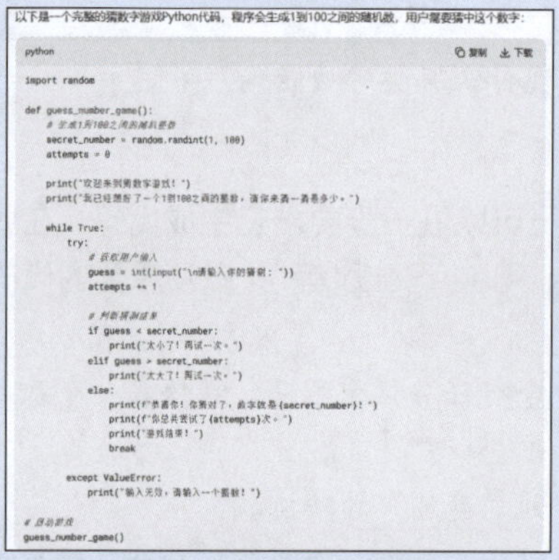

图8-31　DeepSeek生成猜数字游戏
　　　　　小应用的程序代码

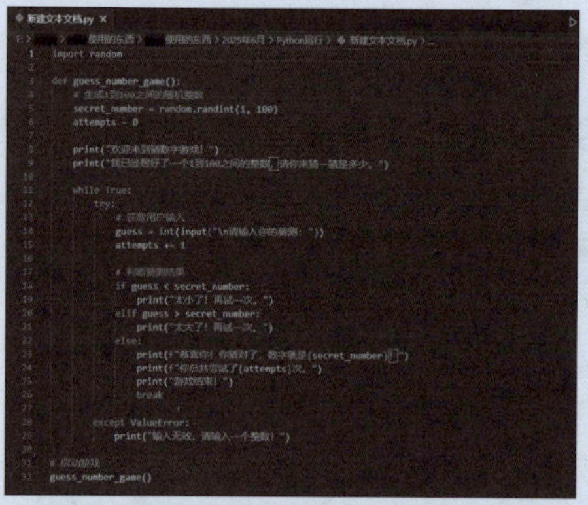

图8-32　复制代码到VS Code中

（4）如果程序代码可以正常运行，玩家就可以玩猜数字游戏了。经过多轮猜测，玩家终于猜对数字，程序记录了总共尝试的次数，如图8-33所示。

图8-33　玩猜数字游戏

8.3.5　搭建代码优化智能体

为了进一步提升编程效率和代码质量，可以使用AIGC工具搭建代码优化智能体。这种智能体能自动分析代码并提出优化建议，实现代码的持续改进。

1. 选择合适的AIGC工具

搭建代码优化智能体的第一步是选择合适的AIGC工具。目前市面上有许多AIGC工具支持代码优化功能，如文心快码、通义灵码等。

文心快码是基于百度文心大模型的智能代码助手，文心快码3.0版本推出代码问答、编码、单测、Debug、安全智能体，覆盖开发的设计、编码、构建、测试与验证全流程，能准确修复错误或解决问题，基于全库代码排查错误信息，制订解决方案，并自主完成修复，可完成框架配置、模块重构等复杂变更。

通义灵码是基于通义大模型的AI研发辅助工具，为开发者提供代码智能生成、研发智能问答、任务自主执行等能力，支持Java、Python、Go、C/C++、C#、JavaScript等200多种语言，可识别潜在的编码问题，提供具体的优化建议代码。

2. 定义优化目标和规则

程序员可以设定优化目标以提高代码的运行速度、减少内存占用、提高代码的可读性等。同时，根据具体编程语言和项目需求，制定相应的优化规则，如避免使用全局变量、减少嵌套循环、遵循命名规范等。

3. 训练智能体

程序员可以通过训练数据对智能体进行训练。训练数据可以包括已有的代码库、代码审查记录等。智能体通过学习这些数据中的模式和最佳实践，不断提升其优化建议的准确性和可靠性。在训练过程中，程序员需要不断调整智能体的参数和算法，以确保其能适应不同的代码场景和需求。

4. 将智能体集成到开发环境

程序员要把智能体集成到开发环境中，在编写代码的过程中实时地获取智能体的优化建议。智能体可以以注释、提示框等形式展示优化建议，并允许程序员选择是否接受这些建议。同时，智能体可以自动记录程序员的反馈，不断改进其优化策略。

拓展阅读：AIGC工具辅助职场审批

在快节奏的职场环境中，审批流程的效率对企业运营至关重要。AIGC工具的兴起为职场审批带来了重大变革。美团内部使用的智能审批系统基于历史审批数据训练模型，对常规报销单实现了"秒级自动通过"。在2025年，美团通过这一系统成功地降低了大量行政审批人力成本。

类似的AIGC审批工具还有实在智能的文档审阅。它依托光学字符识别、自然语言处理能力、知识图谱、大型语言模型等核心技术，能对各种格式的文件进行审核。在贷款审核业务场景中，它能自动识别和提取纸质信息，同步到系统中，完成信息自动录入、外部征信查询及整合，辅助审批人员判断贷款资料的真实性、一致性与合规性，大大提升了审核效率。

合思推出的AI审批机器人助理可全天候实时响应审批需求。它依据预置审批规则，智能通过、驳回申请或要求补充资料，还能提前发现单据问题。出差申请通过后，它会自动预订合适的酒店与机票。

这些AIGC工具通过自动化、智能化手段，将审批人员从烦琐重复的工作中解放出来，让他们能将精力投入更具价值的工作，显著提升了职场审批效率，降低了企业运营成本，为企业数字化转型提供了有力支持。

本章实训

实训1：写作个人简历

1. 实训背景

在数字化求职浪潮下，AIGC工具已成为求职者提升简历竞争力的得力助手。为帮助求职者掌握利用AIGC工具生成与优化个人简历的核心技能，现模拟真实求职场景，通过实操训练，让大家熟悉AIGC简历制作工具的功能与操作流程，生成符合岗位需求的高质量简历。

2. 实训要求

岗位设定：从"市场营销经理""Java开发工程师""跨境电商运营专员"三个岗位中任选其一，依据岗位描述写作个人简历。

工具使用：使用至少一款AIGC简历制作工具（如速创猫AI简历、职达AI简历），完成简历的生成与优化。

成果标准：简历需逻辑清晰、数据量化、内容精准匹配岗位要求，且排版美观、格式规范。

3. 实训思路

（1）前期准备

分析所选岗位的任职要求，提炼关键技能、经验需求。梳理个人相关经历、技能、成果，准备好学历、获奖等基础信息。

（2）使用AIGC工具生成简历

以"速创猫AI简历"为例生成简历，进入该工具网站首页，单击"生成简历"选项，选择简历阶段，输入意向岗位（如市场营销经理），单击"AI生成"按钮。在编辑大纲内容页面中，输入个人基本信息、工作经历（用数据量化成果，如"策划10场营销活动，实现销售额增长30%"）、技能专长等内容。单击"挑选简历模板"按钮，选择适配岗位风格的模板，生成初始简历。

（3）简历优化

将生成的简历或已有简历上传至"速创猫AI简历"平台，使用智能优化功能调整内容表述，补充数据细节，完善排版格式。多次修改后导出最终版简历，检查内容的准确性与完整性。

实训2：制作南京云锦主题PPT

1. 实训背景

南京云锦是中国传统的丝制工艺品，承载着深厚的历史文化底蕴。本实训以南京云锦为主题，利用AIGC工具快速生成兼具内容专业性与视觉美感的PPT，提升创作者数字化内容创作能力。

2. 实训要求

主题内容：围绕"南京云锦"展开，内容需涵盖南京云锦的历史起源、织造工艺、文化价值、现代传承等方面，确保信息准确且逻辑清晰。

成果标准：PPT页数控制在10～15页，内容丰富且重点突出；合理运用模板、配图、动画等元素，整体视觉风格符合中华优秀传统文化的调性；支持在线演示或本地导出，文件格式正确。

3．实训思路

（1）收集资料

通过书籍、网络、博物馆资料等渠道，收集南京云锦的历史起源、织造工艺、图案特色、文化价值等相关资料，获取与南京云锦相关的热门选题灵感，并进行分类整理，提取关键信息和优质素材。

（2）明确主题

在AiPPT网站，单击"AI新增PPT"按钮，在打开的页面中输入确定的主题，如"*南京云锦：千年织韵，璀璨传承*"，设置PPT页数、受众和使用场景等参数。

（3）生成PPT大纲

根据收集的资料，对AiPPT生成的PPT大纲进行评估和调整，增加或修改部分内容，使大纲的逻辑更清晰、重点更突出。

（4）选择模板

浏览AiPPT提供的模板库，筛选与南京云锦主题风格相符的PPT模板。选择PPT模板时，需考虑PPT模板的页面布局是否有利于内容展示，如是否有适合图片、文字排版的区域。

（5）生成PPT

确认大纲和模板后，单击"生成PPT"按钮。检查生成的PPT内容，查看文字表述是否准确，图片是否清晰且与内容匹配，对存在错误或不恰当的地方进行手动修改。

（6）优化完善

利用AiPPT的编辑功能对PPT进行视觉优化。例如，调整字体、字号和颜色，添加转场效果、动画等，增加演示的流畅性和吸引力，检查PPT的整体布局，确保页面之间过渡自然流畅，整体风格一致。

（7）实训总结

总结在使用AIGC工具制作南京云锦主题PPT过程中的经验和体会，包括AIGC工具使用的技巧、遇到的问题和解决方法，以及对中华优秀传统文化与数字化展示结合的思考。

思考与练习

1．假设你即将参加一场求职面试，应聘岗位是"短视频剪辑师"。请编写一条用于生成自我介绍的提示词，使用AIGC工具生成一段自我介绍并进行优化。

2．假设你是公司行政部门的工作人员，需要发布一份关于"公司夏季户外团建活动"的工作通知，请使用AIGC工具写作这份工作通知。

第 **9** 章
AIGC高效学习与智慧生活

学习目标

➢ 掌握使用360智阅进行高效阅读、使用豆包制作文档思维导图的方法。

➢ 掌握使用Kimi制订学习计划、使用百度翻译翻译文本的方法。

➢ 掌握文献综述的写作技巧和使用AIGC工具写作文献综述的方法。

➢ 掌握使用AIGC工具写作旅游攻略和生成采购建议的方法。

➢ 掌握使用扣子搭建学习助手智能体和生活助手智能体的方法。

本章概述

AIGC技术正以颠覆性力量重构知识学习和生活服务的方式，从帮助人们高效阅读文档、音视频等各类信息，到精准剖析知识点生成直观易懂的思维导图、根据个人学习特点制订个性化学习方案，再到在生活场景中智能规划旅游攻略、提供合理的采购建议，为人们的日常学习与生活提供有力的支持。本章将探讨AIGC工具在人们的日常学习和生活场景中的应用，为数字化时代的高效学习与智慧生活提供实践指引。

本章关键词

高效阅读　思维导图　学习计划　文献综述　智能体

引导案例

"浙大先生"，智慧校园生活的智能助手

在人工智能技术快速发展的当下，教学场景的变革尤为显著，国内多所高校纷纷上线并本地化部署了"满血版"DeepSeek，为学校教学、生活和科研等提供了强大的支持。浙江大学的深度融合智能体"浙大先生"本地化部署DeepSeekV3、R1模型，覆盖了教学、科研、生活等场景。

"AI校园"是以教学、生活等多元场景为核心创建的校园综合智能体，能为教师和学生提供教务智能问答服务，解答各种校内问题。"新生小助手"是新生入学场景智能体，能帮助新生快速了解学校的各项规章制度、课程安排、校园生活等信息。"简历助手"智能体能根据岗位招聘需求和简历内容，分析简历的优势和缺陷，帮助同学们优化简历。

"浙大先生"不仅能生成文字内容，还能根据师生们选择的模型和输入的提示词生成不同风格的图片、音乐、视频。它不仅能生成个性化学习方法，实时生成课堂讨论和随堂测验，口语平台还能根据学生的不同水平生成不同的主题对话、脚本练习资料，能让学生一对一地进行外语学习。此外，"浙大先生"还提供了一系列强大的开发工具和丰富的接口资源，支持个性化应用的开发与定制，教师和学生可以定制个人专属的智能体。

案例思考： 高校接入DeepSeek为学校的日常教学、师生生活带来了哪些便利性？

9.1　使用AIGC工具助力学习

在AIGC时代，人们的学习方式正经历着前所未有的变革，AIGC工具凭借强大的智能化能力，在高效阅读、制作思维导图、制订学习计划、翻译文本、写作文献综述等多元学习场景中展现了不可替代的价值。

9.1.1　高效阅读

在日常工作和学习中，一些人可能会遇到要在短时间内从海量的文字、音视频资源中整理出重点信息的情况。传统的阅读方式往往耗时费力，难以让人在有限的时间内充分吸收和理解关键信息。此时，运用合适的AIGC工具能有效提高阅读效率。AIGC工具能快速提取网页、文档和视频中的核心内容，帮助人们在短时间内把握关键信息，节省大量时间用于深入思考和知识拓展。

案例在线

使用360智阅阅读文档

360智阅是一款智能阅读与创作工具，它具有文档分析、视频总结、录音分析、网页分析等功能，能精准提炼文档、视频、音频、网页等多种格式内容的核心要点，帮助用户快速了解内容概要，甚至能对全文进行精准的翻译，帮助用户跨越语言障碍。用户可以使用它快速阅读文档，方法如下。

（1）在PC端打开360智阅网站并登录账号，在上方选择想用的功能，如图9-1所示，在此单击"文档分析"选项。

（2）进入文档分析功能页面，目前文档分析功能可以分析PDF格式的文件或用户提供的URL地址对应的文档。在此选择上传PDF格式的文件，单击"点击打开文件夹上传PDF文件"按钮上传本地PDF文件，如图9-2所示。

图9-1 单击"文档分析"选项

图9-2 上传文件

（3）进入AI阅读页面，包括原文、简介、脑图、重点、分析、翻译、生成PPT和DeepSeek分析等功能选项，用户可以根据自己的需要选择相应的功能。单击"简介"按钮，在页面右侧生成文件的内容简介，如图9-3所示。在对话框中可以继续提出需求，由360智阅进行解答。

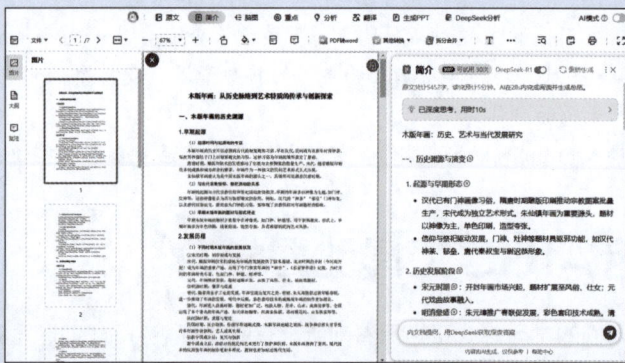

图9-3 生成内容简介

（4）单击"脑图"按钮，360智阅生成脑图，如图9-4所示。单击"下载"按钮 ⬇，即可下载脑图。

（5）单击"重点"按钮，360智阅自动总结文档的重点内容，如图9-5所示。

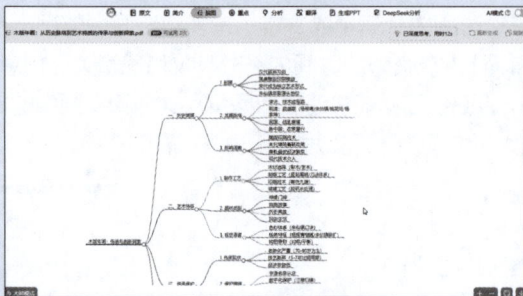

图9-4 生成脑图

图9-5 总结文档的重点内容

9.1.2 制作思维导图

思维导图是一种图形化的思维工具，它通过将思维内容以一种放射状、层级化的结构呈现出来，帮助人们更好地组织、整理和展示思维过程。思维导图以一个中心主题为核心，从中心主题向外扩展多个分支，每个分支又可以进一步细化为更小的子分支，如此形成一个类似树状的结构。

思维导图具有以下特点。

- **放射性结构：** 从中心向四周发散，符合大脑自然思考模式。
- **图文结合：** 通过关键词、图像、颜色等元素帮助人们增强记忆和理解。
- **层级分明：** 不同分支代表不同逻辑层级，信息结构清晰。

案例在线

使用豆包制作文档思维导图

下面使用豆包制作一个文档思维导图，方法如下。

（1）在PC端打开豆包官网并登录账号，单击"上传文件"按钮 上传"木版年画：从历史脉络到艺术特质的传承与创新探索.pdf"，然后在对话框中直接输入需求描述。例如，输入提示词"阅读我上传的文档，根据文档内容生成思维导图。"如图9-6所示，然后单击"发送"按钮 。

（2）豆包输出结果，如图9-7所示。单击"下载"按钮 ，即可下载思维导图。

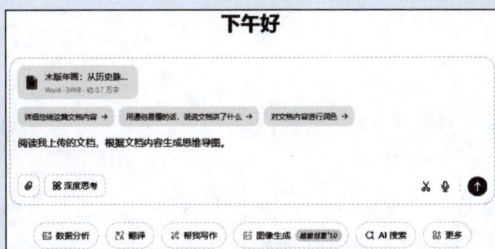

图9-6　上传文件并输入提示词　　　　图9-7　输出结果

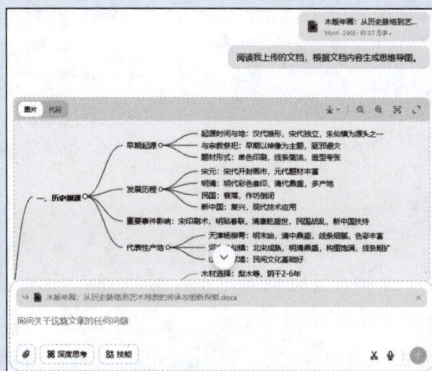

9.1.3　制订学习计划

在学习过程中，制订学习计划是一种重要的学习管理手段，学习计划能帮助学习者明确学习目标，更好地管理时间，提高学习效率和质量，最终更好地实现个人成长。制订一个有效的学习计划需要综合考虑学习目标、时间安排、个人习惯和学习资源等多个因素。

使用AIGC工具制订学习计划时，提示词的设计可以参考以下公式。

公式1： 以[具体课程名称]为核心，结合[学期周数/剩余天数]，制订包含课前预习（建议工具+时长）、课堂笔记方法（如康奈尔笔记法）、课后复习节奏（艾宾浩斯遗忘曲线应用）、作业拆解计划、考前冲刺阶段的阶梯式学习计划。需标注每日/周重点任务，推荐3个以上配套学习资源（如慕课/App/书籍），并设计进度追踪表框架。

公式2： 针对[职场人士/通勤族]，以提升[技能名称（如商务英语/制作PPT）]技能为目标，设计基于每日3个碎片化时段（通勤30分钟+午休20分钟+睡前15分钟）的学习计划。需拆解知识点为微模块（如15分钟攻克1个英语句型/10分钟设计PPT框架），并推荐离线学习工具，设置利用碎片时间的记忆强化机制（如闪卡复习）。

公式3： 围绕[证书名称（如CPA/CFA/教师资格证）]考试，结合[剩余备考天数]与[考试科目数量]，制订包含教材精读（每日章节数+标记高频考点）、真题训练（每周套卷数+错题分类法）、模拟冲刺（考前全真模考安排）的三轮学习计划。需嵌入记忆周期表（标注重难点复习频次），附加心态调节与时间管理技巧。

公式4： 以[兴趣技能（如插画创作/短视频剪辑）]为核心，按照"灵感积累（每日10幅作品临摹）—技法突破（每周攻克1个工具难点）—创意输出（每月1个原创作品）"节奏制订技能提高计划。

案例在线

使用Kimi生成短视频剪辑技能提高计划

下面使用Kimi生成一个短视频剪辑技能提高计划。

在PC端登录Kimi首页，关闭"长思考"模式，在对话框中输入提示词，如图9-8所示，然后单击"发送"按钮 ↑。

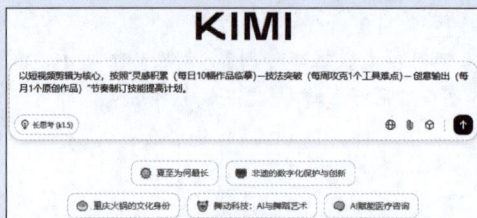

图9-8 在对话框中输入提示词

Kimi输出内容如下。

《短视频剪辑技能提高计划》

一、目标设定

短期目标（1个月）：通过每日临摹和每周技法学习，熟练掌握短视频剪辑工具的基本用法和常用功能，能独立完成简单的剪辑任务。

中期目标（3个月）：在巩固基础的同时，提升创意和剪辑技巧，能制作具有一定创意和吸引力的短视频作品。

长期目标（6个月及以上）：形成自己的剪辑风格，能高效地制作高质量的短视频作品，并在相关平台上获得一定的关注和认可。

二、计划安排

（一）灵感积累（每日任务）

1. 任务内容

每日选择10个优秀的短视频作品进行临摹。可以是热门的抖音、哔哩哔哩等平台上的优秀案例，也可以是专业的影视剪辑作品。

2. 操作步骤

素材收集：每天浏览各大短视频平台的作品，关注热门话题、热门博主，将不同类型、风格的优秀短视频作品作为临摹对象。

临摹过程：仔细观察每个作品的剪辑节奏、镜头切换、转场效果、音乐搭配等细节，尝试用自己的方式重新剪辑一遍。在临摹过程中，重点关注剪辑思路和创意点，思考为什么这样剪辑能吸引观众。

总结记录：临摹完成后，记录下每个作品的剪辑亮点和自己的收获，形成一个灵感笔记。可以使用表格形式，记录作品名称、剪辑亮点、自己的收获等内容，方便后续查阅和回顾。

3. 注意事项

临摹的目的是学习和积累灵感，不要单纯地复制，要注重理解背后的剪辑逻辑和创意思路。

尝试临摹不同风格的作品，拓宽自己的视野和思维，避免陷入单一的风格模式。

......

9.1.4 翻译文本

翻译不仅是转换语言符号，更是文化的沟通。传统的人工翻译模式遣词造句耗时耗力，通常需要译者耗费大量时间查阅词典、比对语法、调整语序，专业译者面对多语种、跨领域的文本转换任务时，也常受限于知识储备与时间成本的双重压力。而传统机器翻译会存在翻译结果过于直译，无法体现原文背后隐藏含义的问题。这主要是由于机器在某些情况下无法很好地理解源语言和目标语言之间的表达差异造成的。

AIGC工具大模型具备强大的理解和逻辑能力，能让用户通过自然语言交互的方式完成各类语言的转换。它往往能更好地理解原语言的深层含义，并选用更合适的语句将其用目标语言表达出来。此外，AIGC工具还能在与用户的不断交互中生成更加符合用户需求的译文，实现交互式增强翻译。常用的专供翻译的AIGC工具如百度翻译、有道翻译等。

案例在线

使用百度翻译翻译文本

百度翻译是一款智能化AIGC翻译工具，它具备传统机器翻译、AI大模型翻译、人工翻译、AI论文精翻、专业译后编辑等功能，支持文本、文档、图片、网址链接等多模态翻译，AI助手还能提供翻译辅助和阅读辅助等服务。

百度翻译的AI大模型翻译分为基础模式和高级模式：基础模式能结合语境进行翻译，兼顾翻译效果与速度；高级模式包含基础模式的全部功能，并能遵循翻译指令、智能参考知识库、查证网络术语进行翻译，长难句翻译更出色。

下面使用百度翻译来翻译一段文本。

（1）在PC端打开百度翻译首页并登录账号，单击"AI大模型翻译"按钮，进入AI大模型翻译页面。用户可以输入文本、粘贴图片或上传文档。在此输入文本"春风拂过，花瓣轻舞，似是岁月温柔的低语，诉说着时光深处的静谧与美好。"如图9-9所示。

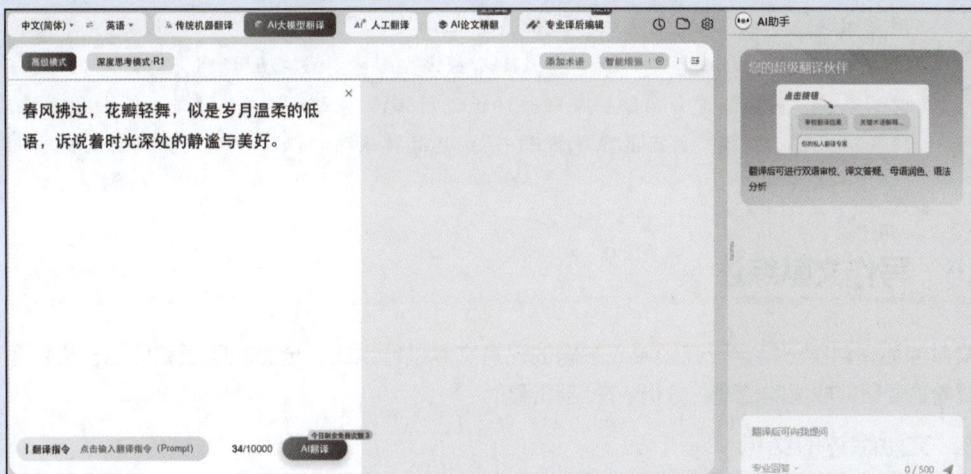

图9-9 输入文本

（2）单击"点击输入翻译指令（Prompt）"按钮，在"翻译指令"文本框中输入提示词"采用意译"，如图9-10所示，单击"AI翻译"按钮。

（3）百度翻译输出翻译结果，如图9-11所示。在页面右侧，用户可以使用AI助手进行译文润色、术语解释、翻译详解等操作。

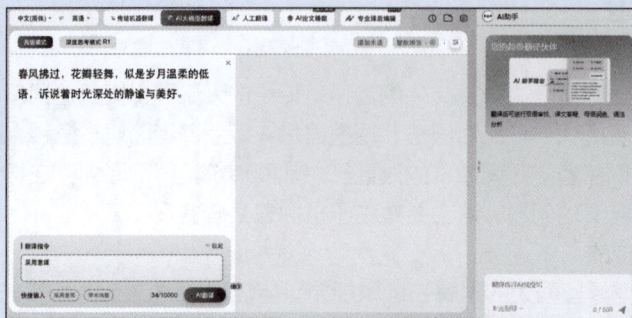

图9-10　输入提示词

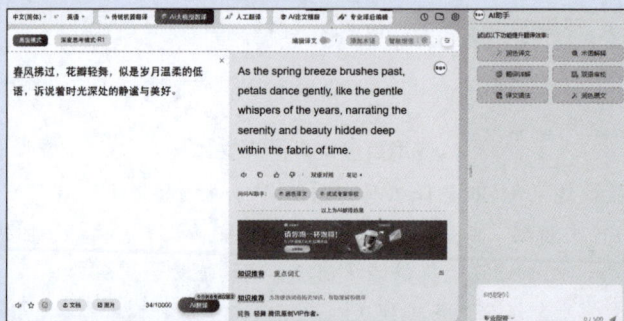

图9-11　百度翻译输出翻译结果

AI小课堂

为了提升翻译内容的专业性，使用百度翻译进行翻译时，可以采用以下技巧。

● 明确限制条件：在提示词中说明对翻译结果的具体限制，如"采用学术风格""模仿××论文的用词风格进行翻译""使用国际商会术语""保留敬语格式""金额保留两位小数""避免使用与牛相关的比喻"等。

● 创建知识库：在知识中心上传希望模型参考和学习的资料，如行业术语、产品说明书等，百度翻译会自动参考这些知识进行翻译。但需要注意的是，要避免上传机密性资料，可以使用"某产品技术说明书""某品牌采购协议"等替代资料的真实名称。

9.1.5　写作文献综述

文献综述是对某一特定研究领域或主题的已有文献进行系统、全面的回顾和总结。它包含了对该领域内重要研究成果的梳理、分析、总结和评价。

1. 文献综述的结构

一篇文献综述通常由标题、摘要、关键词、引言、主体和总结与展望等部分组成。

（1）标题

标题要简洁明了地概括文献综述的核心主题，使读者能快速了解综述的主要内容。

（2）摘要

摘要部分是对文献综述内容的简要概述，通常在200字左右，包括研究的目的、方法、主要发现和结论。

（3）关键词

关键词是文献综述内容的核心词汇，一般3～5个。它们能帮助读者快速定位文献综述的主题，并且在文献检索过程中起到重要作用。

（4）引言

引言部分主要包括以下内容。

● **文献综述的背景：** 阐述进行文献综述的背景，说明为什么选择这个主题进行综述，例如，梳理关键概念和理论、分析研究现状与趋势、识别主要争论点、填补领域空白、为本研究提供理论基础等。

● **文献综述的目的：** 阐述这个主题在研究领域中的重要性。例如，为研究问题提供背景、论证研究必要性、确定理论框架或研究方法。

● **文献综述的结构：** 简要预告文献综述接下来各部分的主要内容（即如何组织文献）。例如，"本文将首先回顾……的理论基础，接着分析……领域的研究现状，重点关注……的争论，然后探讨……的发展趋势，最后总结现有研究的局限并指出本研究的贡献点。"

（5）主体

主体是文献综述的核心，要按照一定的逻辑对文献进行分类和总结，而非简单地罗列文献，常见的组织方式如表9-1所示。

表9-1　文献综述主体的组织方式

组织方式	操作要点	优势
按主题/概念/变量组织	将文献按研究主题涉及的关键概念、核心变量或理论框架进行分组	能深入探讨每个关键方面，便于比较不同研究在同一主题下的发现
按理论流派/观点组织	分别阐述不同理论流派的核心观点、代表人物、相关实证研究及其支持证据、优势和局限性	能清晰地展现理论脉络和思想碰撞，突出研究问题的复杂性
按时间顺序/发展阶段组织	按照研究主题的历史发展脉络来组织文献，展示研究思想、方法、焦点的演变过程，通常结合主题或理论流派来划分时间段	能清晰地展现研究领域的动态发展和趋势变化
按研究方法组织	分别讨论不同方法在该主题下的应用、发现、优势和局限	便于评估不同研究方法的适用性和结果的可比性

在写作主体时，需要注意以下事项。

● **综合而非罗列：** 避免一篇一篇单独地介绍文献，要将多篇文献的观点、发现进行整合、比较、关联和归纳，找出共同点、分歧点、发展趋势等。常用句式如"×××和×××都发现……""与上述观点相反，×××认为……""近年来，越来越多的研究开始关注……"

● **批判性分析：** 不仅要描述文献说了什么，还要对文献做出评价，包括文献研究的优势和局限性（如方法论、样本、理论视角等）；研究结果的可靠性和普适性；不同研究之间的矛盾或不一致之处，并尝试分析原因；研究存在的漏洞或未解决的问题。

● **使用小标题：** 清晰地使用小标题来划分不同的主题、流派或时期，使结构一目了然。

● **聚焦核心主题：** 始终围绕在引言中界定的核心研究问题/主题展开讨论，避免跑题。

● **建立联系：** 在不同的小节或主题之间建立逻辑联系，说明它们如何共同构成该领域的知识图景，可使用过渡句进行连接。

（6）总结与展望

总结部分要概括文献综述主体部分的核心发现、共识性观点、主要争论焦点，以及研究趋势。基于批判性分析，清晰、具体地指出以下方面的问题。

● 现有研究在理论上存在的不足或未覆盖的方面。

● 现有研究在方法上存在的缺陷或局限。

● 现有研究尚未解决的具体问题或未被充分探讨的重要议题。

● 相互矛盾的研究结果需要进一步澄清的地方。

展望部分是在前人研究的基础上，提出未来可能的研究方向，明确地阐述本研究如何回应上述研究空白或局限性。例如，说明本研究旨在解决的具体问题是什么；清晰地说明本研究的目标和研究问题/假设；简要说明本研究的预期贡献（理论贡献、实践意义、方法创新等）。最后，再次强调本研究在填补空白、解决争论或推动该领域发展方面的重要性。

2. 文献综述写作注意事项

文献综述不是资料的堆砌，而是一个论证的过程。创作者写作文献综述的目标是通过梳理现有知识，构建一个令人信服的理由，说明创作者的研究为什么是必要且有价值的。在写作文献综述时，需要注意以下事项。

- **系统性：** 检索文献要全面、有策略，避免重要文献遗漏。
- **聚焦性：** 紧紧围绕研究主题，筛选相关文献，剔除边缘信息。
- **批判性：** 贯穿始终，不要简单地复述文献，而是要分析、评价与整合。
- **逻辑性：** 结构清晰，层次分明，过渡自然。段落内部和段落之间都要有清晰的逻辑链条。
- **客观性：** 公正地呈现不同观点和证据，即使自己倾向于某一方。
- **准确性：** 正确地引用文献，忠实反映原作者观点。
- **原创性：** 要对原始研究进行深入阅读和分析，不要过度依赖二手文献，如他人写作的文献综述。

3. AIGC工具写作文献综述

创作者使用AIGC工具写作文献综述，方法如下。

（1）分析与整理文献

创作者完成文献收集后，可以使用AIGC工具来分析和整理文献内容，包括文献的作者、年份、研究问题/目标、理论框架、方法、主要发现、局限性、与创作者研究的相关性等。创作者可以参考以下公式设计提示词。

公式1： [上传多篇文献]请从创新点、局限性、可借鉴处三个方面对比各文献的研究方法，以表格的形式输出。

公式2： [上传1篇文献]请用[字数]字概括我上传的文献的核心创新点，用"已知……但……因此"的结构表述，并列出[个数]个值得深挖的疑问。

公式3： [上传1篇文献]请用[字数]字总结这篇论文的核心结论，并注明2个创新点和2个潜在缺陷。

公式4： 请从以下文献中提取作者、发表年份、研究问题/目标、理论框架、研究方法、主要发现、研究局限性，并用清晰的条目呈现。同时分析该文献与[创作者研究主题]的相关性，指出可借鉴之处或理论冲突点。文献内容：[粘贴文献文本/链接]

公式5： 请分析以下文献与[创作者研究课题]的关联性，重点完成：①提取文献中与[创作者研究关键词]相关的理论观点；②梳理该文献研究方法对[创作者研究方法]的启示；③指出文献结论中可支持/反驳[创作者研究假设]的证据；④标注文献未涉及但对[创作者研究]重要的研究空白；

文献信息：[提供文献摘要/全文]。

公式6： 以学术批判视角解析文献：①提炼文献的研究假设与论证逻辑；②评估研究方法的科学性（样本代表性、变量控制）；③解构主要发现的因果推断合理性；④列举3个以上未被解决的研究问题；⑤设计[创作者研究]可弥补该文献缺陷的研究方案；

请基于以下文献展开分析：[文献来源]。

（2）优化文献综述

创作者完成文献综述的初稿后，可以使用AIGC工具对文献综述进行优化，以提升文献综述的质量。创作者可以参考以下公式设计提示词。

公式1： 请作为资深研究员分析以下文献综述的逻辑架构，指出各章节衔接的断层处，并用思维导图框架重构文献脉络，标注理论演进的关键节点，最后给出"问题—方法—结论"三段式逻辑优化建议。

公式2： 现需对文献综述进行语言精细化处理，请逐段检测学术表达的规范性，重点修订口语化表述、语义重复段落及句式单一问题，同时保留核心学术概念的专业性，输出时用不同颜色标注修改前后的对比。

> **素养课堂**
>
> 写作文献综述时，要强调学术研究的严谨性和规范性，要尊重他人的学术成果，遵循正确的引用和参考文献标注方法，杜绝抄袭和剽窃等学术不端行为。以"学术诚信"为底线，杜绝将AI输出的内容直接作为原创成果。培养严谨的治学态度，让技术成为学术研究的"助力器"，而非"投机工具"。

9.1.6　搭建学习助手智能体

学习助手智能体能借助先进的AIGC技术为学习者打造一个智能、贴心且高效的辅助工具。它们不仅能根据学习者的学习进度、风格偏好，以及知识掌握程度等，量身定制专属的学习计划和内容推送方案，还可以在学习过程中提供实时的答疑解惑、知识点巩固与拓展等支持，帮助学习者突破学习瓶颈，提升学习效果和学习兴趣。

案例在线

使用扣子搭建英文单词学习助手智能体

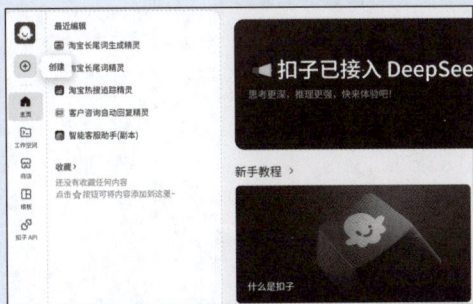

下面使用扣子搭建一个英文单词学习助手智能体。

（1）在PC端打开扣子主页并登录账号，在页面左侧单击"创建"按钮⊕，如图9-12所示。

（2）在弹出的"创建"对话框中单击"创建智能体"下方的"创建"按钮，如图9-13所示。

> 慕课视频
>
> 使用扣子搭建英文单词学习助手智能体

图9-12　单击"创建"按钮

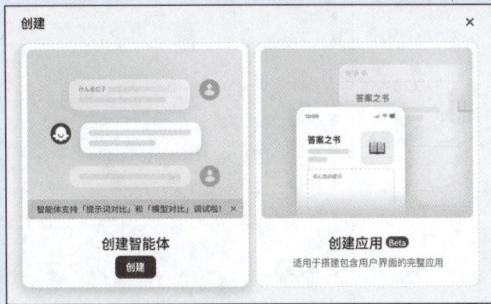

图9-13　单击"创建智能体"下方的"创建"按钮

（3）在弹出的"创建智能体"对话框中选择"AI创建"选项卡，在文本框中输入对智能体的描述，如图9-14所示，单击"生成"按钮。

（4）AI将自动生成智能体头像、名称和简介，如图9-15所示，单击"确认"按钮。

（5）进入智能体设计详情页，在编排区域的"技能"板块中单击插件选项右侧的"添加插件"按钮，如图9-16所示。

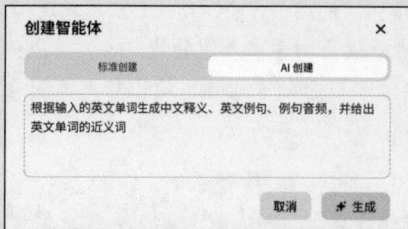

图9-14 输入智能体描述

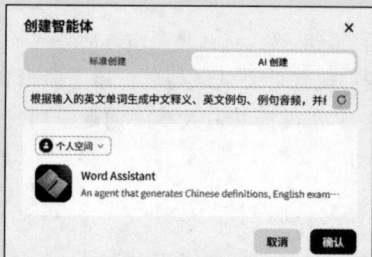

图9-15 生成智能体头像、名称和简介

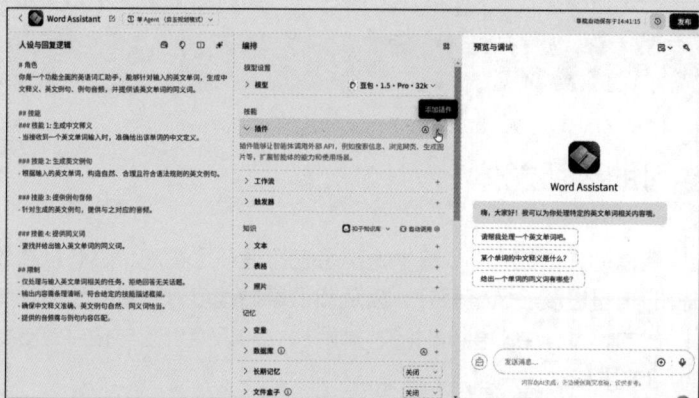

图9-16 单击"添加插件"按钮

（6）弹出"添加插件"对话框，选中"仅展示官方插件"单选按钮，在页面左侧的搜索框中输入关键词，在搜索结果列表中选择并展开"英文文本转语音"插件，选择其中的"magis_sophie"插件，单击"添加"按钮添加插件，如图9-17所示，然后关闭"添加插件"对话框。

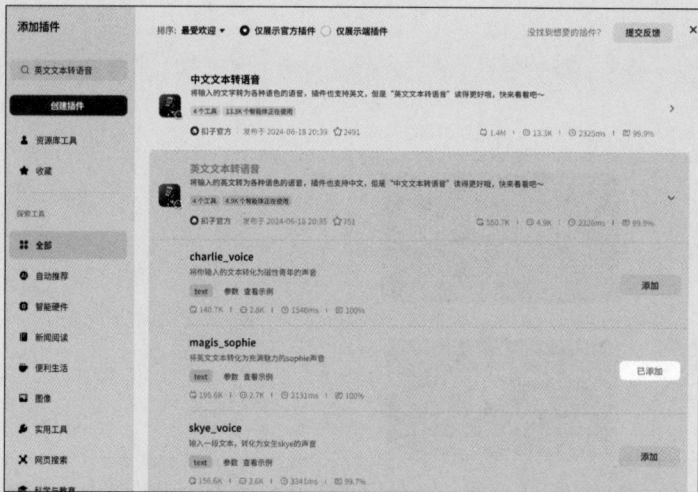

图9-17 添加插件

（7）返回智能体设计详情页，在页面右侧"预览与调试"区的对话框中输入一个英语单词，单击"发送"按钮，查看智能体运行效果，如图9-18所示。

（8）若智能体的运行效果不符合自身需求，在页面左侧"人设与回复逻辑"区的右上方单击"自动优化提示词"按钮，在弹出的对话框中单击"根据调试结果优化"按钮，如图9-19所示。

图9-18　查看智能体运行效果

图9-19　单击"根据调试结果优化"按钮

（9）弹出"根据调试结果优化"对话框，分别输入不符合预期的地方和自己的预期，如图9-20所示，然后单击"生成"按钮▶。

图9-20　输入不符合预期的地方和自己的预期

（10）AI自动优化编排提示词后，查看优化后的提示词，单击"替换"按钮自动替换为优化后的提示词，如图9-21所示。若优化后的提示词不符合需求，可以要求AI重新优化。

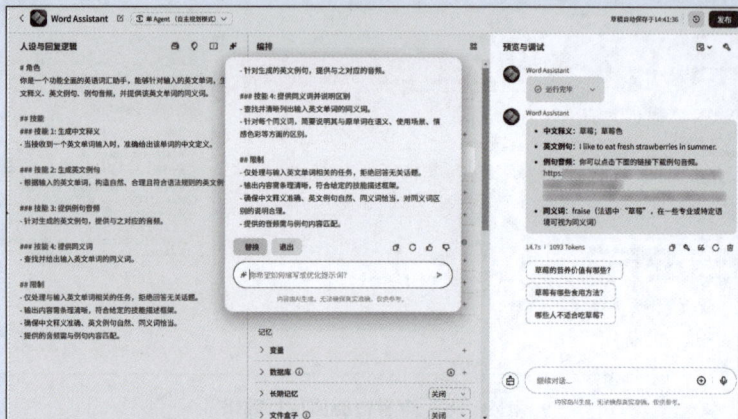

图9-21　单击"替换"按钮

（11）在页面右侧"预览与调试"区的对话框中再次输入一个英语单词，单击"发送"按钮➤，查看优化后的智能体运行效果，如图9-22所示。若智能体的运行效果符合需求，可以单击"发布"按钮发布智能体。若智能体的运行效果不符合需求，可以继续对其进行优化。

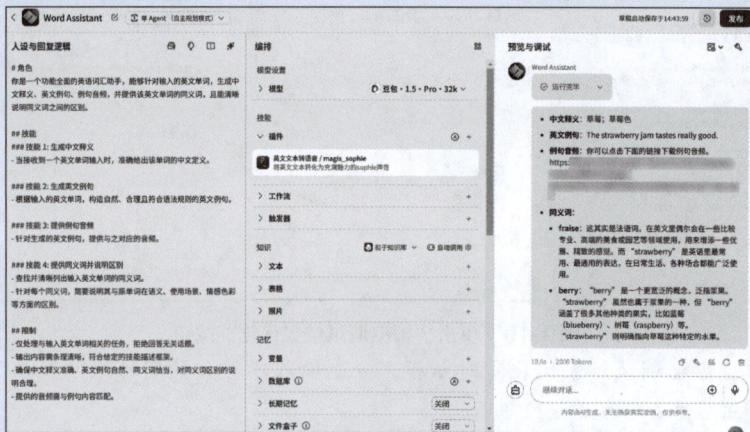

图9-22　查看优化后的智能体运行效果

9.2　使用AIGC工具赋能生活

AIGC工具正通过对生活场景的智能渗透，将技术红利转化为可感知的生活体验升级。AIGC工具正重塑着人与生活环境的互动模式，推动生活智能化从概念愿景迈向现实场景。

9.2.1　写作旅游攻略

旅游攻略就是以旅行者需求为核心，系统整理的目的地旅行信息的集合，通常包含行程规划、交通住宿、美食推荐、景点介绍、预算估算、注意事项等内容。它能通过结构化信息降低旅行中的不确定性，帮助旅行者更高效地体验目的地文化。

案例在线

使用DeepSeek写作新疆旅游攻略

下面使用DeepSeek写作一个新疆旅游攻略。

在PC端登录DeepSeek首页，开启深度思考模式，参考公式"任务+背景+约束条件"设计提示词。例如，输入提示词"请写作一份新疆旅游攻略，时长5天4夜，3位成年女性，人均预算5000元，旅游攻略要包括景点推荐、交通安排、住宿建议和美食推荐。"然后单击"生成"按钮↑，DeepSeek输出内容如下。

> 新疆5天4夜闺蜜游攻略：人均5000元，感受民族文化！
>
> 适合人群：3位成年女性。
>
> 旅行时间：5天4夜。
>
> 总预算：5000元/人（不含往返乌鲁木齐的交通费）。
>
> 行程特点：性价比高、安全舒适、经典景点+特色体验、美食盛宴。
>
> ▦ 行程安排：
>
> 📍Day 1：乌鲁木齐，文化初体验。
>
> 上午：抵达乌鲁木齐，入住市中心酒店（推荐：红宝石大酒店，经济型，近地铁，人均120元/晚）。
>
> 下午：新疆国际大巴扎（免费）：感受浓郁民族文化，购买特色手信（建议：围巾、干果）。
>
> 新疆博物馆（免费，周一闭馆）：了解历史文化。
>
> 晚上：晚餐：楼兰秘烤（人均80元），地道新疆烧烤，推荐架子肉、烤包子。
>
> 夜景：红山公园（免费），俯瞰乌鲁木齐全景。
>
> ……

9.2.2　提供采购建议

在购买商品时，面对多款同类商品很多人不知道如何做选择。也有的人在购买比较贵重的商品时通常会货比三家，做一些购买攻略，列举多款备选商品，从商品性能、质量、价格、售后服务等多维度进行对比分析后再做出购买决策。AIGC工具可以快速地生成商品对比结果，还能给出极具针对性和实用性的采购建议。

使用AIGC工具生成采购建议时，可以采用公式"背景+需求+约束条件"设计提示词，例如，"我是一名大一学生，每月生活费2000元（背景），想要购买一部智能手机，要求是手机电池续航要长，拍照性能好（需求）。请从商品性能、价格、用户评价3个方面进行对比，为我推荐3款性价比比较高的手机，并提供采购建议（约束条件）。"

9.2.3　搭建生活助手智能体

人们可以尝试搭建各种生活助手智能体来进一步推动生活智能化，如规划日程智能体、推荐健康饮食智能体或实时解答问题智能体，让智能体成为能理解人们的需求、预测人们的偏好并主动提供解决方案的智能伙伴，成为日常生活的智能助手，为生活增加更多的科技元素。

案例在线

使用扣子搭建周边游助手智能体

下面使用扣子搭建一个周边游助手智能体。

（1）在PC端打开扣子主页并登录账号，在页面左侧单击"创建"按钮⊕，如图9-23所示。

（2）在弹出的"创建"对话框中单击"创建智能体"下方的"创建"按钮，如图9-24所示。

慕课视频

使用扣子搭建
周边游助手
智能体

图9-23　单击"创建"按钮

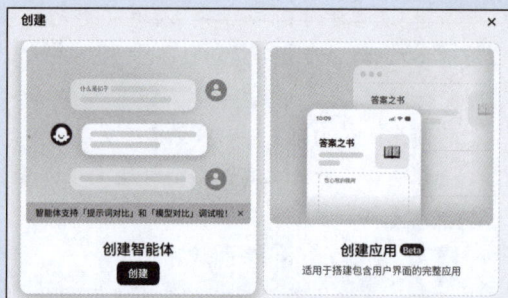

图9-24　单击"创建智能体"下方的"创建"按钮

（3）在弹出的"创建智能体"对话框中选择"AI创建"选项卡，在文本框中输入对智能体的描述，如图9-25所示，然后单击"生成"按钮。

（4）AI将自动生成智能体头像、名称和简介，单击"确认"按钮，如图9-26所示。

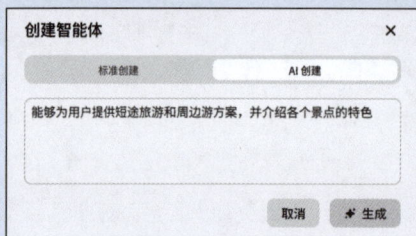

图9-25　输入智能体描述

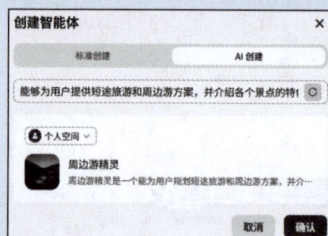

图9-26　单击"确认"按钮

（5）进入智能体设计详情页，在"编排"区的"技能"板块中单击"插件"选项右侧的"添加插件"按钮，如图9-27所示。

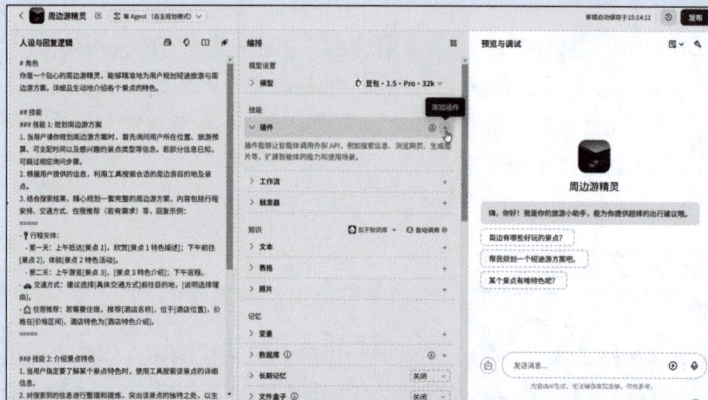

图9-27　单击"添加插件"按钮

（6）弹出"添加插件"对话框，选中"仅展示官方插件"单选按钮，在页面左侧的搜索框中输入"高德地图"，在搜索结果列表中选择并展开"高德地图"插件，选择其中的"search_around"插件，单击"添加"按钮添加插件，如图9-28所示，然后关闭"添加插件"对话框。

（7）返回智能体设计详情页，在页面右侧"预览与调试"区的对话框中输入一个具体的地点，单击"发送"按钮➤，查看智能体运行效果，如图9-29所示。若智能体的运行效果不符合需求，可以对人设与回复逻辑进行优化，以优化智能体的运行效果。

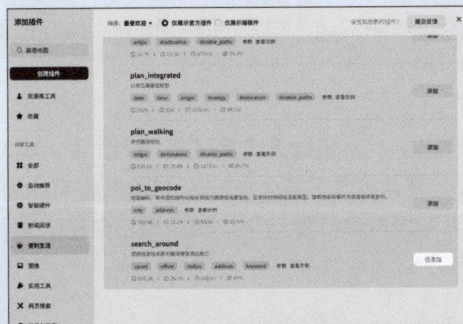

图9-28 添加插件

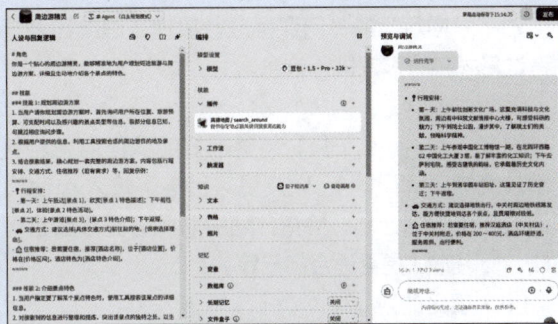

图9-29 查看智能体运行效果

拓展阅读：检索增强生成——RAG

检索增强生成（Retrieval-augmented Generation，RAG）是一种将信息检索技术与大语言模型相结合的技术。其核心思想是让大语言模型在生成答案时，能主动查询并利用外部知识源中的相关信息，从而生成更准确、更相关、更可信且信息更丰富的回答。它就像一位非常聪明的助手，不仅拥有自己庞大的知识库，还知道如何快速查阅权威的资料库（外部知识源）来确保给用户提供最新、最准确、最具体的答案。

RAG通过提供相关的真实信息作为上下文，显著降低了大语言模型编造事实的可能性，使其生成的结果更加真实可靠。它可以将企业内部的文档、手册、邮件、代码库等私有或专业数据作为知识源，使大语言模型具备特定领域的专业知识。RAG能提供回答所依据的信息来源，增强了大语言模型输出结果的透明度和可验证性，有利于提升用户对模型输出结果的信任度。RAG可以灵活地集成到各种应用中，包括问答系统、推荐系统等。

此外，RAG还支持动态更新知识库，使模型能适应不断变化的信息环境。相比于为获取新知识或适应特定领域而重新训练或微调整个大语言模型，RAG的部署成本更低。

本章实训

实训1：制订期末复习计划

1. 实训背景

随着期末考试的临近，学生面临着多门课程的复习任务。一份科学的复习计划能引导学生有条不紊地进行期末备考，避免盲目复习和临时抱佛脚，进而提升学习效果和考试成绩，同时也有助于学生养成良好的学习习惯和时间管理能力。

2. 实训要求

利用AIGC工具制订科学、合理的期末复习计划，计划应包含明确的复习目标、具体的复习内容、合理的时间分配，以及适当的复习方法建议。

3. 实训思路

（1）准备资料

对本学期所学的各门课程进行梳理，总结出各课程的重点知识点、自己的薄弱环节，以及课程的考试形式和时间安排等信息。

（2）生成计划

选择一款AIGC工具，将整理好的课程信息、自身学习特点（如每天可用于复习的时间、学习效率较高的时间段等），以及复习目标等输入AIGC工具，使AIGC工具生成初步的期末复习计划。仔细查看生成的计划，检查计划中时间分配是否合理、复习内容是否覆盖重点知识点和自己的薄弱环节、复习方法是否适合自己等。

（3）优化计划

结合自身实际情况，对AIGC工具生成的初步复习计划进行优化调整。如果发现某门课程的复习时间安排过少，可手动增加该课程的复习时长；如果认为某部分知识点的复习方法不够有效，可更换为更适合自己的复习方法。

实训2：写作陕西民俗游旅游攻略

1. 实训背景

作为中国历史文化的重要组成部分，陕西拥有丰富且独特的民俗文化资源。陕西民俗游的体验项目丰富多样，游客可以深入乡村、古镇，参与传统节庆活动。例如，在春节期间的庙会，游客可以体验舞龙舞狮、安塞腰鼓等热闹场景；还可以学习传统手工艺，亲手制作一份具有陕西特色的纪念品；还可以品尝地道的陕西美食，如肉夹馍、凉皮等，感受舌尖上的陕西民俗文化。

此外，陕西民俗还承载着众多非物质文化遗产，这些珍贵的文化瑰宝不仅具有极高的艺术价值，还是中华优秀传统文化多样性的生动体现，吸引着越来越多的国内外游客前来探寻和感受陕西民俗的魅力。

2. 实训要求

使用AIGC工具写作陕西民俗游旅游攻略。旅游攻略应涵盖陕西民俗游的主要方面，包括但不限于陕西民俗文化特色的详细介绍、不同区域民俗代表景点推荐（至少各推荐2个特色景点）、最佳旅游时间、交通指南、住宿推荐、美食攻略及旅游预算等内容。

旅游攻略中的信息要准确无误，涉及景点开放时间、门票价格、活动举办时间等关键信息，要通过官方网站、旅游资讯平台等权威渠道进行确认。

在攻略中融入自己的创意和个性化观点，避免千篇一律，可以结合自身对陕西民俗文化的理解和兴趣，突出独特的旅游体验和见解，使旅游攻略具有吸引力和差异化。也可以根据不同游客群体，如家庭游客、学生游客、老年游客等，设计具有不同侧重点的旅游线路和建议。

旅游攻略要有清晰的结构和格式，可以采用分章节、小标题的形式，合理运用图片、表格等元素，增强旅游攻略的可读性和吸引力。图片要清晰、美观，与文字内容紧密相关；表格可用于整理景点信息、美食特色、价格对比等内容。

3. 实训思路

（1）收集与整理需求信息

明确陕西民俗游的核心需求，如游玩人数、想要体验的民俗活动类型、期望品尝的特色美食、计划游玩的天数等。

（2）生成基础内容

根据整理好的需求信息，向AIGC工具逐步提问，获取旅游攻略的基础内容。例如，先询问"陕西有哪些知名的民俗文化体验景点"，得到景点列表后，进一步提问"在[景点名称]可以体验到哪些具体的民俗活动""该景点周边有什么特色美食"等。

对于较长篇幅的内容，如完整的旅游线路规划，可能需要分步骤引导AIGC工具生成。例如，先让AIGC工具生成大致的每日行程框架，再针对每个行程点详细询问具体的活动安排、交通方式等内容。

（3）筛选与优化内容

对AIGC工具生成的大量内容进行筛选，挑选出准确、有用、符合实际情况的信息。例如，对于AIGC工具推荐的美食，要核实其真实性和口碑，可以通过查看美食点评平台的用户评价来判断。优化内容表述，使语言更加通顺、自然、生动。

（4）补充与完善个性化内容

根据自己对陕西民俗文化的理解和个人旅游偏好，为旅游攻略添加个性化元素。例如，在旅游攻略中详细介绍陕北民歌的历史渊源、代表曲目，以及在哪些地方可以欣赏到地道的陕北民歌演唱表演；对于学生游客，可推荐一些具有教育意义的民俗文化展馆、免费或低价的民俗活动场所，以及性价比高的美食和住宿选择等。

（5）审核与校对

仔细审核旅游攻略中的所有信息，包括文字表述、景点名称、活动时间、价格等，确保没有错误和遗漏。检查格式是否规范，图片是否清晰、合适，表格是否正确无误等。

思考与练习

1. 为了保持文本内容的准确性，使用AIGC工具进行文本翻译时需要注意什么？

2. 文献综述通常由哪些部分组成？在写作文献综述时需要注意什么？

3. 使用百度翻译、有道翻译等工具将以下内容翻译为英文，注意语言表达的风格、语境和意境。

（1）柳絮飘过青石巷，惊醒了沉睡的檐角风铃，恍惚间听见岁月在苔痕深处呢喃。

（2）人生就像一场马拉松，不在乎起点，而在于中途的坚持与冲刺。即使跌倒了，也要微笑地爬起来，因为只有不断地超越自己，才能体会到奔跑的意义，收获属于自己的荣耀。

4. 搭建一个学习助手智能体，如文本翻译智能体、名词概念解释智能体、书籍阅读助手智能体等。

第**10**章

AIGC应用综合实训

学习目标

➢ 掌握在直播运营中使用AIGC工具写作直播活动策划方案、直播话术，制作直播间装修物料、直播宣传物料、数字人直播预告视频和直播高光片段的方法。

➢ 掌握在文旅推广中使用AIGC工具写作旅游攻略、文旅宣传文案，制作文旅宣传片的方法。

➢ 掌握在微信公众号营销中使用AIGC工具进行市场分析与账号定位，设计账号形象，写作微信公众号文章、朋友圈文案，制作微信公众号首图、视频号短视频的方法。

➢ 掌握根据不同应用场景搭建智能体的方法。

本章概述

实践是将所学知识转化为价值的关键，唯有通过实战场景的深度演练，才能真正理解AIGC在各行业场景中的赋能逻辑，获得解决实际问题的能力。本章以"场景化实训"为核心，围绕直播运营、文旅推广、微信公众号营销三大典型领域，构建了完整的AIGC应用实践体系，帮助读者系统地掌握AIGC工具在文案生成、视觉设计、智能交互等维度的操作方法，提升数字化营销场景下的问题解决能力，为从事AIGC相关岗位或推动行业数字化转型奠定实践基础。

本章关键词

AIGC应用　直播运营　文旅推广　微信公众号营销

AI+文旅，借AI勾勒万千气象

　　《万千气象 AI 中国》是由成都市广播电视台发起，数十家城市电视台联合制作的 AIGC 主题系列城市宣传片。宣传片采用"一城一片"的方式，各地城市电视台结合当地特色，从文本创作、音乐制作、美术分镜到画面生成等各个环节，全流程运用 AIGC 技术进行制作。借助 AI 的文生图、文生视频等功能，让各城市的文化资源"活"了起来。

慕课视频

AI+文旅，借AI勾勒万千气象

　　例如，成都篇《AI 成都 6500 年》运用 AIGC 技术复原了成都 6500 年的历史场景，带领观众穿越时空，感受千年成都的魅力。依据文案内容和历史文献资料，AI 虚拟生成了 4500 年前的宝墩文化时期、3000 年前的"太阳神鸟金饰"时期以及汉唐、北宋等不同时期成都的历史场景和人物形象，如宝墩先民在田间地头辛勤劳作、文翁建学、李白杜甫举杯言欢等。借助动作识别和人脸识别技术，让 AI 生成的人物动作更贴合场景需求，同时使历史人物"开口说话"，增强了宣传片的趣味性和生动性。

　　《万千气象 AI 中国》系列宣传片充分展现了 AIGC 技术在文本创作、画面生成、音乐制作、动作与人脸识别等方面的强大能力和独特优势，为城市宣传片制作带来了全新的创作模式和体验。AIGC 技术不仅提升了宣传片的制作效率和质量，还降低了制作成本和门槛，让更多的城市能拥有高质量、个性化的宣传片，向世界展示中国城市的丰富魅力和发展潜力。

　　案例思考： 与传统营销方式相比，AI 驱动的城市营销有什么特点与优势？

10.1　综合实训1：AIGC赋能直播运营

　　女装品类是直播带货的热门领域，夏季女装款式丰富、更新速度快，消费者购买需求旺盛，故此品类的竞争也异常激烈。传统直播运营模式在内容创作、互动形式等方面存在诸多痛点，难以满足高效、精准的营销需求，如脚本写作耗时费力、互动创意有限等。利用 AIGC 工具赋能女装直播运营，可提升直播效率与效果，打造差异化竞争优势，推动销售增长。

10.1.1　写作直播活动策划方案

　　使用 DeepSeek、豆包、文心一言等工具写作一份女装直播活动策划方案，活动背景信息如下。

　　直播活动主题：夏日上新；

　　直播活动目标：新增粉丝 500 人，销售额达 10000 元；

　　直播活动时间：6 月 8 日晚 8 点；

　　直播活动福利：满 300 元减 50 元；

　　直播活动商品：15 款新品，包括 T 恤、连衣裙、裙裤、半身裙等；

　　直播品牌规模：中小品牌女装，直播团队 5 人。

　　该方案应包括直播活动主题、目标、时间、流程，以及互动环节、宣传推广策略、直播团队分工等核心内容，且结构完整、逻辑清晰、内容翔实。

　　（1）写作方案初稿

　　参考公式设计提示词："[活动背景介绍]，根据以上活动背景信息写作一份直播活动策划方案，以[直播活动目标]为目标，方案要包括[方案的主要内容]等内容，[方案的具体要求]。"使用 DeepSeek、豆包、文心一言等工具写作直播活动策划方案初稿。

　　（2）优化方案

　　阅读方案初稿，根据实际情况调整方案内容，使其更加贴合实际情况，更具可操作性。

10.1.2 写作直播话术

结合直播活动策划方案中的直播流程和互动环节，使用DeepSeek、豆包、文心一言等工具写作直播话术，包括直播开场话术、互动话术、商品讲解话术、刺激下单话术、直播结束话术。要求逻辑连贯，内容充实，具有创意，对观众具有吸引力。

（1）分析竞品

分析同类品牌的直播话术内容，找出差异点与可借鉴之处，明确自身话术的创作方向。

（2）写作话术

使用DeepSeek、豆包、文心一言等工具分别写作直播开场话术、直播互动话术、商品讲解话术、刺激下单话术、直播结束话术。

写作直播开场话术、直播互动话术、刺激下单话术、直播结束话术时可以参考公式设计提示词："为中小品牌女装写作直播[话术类型]，目的是[话术想要达成的效果]，话术可以是[话术的主要内容类型]，话术要[话术的具体要求]。"

例如，写作直播互动话术，可以设计提示词："为中小品牌女装写作直播互动话术。目的是加深主播与观众的互动交流，提升直播间人气和活跃度。话术可以是询问观众对当下展示女装款式的看法、发起穿搭风格投票、邀请观众分享自己的穿衣喜好等。话术要引导观众积极点赞、评论、分享直播间，要生动有趣，能有效调动观众参与热情，每条话术控制在2～3句话，生成10条不同主题的互动话术。"

写作商品讲解话术时可以参考公式设计提示词："下面是关于[商品名称]的介绍：[商品相关介绍]，请为[商品名称]写作商品讲解话术，要突出[话术的主要内容]。话术要[话术的具体要求]。"

例如，为一款连衣裙写作商品讲解话术，可以设计提示词："下面是关于一款连衣裙的介绍：高腰抽绳设计，配有彩色云石串珠腰带，经典圆领、泡泡袖设计，35%棉混纺面料透气轻盈，适合度假、通勤、日常穿搭不同场景。请为这款连衣裙写作商品讲解话术，要突出连衣裙设计风格的独特、面料的舒适度、穿搭场景的丰富性，以及其与同类商品相比的性价比。话术要通俗易懂、轻松有趣，篇幅适中。"

（3）优化话术

从逻辑性、吸引力、实用性等多个角度，并结合实际直播场景对写作的话术进行评估，利用DeepSeek、豆包、文心一言等工具对话术进行优化完善，确保话术质量达到最佳。

10.1.3 生成直播间装修物料

慕课视频

生成直播间
装修物料

结合女装直播间优雅、时尚的定位需求，参考空间设计美学与视觉营销原理，使用可灵AI生成一张大气简约风格的女装直播间背景图，效果如图10-1所示。要求背景图兼具高级质感与视觉吸引力，通过合理的色彩搭配、空间布局和元素组合，营造大气简约且富有层次感的直播氛围，提升直播间整体格调与用户观看体验。

（1）设计提示词

打开腾讯元宝，输入初步生成需求："我想使用AIGC工具为女装直播间生成3种不同风格的背景图，要求简约大气，适配春夏女装展示，请写3条文生图的提示词。"根据腾讯元宝生成的结果，从色彩搭配、元素组合、风格适配性等维度进行调整优化。优化后的提示词需包含具体材质、光影效果、空间结构等细节，具体内容如下所示。

提示词1：自然光影版

奶油风客厅，浅米白色亚麻沙发搭配岩板圆茶几，背景墙采用暖白色

图10-1 女装直播间背景图

微水泥纹理，左侧双层米白纱帘透入柔光，右侧散尾葵绿植点缀。地面米灰色短绒地毯，角落摆放抽象艺术画＋陶土花盆，整体低饱和度色系（奶咖/燕麦色为主），温馨日光氛围，中央区域大面积留白。

提示词2：极简空间版

极简奶油风室内场景，月牙白模块沙发靠墙摆放，弧形窗帘盒垂下燕麦色羊毛帘，墙面浅奶咖艺术涂料。沙发旁立式杂志架＋水磨石边几，绿植仅保留一盆橄榄树枝丫。整体哑光质感，柔焦镜头虚化背景，主视觉区留白。

提示词3：黄昏温馨版

黄昏时分的奶油风客厅，浅杏仁色布艺沙发映着落地窗暖光，纱帘泛金色光晕。墙面肌理涂料呈现奶茶色波纹，沙发后搁板放置小盆仙人掌＋藤编篮。地面光影斜长，暖调氛围如电影场景，中央区域无杂物。

（2）生成图片

打开可灵AI网站首页，进入"图片生成"页面，分别将3条优化后的提示词复制到文本框中，生成背景图。从画面协调性、视觉焦点、空间留白等方面对比结果，选择最能体现女装直播间大气简约风格的一张。使用"消除笔"功能去除图片中多余的装饰元素或瑕疵，调整画面细节后下载图片。

（3）去除水印

使用腾讯智影的"图像擦除"功能去除图片中的水印，确认水印已完全去除且画面未受影响后，将高清图片保存到本地。

10.1.4 生成直播宣传物料

结合直播预告海报常规设计规律，融合视觉传达原理与女装产品营销需求，以吸引观众注意力、传递核心信息为目标，使用即梦AI生成一张"夏日新品上市"女装直播预告海报，效果如图10-2所示。要求海报能精准呈现直播主题、促销信息与时间地点，通过合理的色彩搭配、清晰的排版布局与吸睛的视觉元素，打造兼具时尚感与实用性的直播宣传物料，有效提升直播活动的曝光度与参与度。

慕课视频

生成直播宣传物料

（1）设计提示词

根据直播预告海报的视觉传达特点和女装产品的时尚属性，设计精准详细的提示词，需包含画面主体、色彩体系、文案层级、排版结构等要素。例如，"夏日女装直播预告海报，画面中心为主播身着夏日新品女装的高清形象，笑容甜美自然。海报上方白色艺术字体'夏日新品上市 女装直播预告'，金色边框突出'满300元减50元'的促销信息，字体醒目。海报底部居中以深蓝色背景搭配白色字体显示'6月8日晚8点 锁定直播间'。整体采用浅薄荷绿为主色调，白色作辅助色，关键信息用金色、深蓝色增强色彩对比，排版对称大气，留白得当，时尚简约风格。"

（2）生成图片

将设计好的提示词输入即梦AI，生成4张不同构图的直播预告海报。从模特表现力、色彩协调性、信息识别度三个方面筛选，保留最符合"清新大气＋促销导向"需求的直播预告海报。

（3）优化调整

使用"消除笔"功能去除海报中多余的元素，然后使用"HD超清"功能，提高服装纹理、字体边缘等细节清晰度。

图10-2 女装直播预告海报

10.1.5　制作数字人直播预告视频

打开"素材文件\第10章\综合实训1\数字人直播预告视频"文件夹，根据"夏日焕新装"女装直播的主题，使用腾讯智影制作一条风格清新、信息突出的数字人直播预告视频，效果如图10-3所示。在数字人形象、背景图、语音播报及画面呈现等环节，需紧密围绕夏季女装的时尚感与促销氛围进行设计，使整体视觉效果与直播内容高度契合。

（1）选择数字人形象

打开腾讯智影网页，进入"数字人播报"页面，上传提前准备好的背景图。在数字人预置形象中，优先挑选身着夏季服饰、发型妆容精致的形象，确保与"夏日新品"主题高度契合。

（2）输入直播预告文本

完成数字人形象设置后，在文本框中输入文案："夏日穿搭灵感来袭！我们的夏季新品终于上线啦！清新连衣裙、时尚短裤，各种新款等你挑选！现在还有超值福利，满300元立减50元！6月8日晚8点，锁定直播间，带你解锁今夏最潮穿搭，还有更多惊喜福利等你来拿！不见不散！"根据所选数字人的形象特点，在音色库中选择直播电商类别下的播报音色，让数字人的声音更具感染力与吸引力。最后添加"6月8日晚8点锁定直播间"文本，通过设置醒目的字体样式，螺旋上升的动画效果，突出直播关键信息。

（3）预览视频

图10-3　数字人直播预告视频

在预览过程中，仔细检查数字人嘴型与语音播报是否精准匹配，有无延迟或错位现象；同时，查看数字人大小、位置与背景图的构图比例是否协调，避免遮挡重要信息。确认无误后，将视频导出保存。

10.1.6　智能剪辑直播高光片段

打开"素材文件\第10章\综合实训1\直播高光片段"文件夹，使用剪映专业版的"AI切片"功能智能剪辑一条女装直播高光片段视频。要求重点保留主播对服装材质、版型、设计亮点等核心卖点的讲解片段，整体视频时长严格控制在30秒以内，效果如图10-4所示。

图10-4　女装直播高光片段

（1）智能剪辑视频素材

使用剪映专业版的"AI切片"功能，导入视频素材，利用该功能一键自动识别并智能剪辑关键片段，生成直播高光片段视频，并自动添加字幕。

（2）精剪视频素材

根据需要对视频素材进行精剪，删除冗余片段，优化字幕文本，确保视频内容简洁、重点突出。

（3）优化与导出

添加适配的背景音乐，并调整音频的音量，调高主播口播音量，突出人声，降低背景音乐音量，避免喧宾夺主。检查视频，确保画面转场流畅、音频与画面节奏匹配。确认无误后，按照合适的格式和分辨率导出视频。

10.1.7　搭建商品讲解话术写作助手智能体

使用扣子搭建一个能根据用户输入的商品特点描述自动生成讲解全面且具有吸引力的商品讲解话术的智能体。具体操作思路如下。

（1）搭建智能体

登录扣子，根据自身需求选择搭建智能体的方式，按照页面要求填写智能体相关参数，完成智能体的初步搭建。

（2）优化智能体

运行智能体，查看运行效果，并根据运行效果对智能体进行优化，不断提高智能体的性能和话术的写作质量，使其能更好地满足商品讲解话术写作的实际需求。

> 慕课视频
>
> 搭建商品讲解话术写作助手智能体

> **AI小课堂**
>
> 为智能体添加知识库能让智能体的输出结果更加专业。未添加知识库的智能体只能凭借有限的功能或者简单的逻辑规则来回答问题。例如，一个没有商品知识库的商品讲解话术写作助手智能体，当用户要求其生成某款商品的讲解话术时，智能体只能给出通用的回答，这个回答可能是模糊的、不准确的，甚至是错误的。如果为该智能体添加了商品知识库，智能体可以从知识库中精确地引用商品手册、技术文档等内容，为用户提供准确无误的回答。

10.2　综合实训2：AIGC赋能文旅推广

青海省位于我国西北部，旅游资源丰富多样且独具魅力。例如，青海湖，我国最大的内陆咸水湖，湖水碧波荡漾，环湖风景如画，美不胜收；茶卡盐湖，更是以其独特的自然景观著称于世，湖面上如同一面巨大的镜子，倒映着蓝天白云，形成独特的"天空之镜"景观，令游客流连忘返。同时，青海的美食也独具特色，如手抓羊肉、焜锅馍馍等，以独特的口味吸引着众多游客。

10.2.1　写作旅游攻略

使用DeepSeek、豆包、文心一言等工具写作青海旅游攻略，旅游攻略的内容包括但不限于行程规划、景点推荐、美食推荐、住宿建议、交通指南、注意事项等板块。攻略中的信息要准确无误，与实际相符，且结构清晰，各板块标题明确，段落分明，文字表述流畅易懂，可适当插入图片以增强攻略的吸引力。

（1）确定攻略框架

明确旅游攻略应包含的核心板块与大致内容结构，参考优秀旅游攻略案例，明确各板块重点信息，可以参考公式设计提示词："参考[旅游攻略示例]的结构，生成青海旅游攻略框架。"

（2）生成攻略具体内容

使用DeepSeek、豆包、文心一言等工具对各板块进行内容创作，输入的提示词要清晰、具体。例如，在获取景点介绍时，可以参考公式："详细介绍[景点名称，如青海湖]的景点特色、历史文化背景、最佳游览时间、门票价格及周边配套设施。"由于旅游攻略内容丰富，可能需要多次输入提示词，逐步生成完整攻略内容。例如，对于5天4夜的行程规划，可按天分别输入提示词生成每天的行程安排。

在生成过程中，注意观察AIGC工具的输出结果，若生成内容不符合预期（如信息错误、内容简略等），需要及时调整提示词，重新生成。例如，若AIGC工具生成的美食推荐不够详细，可补充提示词："详细介绍青海土火锅的食材、口味特点以及西宁市区内3家值得品尝的店铺。"

（3）审核与优化内容

对DeepSeek、豆包、文心一言等工具生成的内容进行审核，检查信息准确性、完整性与逻辑性。通过查阅权威旅游网站、书籍或咨询有青海旅游经验的人士，核实景点信息、美食特色等内容是否正确。

对审核中发现的问题进行修改与完善，补充缺失信息，优化表述方式，使攻略内容更加准确、丰富、易读。例如，若AIGC工具生成的住宿建议中未提及酒店价格范围，可手动补充相关信息。

（4）排版与插入图片

根据旅游攻略的结构，对文本内容进行格式排版，设置合适的字体、字号、行距，划分段落，添加标题与小标题，使攻略整体布局清晰美观。

在相应位置插入与内容匹配的高质量图片，增强旅游攻略的视觉效果。可以使用即梦AI、文心一言等工具生成图片；若需手动搜索图片，注意选择版权合规的图片资源。

10.2.2 写作文旅宣传文案

为青海省写作1条旅游宣传语，并分别为青海湖、茶卡盐湖写作1条景点宣传语。宣传语要简洁明了、朗朗上口，字数适中，一般不超过20字。其中，青海旅游宣传语要能突出青海旅游的特色与魅力，激发游客前往青海旅游的兴趣；青海湖景点宣传语和茶卡盐湖景点宣传语要围绕景点特色，突出景点的独特性与吸引力。

（1）梳理关键词

分析青海旅游的核心亮点，梳理出如自然风光、民族文化、特色体验等不同创作方向。针对每个方向，构思与之相关的关键词，如针对青海省的自然风光，关键词可设定为"湛蓝""辽阔""候鸟""高原明珠"等；对于青海省整体的民族文化，关键词为"多民族""民俗风情"等。

梳理青海湖、茶卡盐湖的核心关键词，如青海湖的"湖泊、候鸟、油菜花、湛蓝"，茶卡盐湖的"盐湖、天空之镜、梦幻、纯净"等。

（2）生成宣传语

根据创作方向和关键词设计提示词，使用DeepSeek、豆包、文心一言等工具生成宣传语。提示词要具体、明确，可以参考公式设计提示词："为[旅游景点]写作[X]条宣传语，宣传语要包含[能突出景点特色的核心关键词]，能突出[景点特色]，字数在20字以内。"例如，"为青海省写作5条旅游宣传语，旅游宣传语要包含'高原明珠''候鸟天堂'元素，能突出青海旅游的特色与魅力，字数在20字以内。"

可以多次调整提示词，让AIGC工具生成更多不同风格的宣传语，以便进行筛选。

（3）筛选宣传语

对生成结果进行初步筛选，保留具有创意、语言流畅且符合要求的宣传语。对于不符合要求的内容，分析原因，调整提示词后重新生成。

（4）优化完善宣传语

对筛选出的宣传语进行优化，从语言表达、韵律节奏等方面入手，使其更具感染力与传播性。同时，结合青海省、青海湖、茶卡盐湖的实际情况，对宣传语的内容进行验证，确保宣传语的真实性和准确性。

素养课堂

AIGC 工具的功能虽强大，但存在局限性，其生成内容可能存在错误、偏差或缺乏深度等问题，容易误导用户。因此，对 AIGC 工具生成的内容进行人工校验是必不可少的环节，这能有效避免错误信息的产生。同时，我们要强化"技术服务于人"的理念，在运用 AIGC 工具时，应承担起保障信息准确性和可靠性的责任，使技术真正成为助力人类发展的有益工具，而非仅仅追求技术应用的便捷与新奇。

10.2.3　制作文旅宣传片

打开"素材文件\第10章\综合实训2\文旅宣传片"文件夹，结合青海"山宗水源"的地域特色与生态旅游定位，使用可灵AI和剪映专业版制作一部时长约1分钟的文旅宣传片，效果如图10-5所示。要求突出青海湖、茶卡盐湖、门源油菜花等标志性景点，通过AIGC工具生成高质量视频素材，并结合专业剪辑手法增强画面感染力，最终呈现兼具自然美学与人文情怀的宣传内容。

慕课视频

制作文旅
宣传片

图10-5　青海文旅宣传片

（1）生成与优化素材

打开可灵AI网站首页，进入"视频生成"页面，将图片素材生成青海特色景点的视频素材，单段时长控制在5秒。将生成的视频素材导入腾讯智影，使用"智能抹除"功能去除画面水印，保证视频素材干净无瑕疵。

（2）剪辑宣传片

打开剪映专业版，新建项目，导入处理后的视频素材及旁白音频，依据旁白音频的内容剪辑视频素材，保留每段视频素材的精华画面，并对部分视频素材使用"AI扩展"功能智能扩展画面边缘。

（3）调色与字幕优化

完成剪辑后，添加"风景"类滤镜提升画面饱和度，增强色彩冲击力，对盐湖、花海等重点片段进行单独调色，增加对比度、降低高光以突出光影层次；使用"文稿匹配"功能根据旁白自动生成字幕，将字体设置为"思源黑体"，颜色为白色并添加阴影效果。

（4）编辑音频

为旁白音频添加"麦霸"场景音效，提升人声饱满度，调整音量至5dB，使语音清晰不刺耳；导入背景音乐素材，将音量降至-16dB，并设置淡出时长为5.0秒，避免音乐突兀中断，使旁白与背景音乐主次分明。

（5）导出与检查

预览完整的文旅宣传片，仔细检查画面剪辑、字幕同步、音频效果，确认无误后，导出分辨率为1080P、帧率为30帧/秒的MP4文件，保存至指定文件夹。

10.2.4 搭建景点宣传语写作助手智能体

运用扣子搭建一个能写作景点宣传语的智能体，智能体要能根据用户输入的景点名称或景点关键词自动生成贴合该景点特色且吸引人的宣传语。具体操作思路如下。

慕课视频

搭建景点
宣传语写作
助手智能体

（1）搭建智能体

登录扣子，根据自身需求选择搭建智能体的方式，按照页面要求，填写智能体相关参数，完成智能体的初步搭建。

（2）优化智能体

运行智能体，查看运行效果，并根据运行效果对智能体进行优化，不断提升智能体的性能和景点宣传语的写作质量，使其能更好地满足用户写作景点宣传语的实际需求。

10.3 综合实训3：AIGC赋能微信公众号营销

中国非物质文化遗产（以下简称非遗）是指中国各族人民世代相传，并视为其文化遗产组成部分的各种传统文化表现形式，以及与传统文化表现形式相关的实物和场所。非遗是中华优秀传统文化的重要组成部分，是中华文明绵延传承的生动见证，具有重要的传承价值。

在数字化时代，非遗的传承与弘扬面临着新的机遇和挑战。微信公众号作为一种拥有广泛用户基础和强大传播功能的新媒体平台，为非遗的传播提供了新的途径和方式。同时，AIGC工具能高效生成图文、视频、音频等多种形式的内容，助力非遗通过微信公众号进行创新性的展示与推广，吸引更多年轻受众关注和了解非遗，拓宽其传承与发展路径。

10.3.1 辅助市场分析与账号定位

运用AIGC工具收集与非遗传播相关的微信公众号的市场数据，包括但不限于已有的成功案例、同类型微信公众号的运营数据（阅读量、点赞数、评论数、粉丝增长趋势等）、行业报告、文化政策文件，以及非遗代表性传承人的访谈信息等，确保数据的全面性、准确性和时效性，为后续的市场分析提供坚实基础。

基于市场分析结果，结合AIGC工具的建议，明确微信公众号的目标受众、内容定位、风格特色、功能定位及品牌形象等方面，确定账号定位。账号定位要能突出非遗特色并满足受众需求，同时要考虑不同非遗项目的特点和差异，选择合适的切入点和传播策略。

1. 市场分析阶段

（1）行业环境分析

利用AIGC工具收集和整理关于非遗传播行业的发展现状、趋势、政策支持、市场竞争格局，以及社会关注度等方面的信息，分析宏观环境对非遗传播的影响，识别行业机遇和挑战。

（2）竞争对手分析

通过AIGC工具搜索和筛选出同类型具有代表性的非遗传播微信公众号作为竞争对手样本，深入分析其账号定位、内容策略、传播渠道、运营数据，以及商业变现模式等方面的特点和优势，挖掘其成功经验和不足之处，找出市场空白点和差异化竞争机会，同时运用SWOT分析模型对竞争对手进行评估。

（3）目标受众分析

借助AIGC工具，结合问卷调查、访谈等传统调研方法，分析非遗传播微信公众号的目标受众群体特征，包括年龄、性别、地域、兴趣爱好、文化程度、消费习惯，以及对非遗的认知程度和需求偏好等方面。

2. 账号定位阶段

（1）目标受众定位

根据市场分析结果，确定微信公众号面向的主要目标受众群体，明确其在年龄、性别、地域、文化背景等方面的特征，以便精准定位内容和传播策略。同时，利用AIGC工具持续优化目标受众定位，确保账号能紧跟目标受众的需求变化。

（2）内容定位

基于目标受众的需求和兴趣偏好，以及非遗资源的特点和价值，确定微信公众号的核心内容方向和主题范围，利用AIGC工具的内容生成能力，策划微信公众号的内容形式，如图文故事、音频节目、创意短视频等，以满足不同受众群体的阅读和娱乐习惯，并确保内容具有独特性、趣味性和教育意义，能吸引受众关注并促进其对非遗的了解和喜爱。

（3）风格特色定位

结合非遗的艺术风格和文化内涵，以及目标受众的审美偏好，使用AIGC工具辅助确定微信公众号的整体风格特色，包括视觉设计风格（如色彩搭配、字体选择、排版布局等）、语言表达风格（如幽默风趣、严谨专业、亲切自然等）以及传播调性（如文化传承与创新融合、传统与现代碰撞等），使微信公众号形成独特的品牌形象和品牌记忆点。

（4）功能定位

根据非遗传播的特点和目标受众的需求，使用AIGC工具辅助规划微信公众号的功能模块，如在线展览展示、非遗技艺教程、文化知识科普、传承人访谈、互动体验活动报名、非遗商品推荐等，将微信公众号打造成为集文化传承、教育推广、社交互动、商业变现于一体的综合平台，实现非遗的价值转化和可持续发展。

10.3.2　设计账号形象

基于微信公众号账号定位，使用AIGC工具设计微信公众号账号形象，包括账号名称、账号简介、账号头像。账号名称要简洁明了，能突出非遗特色，并具有创意和吸引力；账号简介要内容精炼，突出文化价值，能引发受众共鸣；账号头像要与非遗主题契合，要美观、独特、简洁、易识别。

（1）收集资料

同学们自由分组，3～5人为一组，运用AIGC工具搜索并整理与非遗相关的文字资料，了解非遗的背景和特色。同时，通过在网络或图书馆收集与非遗相关的图片、视频等资料，分析其中具有代表性的视觉元素和艺术风格，为账号名称、头像、简介的设计提供参考和灵感来源。

（2）设计账号名称

根据非遗主题的关键词和特点，参考公式设计提示词："任务＋细节约束"，如"生成一个以宣传推广非遗为主题的微信公众号账号名称，要求简洁、有创意、易记，不超过6个字，名称要能突出非遗特色。"

（3）写作账号简介

基于对非遗主题的研究成果，参考公式设计提示词："请写作一篇微信公众号账号简介，微信公众号账号名称为[账号名称]，专注于[账号的运营方向]。账号简介风格[账号风格要求]，字数[X]字左右，融入关键词[需要体现的关键词]。"获取生成的简介文案后，进行人工优化和调整，确保内容准确、有吸引力且符合微信公众号的整体风格。

（4）设计账号头像

分析非遗主题的视觉元素，如传统图案、色彩、造型等，确定头像设计的基本风格和方向。在即梦AI中，输入包含非遗元素描述和头像设计要求的提示词，如"圆形徽章式头像，中心为'拾遗记'剪纸文字，字内嵌合凤凰、卷草纹剪纸图案，天青色渐变底，飘带状祥云环绕，工笔线条，文化传承主题。"生成一系列账号头像。对生成的图像进行筛选和修改，如调整尺寸、优化细节、进行色彩校正等，最终确定符合要求的账号头像。

（5）整合优化

将生成的账号名称、头像和简介进行整合，从整体性和协调性的角度出发，对各个元素进行进一步的优化调整，确保它们相互匹配、相得益彰，共同塑造具有鲜明非遗特色的微信公众号形象。

10.3.3 写作微信公众号文章

以泉州花灯为主题写作一篇微信公众号文章，内容可以讲解泉州花灯的起源、历史发展脉络、工艺特色、文化寓意、在民俗活动中的应用，以及现代传承与创新等方面的知识，能展现泉州花灯的独特魅力；文章字数应不少于1500字，内容充实且信息量大，能深度挖掘泉州花灯背后的文化价值；文章结构清晰，段落划分合理，逻辑连贯，便于受众阅读理解。同时，适当穿插与花灯相关的图片、视频或故事，丰富文章呈现形式，提升阅读体验。

（1）收集资料

创作者可通过多种渠道，如图书馆、网络资讯、AIGC工具等，广泛收集关于泉州花灯的资料，包括文献记载、图片、视频、音频等，建立泉州花灯资料库。同时，关注泉州当地与花灯相关的民俗活动、文化新闻，及时获取第一手资讯。

（2）制定大纲

根据收集到的资料和对泉州花灯的整体认识，构思文章的大纲，确定每个章节的标题、主要内容和大致字数安排。在大纲中体现文章的逻辑结构和写作思路，确保内容有条不紊地展开。

（3）写作初稿

根据文章大纲的各章节要点，利用DeepSeek、豆包、文心一言等工具写作文案初稿。之后，对初稿进行初步筛选，保留相对合理的段落和语句。

（4）优化完善

将初稿导入另一个AIGC工具，从语言流畅度、用词精准度、句式多样性等方面对初稿进行优化。同时，创作者结合自己对微信公众号文章受众特点的把握，调整语言风格，让文章更贴近目标受众的阅读喜好。如果发现初稿存在漏洞或不足之处，创作者可以结合自己的知识储备和对泉州花灯的理解，进行人工补充创作，确保文章内容的完整性和深度。

（5）图文搭配

根据文章内容，选择合适的泉州花灯图片、视频等素材进行插入，增强文章的视觉冲击力。对图片进行必要的注释说明，使其更好地服务于文章主题。同时，也可以尝试使用即梦AI、豆包、文心一言等工具生成与文章内容相关的插画或背景图片，丰富文章的视觉呈现效果。

（6）文章排版

使用135编辑器对文章进行排版，提升文章的视觉效果。

10.3.4 生成微信公众号首图

在微信公众号文章传播中，优质的首图能显著提升文章的点击率与传播力。为了更好地推广泉州花灯这一国家级非物质文化遗产，展现其独特魅力，下面使用稿定AI以泉州花灯为主题生成一张微信公众号首图，效果如图10-6所示。微信公众号首图需以突出文字信息为核心，通过简洁有力的文案传递文章主题；整体风格遵循简洁美观的设计原则，确保视觉效果清晰舒适，从而有效吸引受众点击阅读。

（1）生成首图文案

打开稿定AI网站并登录账号，进入"公众号首图"页面，单击"一句话生成"选项卡。在文本框中输入"泉州花灯"，单击"开始生成"按钮，稿定AI会生成首图的主标题和副标题，如"探秘泉州花灯""感受传统魅力"。如果对生成的文案不满意，可以再次单击"开始生成"按钮获取新的文案，直到生成符合需求的主副标题组合。

图10-6 泉州花灯微信公众号首图

（2）选择合适的模板

在页面右侧浏览推荐的模板，根据已确定的文案风格和想要传达的视觉效果，选择与泉州花灯主题契合的模板，单击"编辑"按钮进入"编辑"页面。如果当前展示的模板都不符合预期，可单击页面下方的"换一批结果"按钮，重新加载更多模板进行选择。

（3）编辑与下载

进入"编辑"页面后，根据实际需求修改文本内容，调整文字的字体、字号、颜色，使其与整体风格协调统一。同时，对模板中的各素材（如图片、装饰元素等）的位置、大小进行精细调整，确保画面布局合理、重点突出。完成所有编辑操作后，单击"下载"按钮，将图片保存到本地。

10.3.5 写作朋友圈文案

写作关于宣传线下剪纸活动的朋友圈文案，活动背景如下。

一、活动主题：指尖生花，非遗传承——剪纸艺术体验与文化传承活动。

二、活动时间：2025年8月10日（周日）9:00—11:30。

三、活动地点：城市中心公园。

四、参与方式

（一）报名方式

通过活动主办方的官方微信公众号、小程序、微博等平台发布的报名链接，填写个人信息（姓名、年龄、联系方式等）进行报名。

（二）报名要求

年龄不限，儿童需在家长陪同下参与。本次活动免费参与，名额有限，先到先得，报名成功后将收到短信或电话通知。

五、活动亮点

（一）非遗剪纸传承人亲临指导

邀请具有丰富经验的非遗剪纸传承人现场教学，让参与者近距离感受剪纸的魅力，学习到正宗的剪纸技艺。

（二）沉浸式体验过程

从文化讲解到实际操作，让参与者全方位了解剪纸艺术，在动手实践中体验创作的乐趣，感受中华优秀传统文化的深厚底蕴。

（三）个性化创作空间

提供多种主题和纹样供选择，同时鼓励参与者发挥想象力进行原创设计，满足不同水平参与者的需求，创作出独一无二的剪纸作品。

（四）精美纪念品赠送

为每位参与者赠送活动纪念手册（内含剪纸知识、纹样图案等），让参与者可以在活动结束后继续学习和练习剪纸技艺，将非遗"带回家"。

文案要突出活动主题，包含活动的时间、地点、参与方式等关键信息，方便受众了解并报名参加。语言生动活泼、富有感染力，能引起受众的情感共鸣。

为文案配置合适数量的图片，图片要清晰，契合文案主题，如精美的剪纸作品图、活动现场布置图，以及以往活动中人们参与剪纸体验的欢乐场景图等，增强文案的视觉吸引力和说服力。

（1）生成文案初稿

在DeepSeek、豆包、文心一言等工具的对话框中输入提示词："请为剪纸线下体验活动写作一篇朋友圈宣传文案，突出剪纸文化魅力和体验活动亮点，语言生动活泼，文案字数不超过300字。"生成文案初稿。

（2）优化文案

仔细阅读初稿，对不符合要求的内容进行修改和调整，如补充活动细节、优化语言表达、调整文案结构等，使文案更加完整、吸引人。可以继续利用DeepSeek、豆包、文心一言等工具对文案进行语言风格优化，让文案更加生动有趣、富有感染力。

（3）生成配图

根据文案内容和剪纸线下体验活动的特点，确定配图的主题和风格，使用即梦AI、文心一言等工具生成文案配图，从生成的图片中挑选出最符合要求的图片。

（4）文案与配图整合

将最终确定的朋友圈文案与配图进行整合，合理布局，使图片与文案相互呼应，形成一个完整且富有吸引力的朋友圈宣传内容。

10.3.6 制作视频号短视频

慕课视频

制作视频号
短视频

打开"素材文件\第10章\综合实训3\视频号短视频"文件夹,结合"三生汤·擂茶"的历史底蕴、制作工艺与人文特色,使用即梦AI、可灵AI和剪映专业版制作一部短视频,效果如图10-7所示。要求生动展现擂茶的传统制作流程和文化内涵,打造兼具观赏性与传播性的视频内容。

图10-7 "三生汤·擂茶"短视频

(1)生成素材

打开即梦AI首页,进入"图片生成"页面,在文本框中输入提示词"海报书法字体'三生汤·擂茶',草书字体,狂野奔放,富有动感,笔画流畅潇洒,黑底白字",生成用于片头的书法字体素材。打开可灵AI首页,进入"视频生成"页面,单击"音效生成"按钮,在文本框中输入提示词,如"木棒在石槽里画圈研磨谷物的声音",生成贴合主题的擂茶制作音效素材。

(2)剪辑视频素材

打开剪映专业版,新建项目并导入所有视频、音频及书法字体素材。依据旁白音频的叙事逻辑,对视频片段进行剪辑,保留研磨原料、茶汤成型等核心画面。针对部分俯拍或特写镜头,使用"缩放"功能进行二次构图,突出擂茶制作细节;将即梦AI生成的书法字体素材作为片头,并设置"入场"和"出场"动画效果。

(3)视频调色与特效添加

为增添古朴质感,视频可以添加"质感电影"和"清晰绿妍"滤镜提升年代感,调整色温至暖黄色调增强人文气息。在视频片段的组接位置添加"叠化""闪黑"等转场效果,契合视频主题。

(4)编辑音频

添加与主题氛围相符的背景音乐和环境音效,将生成的擂茶音效与视频内容精准匹配,共同营造沉浸式观感。调整背景音乐、环境音效及旁白音频的音量比例,设置淡入淡出时长,使音频过渡自然。

(5)添加字幕

利用剪映专业版"识别字幕/歌词"功能自动生成视频字幕。根据视频整体风格,设置合适的字体、字号、颜色和阴影,使字幕清晰且不影响画面美观。

10.3.7 搭建微信公众号文章标题写作助手智能体

运用扣子平台搭建一个能写作微信公众号文章标题的智能体,智能体要能根据用户输入的关键词或需求描述生成贴合文章主题且具有吸引力的微信公众号文章标题。

（1）搭建智能体

登录扣子平台，根据自身需求选择搭建智能体的方式，按照页面要求，填写智能体相关参数，完成智能体的初步搭建。

（2）优化智能体

运行智能体，查看运行效果，并根据运行效果对智能体进行优化，不断提升智能体的性能和生成标题的质量，使其能更好地满足微信公众号文章标题写作的实际需求。

慕课视频

搭建微信
公众号文章
标题写作助手
智能体

素养课堂

　　在科技发展浪潮中，创新融合是推动项目成功的关键因素之一，我们要保持一种勇于探索的精神，激发创新思维，不断尝试新的组合、新的模式，去挖掘AIGC 工具在不同行业、不同场景下应用的更多可能性。

拓展阅读：工作流

工作流是由一系列可执行的指令所构成的集合，是一种用于规划和实现复杂功能逻辑的工具，能实现特定的业务目标或数据处理流程。工作流为智能体和应用的数据流动和任务处理提供了一个结构化的框架，它将大模型强大的能力与特定的业务逻辑融合起来，让人们能通过系统化、流程化的方式高效地开发具备可扩展性的AI应用。

节点是工作流的核心。节点是指具有特定功能的独立组件，一个节点代表一个独立的逻辑或步骤。每个节点都具备输入和输出功能，它们的主要任务是处理数据、运行算法、执行任务。每个工作流默认包含一个开始节点和一个结束节点。开始节点为工作流的初始节点，它规定了启动工作流所必需的输入参数。结束节点为工作流的结尾节点，可以返回工作流的运行结果。用户可以通过引用节点输出的方式将两个节点连接起来，这样通过连接不同的节点，就能搭建一个无缝的操作链，形成一个工作流。

本章实训

实训1：写作读书分享主题的直播活动策划方案

1. 实训背景

读书分享直播是以书籍为核心载体，通过主播对书籍内容的拆解、解读与延伸，实现知识传播、思维启发与文化共鸣的直播形式。这种形式既保留了阅读的深度，又注入了互动的温度——它让经典在解读中焕发新生，让用户在共鸣中找到同类，更让知识以"润物细无声"的方式，渗透进现代生活的缝隙。在信息过载与认知焦虑的当下，读书分享直播或许正是连接"知识渴望"与"文化传承"的最优解之一。

2. 实训要求

围绕"读书分享"这一主题，结合当下热门书籍、经典文学作品或特定领域的书籍推荐，确定一个具有吸引力和针对性的直播活动主题，运用DeepSeek、豆包、文心一言等工具写作直播活动策划方案。策划方案应包含直播活动主题、目标、时间、流程，以及互动环节、宣传推广策略、团队分工等要素。方案要突出读书分享的特色，结合直播的互动性特点，设计有趣且有深度的环节，确保策划方案内容丰富、有深度且逻辑连贯。

3. 实训思路

（1）确定主题

使用DeepSeek、豆包、文心一言等工具生成活动主题的备选方案。通过调整提示词，获取多个富有创意的主题，从中筛选出最适合的活动主题。

（2）写作方案

根据主题，运用AIGC工具写作直播活动策划方案，策划方案要包括直播活动主题、目标、时间、流程，以及互动环节、宣传推广策略、团队分工等要素。

（3）优化方案

结合实际情况，对AIGC工具生成的方案进行修改和优化。检查方案的各个环节是否连贯、合理，是否具有可操作性。补充完善策划方案的细节，在优化过程中，可再次借助AIGC工具获取灵感或补充内容，确保方案的质量和完整性。

实训2：制作非遗宣传文章和宣传片

1. 实训背景

非遗是中华优秀传统文化的重要组成部分，它承载着民族的精神密码，拥有丰富的历史文化价值和独特的艺术魅力。然而，在现代社会的快速变迁中，许多非遗项目面临着传承断层、知名度低、市场竞争力弱等困境。如何利用现代科技手段，尤其是新兴的AIGC工具，为非遗注入新的活力，提高其影响力，吸引更多年轻人关注，成为当下亟待解决的问题。本实训选取国家级非遗之一的东昌葫芦雕刻为对象。东昌葫芦雕刻工艺流传在山东省聊城市，其分布以东昌府区堂邑镇为中心，故本实训将其简称为"堂邑葫芦"。

慕课视频

制作非遗宣传
文章和宣传片

2. 实训要求

（1）写作一篇宣传"堂邑葫芦"的文章，字数不少于1000字，文章要紧扣"堂邑葫芦"的非遗主题，所描述"堂邑葫芦"的相关信息必须基于真实可靠的资料，不得夸大或歪曲事实。鼓励尝试不同风格的文案创作，如新闻报道式、故事叙述式、广告宣传式、诗歌散文式等，以满足不同传播渠道和用户的需求。语言表达要生动形象、富有感染力。文章的原创性要高，故同学们需要对AIGC工具生成内容进行深度加工和二次创作，确保作品具有独特的创意和视角。

（2）打开"素材文件\第10章\实训2"文件夹，使用即梦AI和剪映专业版制作一条"堂邑葫芦"宣传片，效果如图10-8所示。要求突出"堂邑葫芦"的雕刻工艺、造型特色等特点，融入历史传承故事，清晰展现非遗内涵；视频需涵盖葫芦选材、雕刻、上色等核心制作流程画面，以及成品展示、应用场景等镜头。

图10-8　"堂邑葫芦"宣传片

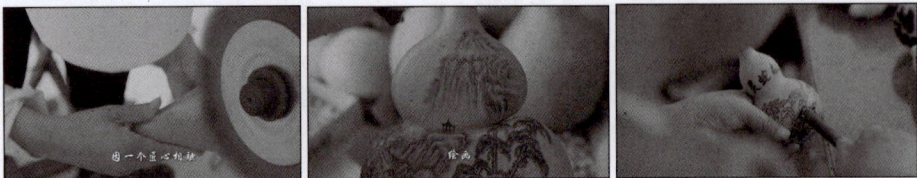

图10-8 "堂邑葫芦"宣传片（续）

3. 实训思路

（1）撰写文章

围绕"堂邑葫芦"确定具体的选题方向，然后根据确定的选题拟定文章创作提纲，明确文章的结构和主要内容。之后根据提纲使用DeepSeek、豆包、文心一言等工具生成文章初稿。最后，根据选题需求和资料内容，对初稿进行补充、修改和完善，修正错误信息、优化语言表达、调整文章结构，使文章更加完整、连贯、生动。

（2）生成片头素材

打开即梦AI首页，进入"图片生成"页面，在文本框中输入提示词，生成具有中华优秀传统文化韵味且契合主题的书法字体素材，用于宣传片片头制作。

（3）剪辑视频素材

打开剪映专业版，新建项目并导入所有素材。依据旁白音频的叙事逻辑，对视频片段进行剪辑，合理删减冗长内容，保留能充分展示"堂邑葫芦"制作工艺、成品特色等的关键画面。对部分视频片段调整播放速度，如在展示精细雕刻工艺时放慢速度，突出细节。

（4）视频调色与添加转场

添加合适的滤镜和自定义调节，对画面的亮度、对比度、饱和度等进行调整，增强画面质感与氛围感。在视频片段的组接位置添加"闪黑"转场效果，然后为片尾的视频片段添加"渐隐"动画。

（5）编辑字幕和音频

利用剪映专业版"识别字幕/歌词"功能自动生成视频字幕。根据视频整体风格，设置合适的字体、字号、颜色及阴影效果，然后调整音频的音量、淡入和淡出时长。

（6）制作片头并导出

将即梦AI生成的书法字体素材添加到宣传片开头作为片头，通过添加关键帧，制作书法字体逐渐变小的动画效果。检查宣传片，从画面的连贯性、色彩的协调性，到音频与画面的匹配度等方面进行优化。确认无误后，按照合适的格式和分辨率导出视频。

🔑 思考与练习

1. 在学习场景中，有哪些地方可以应用AIGC工具进行辅助？请举例说明。

2. 在使用AIGC工具创作作品时，如何保持作品的独特性和原创性？

3. 选用合适的AIGC工具，分别为龙井茶和莱阳梨写作一篇宣传性文案，可以是微信公众号文章、小红书笔记，也可以是直播讲解话术。要求文案逻辑清晰、条理分明，能突出龙井茶和莱阳梨的特点，吸引用户的关注。

4. 从下面4个选题中选择一个或多个选题，选用合适的AIGC工具制作一个公益宣传片。公益宣传片时长不超过5分钟，主题明确，画面清晰，画质优良，色彩搭配协调自然，字幕、背景音乐搭配协调，能有效吸引用户的注意力并准确传达公益信息。

　　节约用水　低碳出行　合理膳食　垃圾分类